东盟国家语种专业内涵建设与发展报告

刘志强　袁长青　谈　笑
主　编

侯燕妮　陈　诗
副主编

暨南大学出版社
JINAN UNIVERSITY PRESS

中国·广州

图书在版编目（CIP）数据

东盟国家语种专业内涵建设与发展报告/刘志强，袁长青，谈笑主编；侯燕妮，陈诗副主编 . —广州：暨南大学出版社，2023. 10
ISBN 978 - 7 - 5668 - 3126 - 2

Ⅰ. ①东…　Ⅱ. ①刘…　②袁…　③谈…　④侯…　⑤陈…　Ⅲ. ①高等学校—外语—专业设置—研究报告—东南亚国家联盟　Ⅳ. ①H3 - 4

中国国家版本馆 CIP 数据核字（2023）第 152156 号

东盟国家语种专业内涵建设与发展报告
DONGMENG GUOJIA YUZHONG ZHUANYE NEIHAN JIANSHE YU FAZHAN BAOGAO
主　编：刘志强　袁长青　谈　笑　副主编：侯燕妮　陈　诗
···

出 版 人：张晋升
责任编辑：曾小利
责任校对：刘舜怡　黄晓佳　林玉翠
责任印制：周一丹　郑玉婷

出版发行：暨南大学出版社（511443）
电　　话：总编室（8620）37332601
　　　　　营销部（8620）37332680　37332681　37332682　37332683
传　　真：（8620）37332660（办公室）　37332684（营销部）
网　　址：http：//www. jnupress. com
排　　版：广州尚文数码科技有限公司
印　　刷：佛山市浩文彩色印刷有限公司
开　　本：787mm×1092mm　1/16
印　　张：15
字　　数：300 千
版　　次：2023 年 10 月第 1 版
印　　次：2023 年 10 月第 1 次
定　　价：78.00 元

（暨大版图书如有印装质量问题，请与出版社总编室联系调换）

前　言

"仲春时景好，草木渐舒荣"，正值南国花红叶翠、草长莺飞的仲春时节，在诸位同事的共同努力下，历经一年有余，本书终于完稿付梓！

本书的撰写肇始于 2021 年 11 月中国与东盟国家全面战略伙伴关系建立之际。自 1967 年 8 月 8 日在泰国曼谷成立起，截至 2023 年，东南亚国家联盟（简称"东盟"）已拥有 11 个成员国，分别是文莱、柬埔寨、印度尼西亚（简称"印尼"）、老挝、马来西亚、菲律宾、新加坡、泰国、缅甸、越南、东帝汶。中国与东盟正式建立对话伙伴关系始于 20 世纪 90 年代初。随后 1997 年亚洲金融危机爆发，中国政府采取的一系列政策举措深深赢得了东盟诸国的好评，中国—东盟关系迅速成为对话伙伴关系中最富内涵、最具活力的一组关系，双方的合作得以迅速推进。2002 年，双方签署自由贸易协定。2003 年，双方建立战略伙伴关系。2010 年，中国—东盟自贸区全面建成。2013 年，中国国家领导人在印尼提出共建"21 世纪海上丝绸之路"。2021 年 11 月 22 日，中国国家主席习近平在北京以视频方式出席并主持中国—东盟建立对话关系 30 周年纪念峰会时，正式宣布建立中国东盟全面战略伙伴关系，成为双方合作关系史上新的里程碑。

东盟诸国与中国山水相连，文脉相通。特别是中国改革开放以来，双方在政治、经济、文化等诸多方面的合作交流不断向纵深发展，中国对面向东盟国家的专业人才也提出了更高要求。广东省作为东盟国家在中国最大的贸易省份，其区域优势尤为明显。在此背景下，作为华南地区国际化人才培养重镇的广东外语外贸大学（以下简称"广外"），积极建设和发展东盟国家语种专业，既是响应广东参与"一带一路"建设的内在要求，也是新形势下推进粤港澳大湾区建设的人才保障基础之一。可以说，广外各东盟国家语种专业建设的基本定位就是服务国家战略和区域发展，为"一带一路"建设提供持续、高端、复合型的人才支持。

广外创办东盟国家语种专业的历史，最早可以追溯到 20 世纪 70 年代。1970 年，广外的前身广州外国语学院复办，首次开设了印尼语、越南语和泰语这 3 个东盟国家语种专业。经过 50 多年的努力，广外现有 7 个东盟国家语种专业，分别为印尼语、越南语、泰语、马来语、老挝语、柬埔寨语和缅甸语，另有 1 个菲律宾语专业已完成新专业申报工作，是华南地区唯一一所实现除东帝汶外所有东盟国家语种专业全覆盖的高等院校。目前广外 7 个东盟国家语种专业全部入选国家级或省级一流本科专业建设点，其中泰语、越南语、印尼语、马来语 4 个专业获批国家一流本科专业建设点，缅甸语、老挝语、柬埔寨语 3 个专业获批广东省一流本科专业建设点。在 2022 年软科中国大学专业排名中，广外 5 个东盟国家语种专业位列 A＋层次，6 个专业在全国排名前三，占全校 A＋专业的 45％。整体上看，广外东盟国家语种专业的综合实力较强，社会认可度较高，在国内同类院校中具有较大的影响力。

为了及时总结广外 50 余年东盟国家语种专业内涵建设与发展的经验，为国家和大湾区培养更多具有家国情怀、国际视野、过硬本领、创新能力、担当精神的高素质复合型国际化人才，2021 年，在广外东方语言文化学院（简称"东语学院"）院长刘志强教授、广外教学质量监测与评估中心主任袁长青研究员的倡议和推动下，各东盟国家语种专业的中青年教师乘着学校建设"新文科"和建设"一流专业"的东风，着手策划编写一本以专业建设和发展为内容的论文集。经过多次研讨，拟定了初步框架和写作提纲，并分头以本专业的建设情况为基础，撰文回顾本专业自创建以来，尤其是近几年来的发展历程，总结本专业在人才培养、师资队伍建设、教学改革、课程资源建设、学生发展、质量保障等诸方面的经验与做法。全书共分为三部分：第一部分为总报告，主要总结回顾了广外战略性相关语种专业和东盟国家语种专业近几年的发展成果；第二部分为分报告，主要综述了广外马来语、越南语、印尼语、泰语、柬埔寨语、缅甸语、老挝语 7 个东盟国家语种专业内涵建设与发展方面的情况，重点总结了人才培养和教育教学改革方面的经验与成就；第三部分为课程报告，主要介绍各东盟国家语种专业某一门课程的具体建设策略，以教学案例的形式以点带面，供一线教师在具体教学中参考运用。这三部分的内容看似相互独立，实则为一体，均围绕专业内涵建设这一主题展开，既有宏观视野，也有微观视角；既有理性思考，也不乏感性体验。可以说本书是广外建校以来对东盟国家语种专业建设和人才培养方面的一次较为系统、全面的回顾与总结，也是广外在服务国家战略和区域发展中发出"广外声音"的一种方式！

参与编写本书的老师，均来自专业教学或教学管理第一线，思考和写作的源泉直接来自教学与管理的实践，整体而言，行文平实，叙事直白。书中不乏精彩的观点和点睛之笔，但也可能存在一些不足之处，敬请广大师生和读者不吝赐教。

本书在编写过程中得到了广外东语学院诸位同仁的大力支持，暨南大学出版社编辑为本书的出版做了大量的工作，在此一并向他们表示感谢！同时，谨以此书向东盟国家语种专业的开创者和长期耕耘于教学科研第一线的诸位前辈致以最崇高的敬意！

编者
2023 年 3 月于广州白云山麓

目 录

课程报告

总 报 告

"一带一路"背景下相关语种专业建设及
质量保障体系的探索与实践[*]

袁长青[**]

摘　要： 广东外语外贸大学因应国家战略发展的需要，围绕立德树人这一根本任务，积极制订并实施相关语种专业发展规划，推行专业人才培养模式改革，加强相关语种专业的师资队伍和教学资源建设，完善专业实践体系，提升师生服务社会的能力，建立多维度个性化的专业质量保障体系，在相关语种专业的人才培养、师资和课程建设、项目培育、社会服务、学生就业等方面均取得了丰硕的成果。

关键词： 相关语种专业；人才培养；质量保障体系

一、背景

随着全球化进程的加速，特别是随着经济的不断发展，我国在外交、政治、军事、经贸、文化和教育等各方面对相关语种人才的需求与日俱增。2013 年，习近平提出建设"丝绸之路经济带"和"21 世纪海上丝绸之路"的倡议，主动发展与沿线国家的经济合作伙伴关系，共同打造政治互信、经济融合、文化包容的利益共同体、命运共同体和责任共同体。"一带一路"倡议一经提出便得到了亚非欧众多国家的积极响应，目前已有沿线 60 多个国家参与和支持。"一带一路"倡议无论是政治、经济还是文化方面的成功合作，都离不开语言的交流和信息的沟通，离不开一大批通晓国际规则，能直接参与国际合作与竞争，且具有家国情怀、全球视野、创新能力、担当精神的高素

---

　* 本文在广东外语外贸大学 2021 年度教学成果奖特等奖成果《"一带一路"背景下小语种专业建设及质量保障体系的探索与实践》总结材料的基础上整理而成。成果完成人：袁长青、陈多友、杨可、刘志强、邓丽君、赖文才。

　** 袁长青，博士，广东外语外贸大学教学质量监测与评估中心主任、研究员，研究方向为教育管理与评估、教育文化。

质国际化相关语种专业人才。

广东作为古代海上丝绸之路的发源地之一和 21 世纪海上丝绸之路的重要枢纽，在"一带一路"建设中扮演着重要的角色。广东正努力成为"一带一路"建设，特别是 21 世纪海上丝绸之路建设的排头兵和主力军。在"一带一路"建设方面，广东拥有良好的基础，在经济、贸易、交通等方面优势明显。然而，在相关语种人才培养方面，广东却仍然难以满足"一带一路"建设的需求。在量上，广东高校所开设的相关语种专业数量和规模依然偏少偏小，远不能满足与"一带一路"对象国之间经济文化交流的需求。在质上，相关语种学科及专业建设层次偏低，高层次相关语种翻译人才培养周期长，部分相关语种专业学生毕业后成长较慢，特别是同时精通经贸商务、农林矿产、机械设备、司法等专业知识的高层次相关语种人才更为稀缺。广东外语外贸大学（简称"广外"）作为华南地区开设相关语种专业数量最多、历史最久的语言类院校，是华南地区国际化人才培养和外国语言文学文化、对外经济贸易、国际战略研究的重要基地，拥有文学、经济学、管理学、法学、工学、理学、教育学、艺术学八大学科门类，在"一带一路"背景下，加大战略性相关语种专业建设力度与质量保障体系建设，培养适应国家战略需要的相关语种专业人才尤为重要且责无旁贷。

二、成果简介

广外相关职能部门和教学单位依托"小语种专业人才培养模式创新实验区""'一带一路'背景下战略性小语种专业建设的规划与路径"等广东省高等教育质量工程和教育教学改革项目，在学校多年来人才培养优势的基础上，有计划、有步骤地推进战略性相关语种专业的开办和建设，围绕国家发展战略的需要和立德树人这一根本目标，积极开展相关语种专业的人才培养模式改革和教育教学资源建设，逐步完善实践教学体系和质量保障体系。在理论层面，撰写出较高水平的相关语种专业发展、人才培养等方面的调研报告和相关论文。在实践层面，积极开展多专业多外语跨国界的人才培养模式改革，如创办"宗岱班"、实施中日韩"亚洲校园"计划等；对相关语种专业制定倾斜和扶持政策，改善师资结构，推进课程资源培育和建设；加强实习基地建设和第二课堂活动，提升师生服务社会的能力；完善专业建设的质量保障体系，建立常规监控和专项评估相结合的质量保障机制。截至 2020 年 12 月，广外共开设了 27 个战略性相关语种专业，其中有 15 个专业获批国家一流专业建设点，有 1 个专业获批省级一流专业建设点；2015 年以来，有 2 门课程获批国家级一流本科课程，有 8 门课程获批省级一流课程，30 余名相关语种专业的学生进入国家部委工作。在人才培养、师资和课程建设、项目培育、社会服务、毕业生就业等方面均取得了丰硕的成果。

三、解决的主要教学问题

本成果主要解决了相关语种建设和发展中存在的如下教学问题：

（1）发展定位不准确、规划路径不清晰。目前我国高校存在对相关语种人才培养的重要性、必要性、有效性认识不够，对相关语种人才培养在战略定位、路径选择和持续发展等方面谋划不足的问题。

（2）人才培养模式单一、机制陈旧。传统的相关语种专业人才培养模式主要有两种：一种是以培养听说读写等语言基本技能的外语人才为主，另一种是在相关语种专业中设置专业方向，培养"语言+专业"的"复合型"人才。这两种模式已不能完全适应新形势下国家对相关语种人才的需要。

（3）师资缺乏、教学资源不足。随着全国高校加大了对相关语种专业的布点，国内现有的相关语种专业师资储备不足以支撑骤增的需求，部分相关语种专业缺乏现有成体系的教材和教学辅助资料，教学资源出现明显不足。

（4）专业实践体系不完善，学生服务社会能力不足。受特定语言应用范围的限制，相关语种专业存在实践教学体系不健全、建立实践基地困难、学生实习实践的机会较少的情况，并由此导致学生参与社会实践、服务社会方面的能力不足。

（5）专业建设质量保障体系不够完善。相关语种专业建设尚未形成全链条、多维度、常规化的质量保障和评价体系，专业预警机制尚未完善，教学质量的各个环节和质量标准有待健全。

四、成果的主要内容

本成果的主要内容包括以下五个方面：

1. 制定并实施战略性相关语种专业发展规划

（1）撰写4份调研报告。从学校和学院层面，通过组织专题座谈会、外出调研等方式，撰写调研报告，对相关语种人才培养在"一带一路"和粤港澳大湾区建设中的重要意义、国内主要外语类院校培养相关语种人才的现状，以及相关语种专业建设中存在的主要问题等进行了详细的分析研究，形成了4份调研报告（1份学校总报告+3份学院分报告）。调研报告全面总结了广外相关语种专业发展中成绩经验、制约因素和存在的主要问题，为相关语种专业人才培养提出了明确的方向和具体计划，对相关语种专业人才培养工作具有指导性作用。

（2）制定并出台了两份指导性文件。第一份是《广东外语外贸大学推进共建"一带一路"教育行动计划实施方案（2018—2020年）》，明确提出要加强"一带一路"沿线国家语种人才培养，增加相关语种专业，以及实施"多语种+专业"的人才培养计划；第二份是《广东外语外贸大学非通用语种专业发展报告》，提出要在2019—2022年增设10~15个"一带一路"建设急需的非通用语种专业或相关专业课程。

（3）有计划有步骤地申办相关语种专业。截至2020年12月，学校共设有相关语种专业27个，其中2011—2020年共新增15个相关语种专业，分别是波兰语、希腊语、捷克语、塞尔维亚语、克罗地亚语、马来语、印地语、乌尔都语、波斯语、孟加拉语、土耳其语、希伯来语、老挝语、柬埔寨语和缅甸语。

2. 推行一系列相关语种专业人才培养模式改革

（1）加强相关语种专业与翻译专业的融合，创设"宗岱班"。充分利用学校翻译学科专业的优势，组建"多语种翻译培训班"，培养适应"一带一路"需求的多语种高级翻译人才。2017年，学校开设的翻译专业"宗岱班"，采取"汉语+英语+法语/西班牙语"培养模式，培养全球高端复合型翻译人才。

（2）创新"复语型"人才培养模式，实施中日韩"亚洲校园"计划。在完善传统的"小语种+英语"和"小语种+专业方向"培养模式的基础上，进一步拓宽复语专业的选择范围，主要模式有"非通用语+通用语"，如朝鲜语/意大利语/泰语+英语；"非通用语+非通用语"，一般指邻国同族语之间的复合，如在马来语专业中开设印度尼西亚语种课程等。通过培养模式的改革，使学生能够比较熟练地掌握两种以上的外语并具有一定的跨文化多语言交流能力，第一外语和第二外语都可以作为工作语言来使用，从而提升学生的就业竞争力。实施中日韩"亚洲校园"计划，培养日韩双语人才，打破了传统的国际化人才培养的双边模式，构建了多边协同培养国际一流人才的创新模式。

（3）在经管法等专业开设"微专业"，供非通用语种专业学生修读。推动非通用语种专业与经管法等非外语专业的深度融合。通过凝练专业方向，设立"微专业"课程模块，非通用语种专业的学生可以在"国际关系""法学""国际汉语教育""会计""国际经济与贸易"共计5个微专业模块中选择其中1个模块修读，从而达到培养"一带一路"建设需要的通语言、懂文化、熟悉相关领域专业知识的高端复合型人才这一目标。

3. 加强相关语种专业的师资队伍和教学资源建设

（1）对相关语种专业师资建设实行倾斜和扶持政策。学校采取"走出去"和"引进来"的双向途径培养相关语种专业师资队伍。一是从国内外引进具有丰富教学经验和较强研究能力、创新能力的高水平相关语种专业教师。自2016年以来，共引进了33名相关语种专业教师。二是完善相关语种专业师资在职称晋升和岗位考核及聘用等方面的扶持政策。学校修订的新职称申报文件的业绩条件要求中对相关语种专业单独设置标准；岗位考核及聘用文件中对工作量的要求也对相关语种专业实施差异化定制。三是加强已有师资的培养力度，尤其是为相关语种专业青年教师提供继续学习和培训的机会，设立专项资金资助相关语种专业教师短期出国培训或调研，选派相关语种专业教师前往对象国或英语国家培训进修，让全体相关语种专业教师均有在国外系统学习的经历。截至 2020 年底，100% 的相关语种专业教师都有国外学习经历。四是制定政策，激励相关语种专业教师投入教研与教改，加强相关语种教学改革成果的推广应用，提高相关语种专业教师教学、科研水平。截至 2020 年，广外拥有相关语种专业省级教学团队 3 个、校级教学团队 12 个。

（2）大力支持相关语种专业课程资源建设。学校加大力度支持相关语种专业相关的教材和在线开放课程立项建设，鼓励相关语种专业逐步建立与国际接轨的专业课程教材体系，支持相关语种专业利用网络教学平台，与国外大学组建协作教学团队，采用合作教学方式或慕课教学模式，共享国际课程及国际资源。截至 2020 年 12 月，相关语种专业共建设校级以上精品课程类（含线上线下一流课程）46 门，其中国家级 4 门、省级 14 门、校级 28 门；校级以上规划教材 36 种，其中国家级 1 种、校级 35 种；获得了校级教学成果奖 3 项、省级教学成果奖 1 项。

4. 完善相关语种专业的实践体系，提升师生服务社会的能力

（1）秉持"以赛代练、以赛促学、以赛促用"的原则，相关语种专业师生积极主办并参与各种全国性、区域性高端专业赛事和学术活动，开阔学生的视野，锻炼学生理论结合实际的能力。在"全国大学生日语演讲比赛暨综合技能大赛""大学生多语种戏剧大赛"等重大赛事中获得不俗的成绩。近 5 年来，学校相关语种专业学生获省级以上奖励达 101 项。

（2）加强实习基地建设，打造多元的实习平台，强化学生的实践能力。与广东省商务厅、广州中小企业博览会等涉外单位建立长期合作关系，为相关语种专业学生的实习创造条件。至 2020 年共建有 5 个省级实习基地，其中 2 个为省级优秀基地；7 个校级实习基地，其中 2 个为校级优秀基地。

（3）利用国内国际平台，提高师生服务国际社会的能力。多年来，相关语种专业学生先后为亚运会、大运会、广州国际语言服务中心、中国国际中小企业博览会等重大活动提供相关语种翻译服务。

5. 建立多维度个性化的相关语种专业质量保障体系

相关语种专业质量保障建设举措主要包括以下几个方面：一是开展相关语种专业的对标建设与检查。2019 年 6 月至 7 月，根据广东省教育厅的要求，对照《普通高等

学校本科专业类教学质量国家标准》对相关语种专业进行检查，除 1 个专业硕士以上教师占比不达标外，其余各专业全部指标均达到或超出国家标准。所有专业整体评定为达标（具体见表 1）。二是每年组织一次对相关语种专业的毕业论文和试卷的抽查工作，确保课程教学和毕业论文质量，各专业的课程试卷规范性较高，所抽检的毕业论文没出现不合格的情况。三是支持相关语种专业开展国际专业认证。马来语专业于 2014 年通过马来西亚教育部组织的政府认证。四是建立相关语种专业预警和动态调整机制。出台专业预警文件，对少数特色不鲜明、办学效益不明显、生源和就业不理想的相关语种专业的招生提出整改意见，适度减少招生指标。五是组织校内外专家，对照广东省学士学位授予权评审指标，对新开办的相关语种专业进行学士学位授予权评审。所有新增相关语种专业均顺利获得学士学位授予权。

表 1　相关语种专业对照国家标准检查情况一览表（2019 年）

序号	专业名称	国家标准			专业对标情况		
		生师比	专任教师数	专任教师具有硕士、博士学位要求	生师比	专任教师数	硕士、博士专任教师占比
1	法语	≤18：1	≥6	无	15：1	15	硕士及以上学位占比100%，博士学位占比86.7%
2	德语	≤18：1	≥6	无	15：1	15	硕士及以上学位占比100%，博士学位占比73.3%
3	俄语	≤18：1	≥6	无	17：1	13	硕士及以上学位占比100%，博士学位占比69.2%
4	西班牙语	≤18：1	≥6	无	17：1	13	硕士及以上学位占比100%，博士学位占比76.9%
5	意大利语	≤18：1	≥3	具有硕士以上学位教师比例≥30%	15：1	7	硕士及以上学位占比100%，博士学位占比28.6%

（续上表）

序号	专业名称	国家标准			专业对标情况		
		生师比	专任教师数	专任教师具有硕士、博士学位要求	生师比	专任教师数	硕士、博士专任教师占比
6	葡萄牙语	≤18：1	≥3	具有硕士以上学位教师比例≥30%	14：1	7	硕士学位占比100%
7	波兰语	≤18：1	≥3	具有硕士以上学位教师比例≥30%	8.3：1	6	硕士及以上学位占比67%，博士学位占比16.7%
8	希腊语	≤18：1	≥3	具有硕士以上学位教师比例≥30%	8.5：1	4	硕士及以上学位占比75%，博士学位占比25%
9	捷克语	≤18：1	≥3	具有硕士以上学位教师比例≥30%	4：1	3	硕士学位占比67%
10	塞尔维亚语	≤18：1	≥3	具有硕士以上学位教师比例≥30%	5.5：1	4	硕士学位占比50%
11	日语	≤18：1	≥6	无	14.2：1	44	博士学位占比54.5%
12	阿拉伯语	≤18：1	≥6	无	12.8：1	6	硕士及以上学位占比100%
13	印地语	≤18：1	≥3	具有硕士以上学位教师比例≥30%	8.8：1	6	硕士及以上学位占比83.3%
14	乌尔都语	≤18：1	≥3	具有硕士以上学位教师比例≥30%	16：1	3	硕士学位占比66.7%
15	波斯语	≤18：1	≥3	具有硕士以上学位教师比例≥30%	2.8：1	4	硕士学位占比50%
16	孟加拉语	≤18：1	≥3	具有硕士以上学位教师比例≥30%	4：1	3	硕士学位占比33.3%

（续上表）

序号	专业名称	国家标准			专业对标情况		
		生师比	专任教师数	专任教师具有硕士、博士学位要求	生师比	专任教师数	硕士、博士专任教师占比
17	土耳其语	≤18:1	≥3	具有硕士以上学位教师比例≥30%	3:1	4	硕士学位占比为0
18	印度尼西亚语	≤18:1	≥3	具有硕士以上学位教师比例≥30%	10:1	6	硕士学位占比100%
19	泰语	≤18:1	≥3	具有硕士以上学位教师比例≥30%	10:1	5	硕士学位占比100%
20	越南语	≤18:1	≥3	具有硕士以上学位教师比例≥30%	8.1:1	7	硕士学位占比100%
21	马来语	≤18:1	≥3	具有硕士以上学位教师比例≥30%	12:1	3	硕士学位占比100%
22	老挝语	≤18:1	≥3	具有硕士以上学位教师比例≥30%	11.3:1	3	硕士学位占比100%
23	柬埔寨语	≤18:1	≥3	具有硕士以上学位教师比例≥30%	6.8:1	3	硕士学位占比66.7%
24	缅甸语	≤18:1	≥3	具有硕士以上学位教师比例≥30%	8:1	3	硕士学位占比66.7%
25	朝鲜语	≤18:1	≥3	具有硕士以上学位教师比例≥30%	11.7:1	10	硕士学位占比100%

五、成果的推广应用

本成果的推广和实施取得了显著的成效，表现在以下五个方面：

（1）相关语种专业建设社会认可度高。一是省级以上优质相关语种专业占比高。学校现有的27个相关语种专业中，有15个国家级一流本科专业建设点、1个省级一流本科专业建设点、3个省级专业综合改革试点覆盖专业点，相关语种省级以上优质专业建设点覆盖率达 70.37% 。二是广外相关语种专业人才培养模式改革的成功经验,为国内院校提供了范例和借鉴。中日韩"亚洲校园"项目获教育部评估优秀,马来语专业通过马来西亚教育部专业认证。在多个全国性会议上,广外介绍了相关语种培养模式改革的经验,获得广泛好评。北京外国语大学、四川外国语大学、大连外国语大学等兄弟单位多次来校考察交流。三是相关语种专业生源质量普遍较高。多年来,各相关语种专业不仅生源充足,部分专业(如西班牙语、法语、葡萄牙语、德语、日语、朝鲜语等)新生录取分数大大超出省重点高校最低录取分数线,而且呈逐年上升的趋势。

(2)相关语种专业学生满意度高。从学生评教结果看,学校相关语种专业所在学院(西方语言文化学院、日语语言文化学院、亚非语言文化学院、东方语言文化学院)在全校各教学单位的学生评教中得分名列前茅,学生满意度高。历年来,学生对相关语种专业开设的各门课程满意度高。近七年,相关语种专业所在学院学生评教分均高于全校平均分,排在全校二十多个本科教学单位中前十名。

(3)毕业生综合竞争力和师生服务社会的能力强。一是毕业生综合竞争力强。近几年来,相关语种各专业就业率一直保持在 100% 。东南亚语种专业毕业生入职外交部、中联部为全国同类专业学院中人数最多。二是师生具备较强的服务社会的能力。近几年来,学校各相关语种专业学生分别为亚运会、大运会、广州国际语言服务中心、中国国际中小企业博览会等重大活动提供相关语种服务,深得主办方好评。2020 年,我校相关语种专业师生纷纷利用专业知识,化语言为力量,支援战"疫"一线。广外学子组成覆盖俄语、意大利语、日语等语种的 20 名志愿者支援白云机场海关,用知识为南大门加添一道坚固的屏障,荣获 2020 年"广东青年五四奖章";教师艾河旭冒着"穿防弹衣出勤,与流弹作伴"的危险,义无反顾地奔赴伊拉克支援抗疫前线;多位相关语种教师在短时间内完成疫情警示语海报和广播的外语翻译工作,为防疫抗疫提供了智力支撑。

(4)以相关语种专业建设为主题发表相关论文多篇,产生了一定的社会影响。发表于《广东教育》的论文《"一带一路"背景下广东省小语种人才培养刍议》全面分析了广东省相关语种人才培养现状及存在的问题,提出了加强广东省相关语种专业规划与布局、为相关语种专业发展提供特殊政策支持、建立面向广东省高校的相关语种专业就业指导服务平台、加强相关语种专业师资队伍建设等对策和建议;发表于日本知名大学期刊《札幌大学综合论丛》的论文《基于亚洲校园模式的人才培养机制的探索与实践》,全面总结了广外中日韩"亚洲校园"项目培养相关语种人才的模式和经验,在亚洲相关高校中起到了较好的示范推广作用;发表于格鲁吉亚跨文化交际协会会刊《跨文化交际》的论文《外语教学与跨文化交流的双向性》,通过介绍广外培养相关语种人才跨文化交际能力的实践经验，在俄罗斯语系国家的高校中引起了较大的反响。

（5）积极举办和参加学术研讨会，推广专业建设经验。学校相关语种专业通过举办和参加全国各类专业会议、论坛，如全国民办高校首届欧洲语种专业建设高峰论坛、全国非通用语种专业学科建设研讨会、欧洲战略小语种专业建设研讨会、2019 欧洲语言文化论坛、中国—东盟人文交流广州论坛、上海首届区域国别文学研究研讨会、第六届全国高校俄语专业院长/系主任高级论坛、非通语种微课教学研讨会等，发出"广外声音"，在同类高校或专业中起到了较好的示范推广作用。①

---

① 本文涉及的相关数据如无特别说明均截至 2020 年 12 月。

系统观视阈下东盟国家语种专业的内涵建设

——以广东外语外贸大学为例[*]

刘志强　罗雪瑜[**]

摘　要：近年来，广东外语外贸大学高度重视东盟国家语种专业的内涵建设，按照"统筹规划、重点建设、整体发展"的原则，以专业评估为抓手，从培养方案、课程建设、教材编撰、师资队伍建设、学生发展等五大方面深化系列改革，有力地促进了相关专业内涵的全面发展。

关键词：东盟国家语种专业；专业内涵建设；专业改革；人才培养

一、引言

2013 年，中国国家主席习近平在出访哈萨克斯坦和印度尼西亚（简称"印尼"）时提出共建"丝绸之路经济带"和"21 世纪海上丝绸之路"，即"一带一路"倡议。[①] 2015 年 3 月，国家发展改革委、外交部、商务部联合发布《推动共建丝绸之路经济带和 21 世纪海上丝绸之路的愿景与行动》，这成为中国发布的首份关于"一带一路"的政府蓝皮书。[②] 为对接"一带一路"建设，服务国家对非通用语种人才的需求，国内各大高校相继开设新语种专业，推进相关非通用语种专业建设。广东外语外贸大学（以下简称"广外"）地处 21 世纪海上丝绸之路重要枢纽的广东，是华南地区国际化人才

---

　* 本文系广东省高等教育教学研究和改革项目"'一带一路'背景下以专业评估与专业认证为抓手的东盟国家语种专业内涵建设与发展"结项成果。

　** 刘志强，博士，广东外语外贸大学东方语言文化学院教授，研究方向为东南亚文史。罗雪瑜，广东外语外贸大学东方语言文化学院老挝语系教师，亚非语言文学专业 2023 级博士研究生，研究方向为老挝文史。

　① 弘扬丝路精神　实现互利共赢［EB/OL］.（2021 – 12 – 17）［2023 – 02 – 11］. http://hb. people. com. cn/n2/2021/1217/c194063 – 35054667. html.

　② 国家发展改革委、外交部、商务部联合发布《推动共建丝绸之路经济带和 21 世纪海上丝绸之路的愿景与行动》［EB/OL］.（2015 – 03 – 31）［2023 – 02 – 11］. http://www. mofcom. gov. cn/article/xwfb/xwrcxw/201503/20150300928878. shtml.

培养和外国语言文化、对外经济贸易、国际战略研究的重要基地，也是目前唯一一所外语外贸类大学。在此背景下，为更好地服务"一带一路"建设，充分发挥学校的职能与优势，自 2013 年起，广外在原印尼语、越南语和泰语 3 个专业基础之上，先后增加了老挝语、缅甸语、柬埔寨语、马来语和菲律宾语 5 个专业。截至 2023 年，广外已开设 8 个"21 世纪海上丝绸之路"沿线东盟国家语种专业。

多年来，广外一直重视东盟国家语种专业的内涵建设问题，注重从文化理念、人才培养、教学科研、师资队伍等多方面实施改革，以期更好地服务国家对于人才培养和文化交流的需求。尽管如此，随着国内外形势的变化和时代的进步，国家对非通用语种专业的建设提出了更高要求，广外东盟国家语种专业也在发展过程中相继出现一些亟待解决的问题。主要体现为人才培养目标不够明确、师资力量较为薄弱、教学资源相对缺乏、教材覆盖面不大等。为了促进东盟国家语种专业的进一步发展，广外东方语言文化学院（以下简称"东语学院"）自 2019 年起，对相关语种专业实施了新一轮改革，充分利用专业评估这一抓手，重点推动东盟国家语种专业实现内涵式发展。本文将结合改革的实际情况，总结东盟国家语种专业内涵建设的经验，以供参考。

二、以专业评估促进东盟国家语种专业内涵建设的意义

2015 年，教育部下发了《教育部关于加强外语非通用语种人才培养工作的实施意见》（教高〔2015〕10 号）文件，提出了加快培养国家急需的非通用语种人才、改进非通用语种专业招生、创新非通用语种人才培养机制等 6 项主要任务近 20 项举措，对加强外语非通用语种人才培养工作、更好服务国家对外开放战略特别是"一带一路"倡议作出总体部署。① 近年来，我国非通用语种人才培养工作取得了显著成绩，积累了宝贵经验，但也存在一些突出问题，主要是非通用语种专业开设不全、相应人才匮乏，人才培养机制单一、师生赴对象国学习进修渠道不宽，教师队伍薄弱、业务和教学能力不足，经费投入不够、条件保障不力，国别和区域研究滞后、人才储备和使用政策不完善，非通用语种人才培养发展机制亟待健全等。②

2017 年，教育部高教司下发了《关于实施〈普通高等学校本科专业类教学质量国家标准〉的通知》，要求各高校对照该标准开展专业建设。2018 年，教育部提出将实

---

① 关于政协十三届全国委员会第一次会议第 0013 号（教育类 006 号）提案答复的函[EB/OL]. (2018 – 09 – 28)[2023 – 02 – 11]. http://www.moe.gov.cn/jyb_xxgk/xxgk_jyta/jyta_jiaocaiju/201901/t20190122_367804.html.

② 丁超. 对我国高校外语非通用语种类专业建设现状的观察分析[J]. 中国外语教育，2017，10（4）：3.

施一流专业建设"双万计划"①和一流本科课程"双万计划"②，进一步明确了相关本科专业和课程建设的要求与标准。2019 年，教育部工作要点提出，要继续实施高等学校本科教学工作合格评估和审核评估，稳妥推进专业评估。③ 2021 年，教育部印发《普通高等学校本科教育教学审核评估实施方案（2021—2025 年)》（以下简称"《评估方案》"），④ 为各高校推动本科教育教学提供了参照。由此可见，以评价和督导促进改革，是新时代推动高校本科专业建设的重要路径和必经之路。

所谓专业评估，是以专业为对象，依据评估标准，利用可行的评估手段，通过定性与定量分析，对专业进行价值判断的过程，⑤ 是对高校各专业教育质量、水平的评价和督导方式，目的是深化教育改革，推进专业建设。以专业评估为抓手，通过在质量保障、教育教学、师资队伍、学生发展等方面提供指标体系参照，可以为高校专业建设与改革提供具体可行的指导，从而有效提升建设与改革的质效，实现保障高校人才培养质量，推动高校专业乃至高等教育内涵式发展的最终目的。2021 年教育部印发的《评估方案》采用分层分类设计指标体系，提供"针对具有世界一流办学目标、一流师资队伍和育人平台，培养一流拔尖创新人才，服务国家重大战略需求的普通本科高校"及"以学术型人才培养为主的高校、以应用型人才培养为主的高校、首次参加审核评估的高校"两类指标，供高校自主选择。具体来看，《评估方案》的指标体系分为两级，一级指标包括"党的领导""质量保障能力""教育教学水平"3 点；一级指标下设 12 个二级指标，每项指标提供具体的定性或定量标准。这些指标内容不仅涵盖质量保障、教师队伍、学生发展、教育教学等多个方面，也涉及目前绝大部分非通用语种专业建设面临的主要问题。因此，以专业评估促进东盟国家语种专业的内涵建设，具有较强的必要性与可行性。

三、广外各东盟国家语种专业的定位与改革前的总体影响

历史上，广东在"海上丝绸之路"中占有极其重要的地位，是中国海上对外开放的前沿和窗口。在推进"21 世纪海上丝绸之路"建设的战略部署下，广东省持续发挥

---

① 教育部办公厅关于实施一流本科专业建设"双万计划"的通知 ［EB/OL］.（2019 – 04 – 02）［2023 – 02 – 11］. http://www. moe. gov. cn/srcsite/A08/s7056/201904/t20190409_377216. html.

② 教育部关于一流本科课程建设的实施意见 ［EB/OL］.（2019 – 10 – 31）［2023 – 02 – 11］. http://www. moe. gov. cn/srcsite/A08/s7056/201910/t20191031_406269. html.

③ 教育部 2019 年工作要点 ［EB/OL］. ［2023 – 02 – 11］. http://www. moe. gov. cn/jyb_sjzl/moe_164/201902/t20190222_370722. html.

④ 教育部关于印发《普通高等学校本科教育教学审核评估实施方案（2021—2025 年)》的通知 ［EB/OL］. ［2021 – 02 – 07］. http://www. moe. gov. cn/srcsite/A11/s7057/202102/t20210205_512709. html.

⑤ 范爱华. 专业认证与专业评估之辨析 ［J］. 黑龙江教育（高教研究与评估），2007（11）：91.

了"率先"和"排头兵"的作用。2015 年，广东省发改委制定了《广东省参与丝绸之路经济带和 21 世纪海上丝绸之路建设实施方案》。① 该方案提出，参与"一带一路"，尤其是"21 世纪海上丝绸之路"建设，是新时期广东贯彻落实中央决策部署、增创对外开放新优势的重要举措。广东在与东盟国家的交往中区域优势尤为明显。据统计，多年来广东一直是东盟在中国最大的贸易省份，东盟在广东对外贸易中的地位也快速上升，并于 2020 年超过中国香港跃居首位。2019 年 2 月 18 日，中共中央、国务院印发《粤港澳大湾区发展规划纲要》，以中国香港、中国澳门和广东珠三角九市组成粤港澳大湾区。2022 年，《区域全面经济伙伴关系协定》（Regional Comprehensive Economic Partnership，RCEP）正式生效。在此背景下，整个粤港澳大湾区就是参与 RCEP 的桥头堡和重要桥梁，而东盟又是 RCEP 最主要的区域，粤港澳大湾区事实上是中国内地和 RCEP 对接的前沿阵地。广外积极建设和发展东盟国家语种专业，是响应广东参与"一带一路"建设的内在要求，也是新形势下推进粤港澳大湾区建设的人才保障基础之一。可以说，广外各东盟国家语种专业建设的基本定位是服务国家战略和区域发展，为"一带一路"建设提供持续、高端、复合型的人才支持。

广外创办东盟国家语种专业的历史，最早可以追溯到 20 世纪 70 年代。1970 年，广外开设了印尼语、越南语和泰语 3 个东盟国家语种专业。经过 40 多年的发展，截至 2015 年，学校已建有 7 个东盟国家语种专业，即印度尼西亚语（印尼语）、越南语、泰语、马来语、老挝语、柬埔寨语和缅甸语专业。2007 年，广外印尼语、越南语、泰语专业入选教育部第一批高等学校特色专业建设点。2010 年，广外印尼语、泰语、越南语专业获评为广东省高等学校特色专业。2015 年，广外 7 个东盟国家语种专业获批广东省专业综合改革试点专业。在实施新一轮改革前，广外东盟国家语种专业已具备一定的综合实力。

四、广外东盟国家语种专业内涵建设的探索

专业的内涵建设是一项系统性工程，需要立足新时代社会经济的发展需求，不断优化布局、提出特色和追求卓越。针对过去在专业定位、人才培养、师资队伍、教学资源等方面存在的关键性问题，广外各东盟国家语种专业在学校的指导下，以专业评估为抓手，在 2019—2023 年开展了为期四年的综合性改革，完成了四轮实施方案。具体举措和成效体现在以下五个方面：

---

① 广东省参与丝绸之路经济带和 21 世纪海上丝绸之路建设实施方案 ［EB/OL］. （2015 - 12 - 31）［2021 - 02 - 07］. http://drc.gd.gov.cn/gkmlpt/content/1/1059/post_1059111.html#4146.

（一）优化人才培养方案，推进人才培养模式改革

随着国家高等教育和时代的发展，社会各界对外语专业人才提出了更高的能力和素质要求，尤其是希望培养一批具有家国情怀、国际视野、过硬本领、创新能力和精神担当的高素质复合型外语人才。在明确上述要求和教育部专业评估标准的基础上，广外东盟国家语种专业在2021年完成了旧版人才培养方案的优化。

新版人才培养方案以习近平新时代中国特色社会主义思想为指导，全面贯彻习近平总书记关于高等教育的重要论述和视察广东重要讲话精神，以深化学分制改革提高本科教育教学质量为核心，坚持走内涵式发展道路。具体来看，新版人才培养方案立足"家国情怀""综合能力""国际化"三大特色，对方案中的"培养目标""学分与学时""课程设置"等内容进行了优化，具体包括两个方面。一是落实高校立德树人的根本任务，将思政教育要求内化到方案的各个部分，把习近平新时代中国特色社会主义思想有机融入人才培养的全过程，用习近平新时代中国特色社会主义思想铸魂育人。二是在课程设置中纳入跨学科微专业模块，增加微专业课程的学分设置，提供"国际关系""法学""国际汉语教育""会计""国际经济与贸易"5个微专业模块，共计10学分的微专业课程（见表1）。与此同时，继续保持培养方案中的国际化特色，相关专业实施"3.5＋0.5/3＋1"的办学模式，即安排学生在三年级阶段赴对象国学习半年或一年。

表1　广外东盟国家语种专业2021年新版人才培养方案学分与学时（以缅甸语专业为例）

课程类别		学时	学分	占毕业最低总学分的比例
通识课程	必修课	1 008	60	39.31%
	选修课	128	8	
跨学科微专业课程	必修课	160	10	5.78%
专业课程	专业必修课	1 136	71	54.91%
	专业选修课	256	16	
	专业实习与劳动	—	2	
	毕业论文	—	6	
必修课		2 304	149	86.13%
选修课		384	24	13.87%
实践教学		500	40	23.12%
毕业最低总学时		2 688		
毕业最低总学分		173		

（二）推进课程建设，改革课程内容和丰富课程资源

2018 年，教育部高等学校教学指导委员会发布了《外国语言文学类教学质量国家标准》，对外语类专业的课程体系进行了全面规划。2019 年，教育部高等教育司发布了《教育部关于一流本科课程建设的实施意见》，提出"课程是人才培养的核心要素，课程质量直接决定人才培养质量，为贯彻落实习近平总书记关于教育的重要论述和全国教育大会精神，落实新时代全国高等学校本科教育工作会议要求，必须深化教育教学改革，必须把教学改革成果落实到课程建设上"。[①] 为落实好上述要求，广外各东盟国家语种专业大力开展了课程改革与建设，具体举措体现在以下三个方面：

第一，突出课程思政建设。鼓励各东盟国家语种专业将思政教育内化到课程设计、课程内容、课程讲授、课程考核、课程评价等具体环节，促进知识传授与价值引领的有机统一，加强对学生价值观的正面引导。加大力度支持相关专业申报课程思政类项目，通过立项推进课程改革。自 2019 年以来，各东盟国家语种专业共建设省级以上课程思政示范项目 3 项、校级项目 12 项。

第二，改革与创新课程内容，在教学中有机融入中国特色元素。在以往的教学实践中，各专业的必修课程几乎全部以对象国知识作为教学内容。为满足培养具有家国情怀的外语人才的需求，相关课程在改革过程中，更加重视彰显中国特色，建构中国话语，鼓励学生深入了解中华传统文化的历史魅力和时代价值，同时也引导学生增进对当代中国的理解与认同。自 2019 年以来，各专业共建设省级以上教学改革项目 5 项、校级项目 9 项。

第三，加强线上和线下课程资源建设，顺应科技时代的进步与变化。在"互联网＋"和人工智能时代，推进信息技术与教学过程融合，加强线上和线下教学资源建设，是提高课程教学质量的重要路径。自 2019 年以来，广外越南语、泰语、马来语等专业持续建设线上线下混合式课程，在中国大学慕课平台、广外非通用语学习平台，以及世界图书出版公司—世图粤读、非通在线等平台，提供"基础越南语""基础泰语""马来语口译"等 15 门线上线下混合式课程。此外，广外 7 个东盟国家语种专业在学校自主研发的"名师云课荟萃"（http://study.inspeed.biz/）平台提供了共计 147 个教学资源。

（三）加强自主教材编撰，鼓励优质科研成果应用于本科教学

教材是学校教育教学的主要依据，是立德树人的重要载体，对于铸魂育人、启智

---

① 教育部关于一流本科课程建设的实施意见 ［EB/OL］.（2019 - 10 - 31）［2023 - 02 - 11］. http://www.moe. gov. cn/srcsite/A08/s7056/201910/t20191031_406269. html.

增慧，培养担当民族复兴大任的时代新人，具有重要的基础性、战略性支撑作用。① 党的二十大报告首次明确提出"深化教育领域综合改革，加强教材建设和管理"这一重大部署，对新时代教材工作提出了新判断新要求。对于广外各东盟国家语种专业而言，教材建设始终是教学改革的重点和难点，尤其是推进"老专业"旧教材新修订和"新专业"自主教材编撰。为贯彻落实习近平总书记关于教材建设的重要论述，相关专业高度重视教材建设工作，重点解决自主编撰教材少、教材覆盖面窄等难题。

过去四年②来，8 个东盟国家语种专业共计出版自主编撰教材 10 部，参编外校教材 1 部，正在编撰或即将出版自主编撰教材 15 部，获得校级本科教材立项 4 项，相关教材覆盖专业必修课和专业选修课。已出版教材情况如表 2 所示。

表 2 2019 年以来广外东盟国家语种专业教材出版情况

教材	编者	出版机构	年份
《越南语口译文选》	刘志强、蒙霖	外文出版社	2021
《越南古典文学作品选编》	刘志强、蒙霖、周婧	外文出版社	2021
《越南语听力》	陈继华、钟雪映、李丽娟	广东人民出版社	2022
《新编基础印度尼西亚语（1）》	朱刚琴	世界图书出版公司	2022
《新编基础印度尼西亚语（2）》	朱刚琴	世界图书出版公司	2022
《新编基础印度尼西亚语（3）》	朱刚琴、张蔚	世界图书出版公司	2022
《泰语多媒体情景会话》	罗奕原、廖宇夫	世界图书出版公司	2020
《新编基础泰语 1》	廖宇夫	世界图书出版公司	2022
《新编基础泰语 2》	罗奕原	世界图书出版公司	2022
《旅游马来语教程》	李婉珺	世界图书出版公司	2022
《菲律宾语讲中国文化》	霍然、崔千寻	外语教学与研究出版社	2022

在自主编撰教材的基础上，学校持续鼓励各东盟国家语种专业的教师将优质科研成果转化为教学资源，应用于课程教材和课堂教学，实现科教融合协同育人，最大限度地在教学中发挥教师的科研专长。典型案例是越南语专业的"越南文学作品选读"课程。该课程使用的教材之一为东语学院刘志强教授的代表性科研成果《越南古典文

---

① 深化改革创新 为加强课程教材建设和管理提供专业支撑［EB/OL］.（2022 - 12 - 26）［2021 - 02 - 07］. http://www.jyb.cn/rmtzgjyb/202212/t20221226_2110985562.html.

② 本文中提及的"过去四年"均指 2019—2023 年。

学名著研究》。该成果曾获第九届广东哲学社会科学优秀成果奖著作类三等奖,不仅丰富了越南语专业文学课程的教学资源,而且提升了课程的高阶性、创新性和挑战度。

（四）支持教师职称和学历提升,提升师资队伍结构和梯队合理性

加强师资队伍建设,是确保专业改革与建设效果的重要环节。无论是《普通高等学校本科专业类教学质量国家标准》、建设一流本科专业"双万计划",还是教育部即将开展的新一轮普通高等学校本科教育教学审核评估,均对高校师资队伍建设提出了明确要求。长期以来,师资队伍建设是广外各东盟国家语种专业发展的一大痛点。一方面,以印尼语、越南语、泰语为代表的老专业,存在教师职称提升难的问题;另一方面,以缅甸语、柬埔寨语、老挝语、菲律宾语为代表的新专业,存在学历提升困难、师资队伍结构不合理等问题。为解决上述问题,学校和学院大力开展了师资队伍建设工作,具体举措体现在以下两个方面:

第一,完成四轮职称提升和三轮学历提升计划。2019年6月至7月,学校根据广东省教育厅的通知,对照《普通高等学校本科专业类教学质量国家标准》开展本科专业师资情况自评工作,7个东盟国家语种专业在生师比、专任教师数、专任教师具有硕博士学位等要求上均已达标。在此基础上,学院依托亚非语言文学二级学科博士点、教育部区域和国别研究中心——广外中南半岛研究中心等平台,继续支持各专业教师分阶段提升学历和职称,尤其注重青年教师的博士学历提升和骨干教师的副教授职称提升。截至2023年1月,7个专业共有11人职称获得晋升,其中晋升教授1人、副教授4人、讲师6人(表3);11人提升学历,其中包括升(学)硕士学位4人,攻读博士学位7人(表4)。2019—2023年,引进人才8人,其中云山工作室首席专家1人,云山讲座教授2人,博士3人。学院博士占比自2018年的27.9%提升至51.2%。

第二,利用优质学科资源和科研平台,加强对教师教学与科研能力的培养。目前,广外东语学院依托亚非语言文学二级学科博士点、教育部区域和国别研究中心——中南半岛研究中心、广州市非通用语种智能处理重点实验室、外交学院与广东外语外贸大学共建中国—东盟思想库网络广东基地等平台,为各专业教师开展科研工作、交流教学科研成果提供持续支持。值得一提的是,学院自2018年起连续5年推出"东盟文化蓝皮书",8个相关专业教师积极参与。与此同时,学校和学院每年还主办"中国—东盟人文交流广州论坛"等全国性大型学术活动,邀请国内外知名学者来校开展学术讲座,支持专业教师提升学术水平。

表3 2019年以来广外东盟国家语种专业教师职称晋升情况表

年份	总人数	教授		副教授		讲师	
2019	7人			1人	马来语	6人	印尼语
							柬埔寨语
							柬埔寨语
							柬埔寨语
							泰语
							缅甸语
2020	1人	1人	马来语				
2021	3人			3人	越南语		
					越南语		
					泰语		
合计	11人	1人		4人		6人	

表4 2019年以来广外东盟国家语种专业教师学历进修情况表

年份	人数	专业	进修学位
2019	1人	柬埔寨语	获硕士学位
2020	4人	柬埔寨语	获硕士学位
		缅甸语	获硕士学位
		印尼语	攻读博士学位
		马来语	攻读博士学位
2021	4人	泰语	攻读博士学位
		缅甸语	攻读博士学位
		缅甸语	攻读博士学位
		柬埔寨语	攻读博士学位
2022	2人	菲律宾语	攻读硕士学位
		老挝语	攻读博士学位
合计		11人	

（五）支持学生发展，加强学生的创新创业能力

根据专业评估的相关要求，先进的人才培养理念要求坚持立德树人，体现以学生发展为中心，注重学生德智体美劳全面发展。而所谓质量一流的人才，不仅需要专业能力强，还应具备创新精神、实践能力和社会责任感，毕业后受到行业的认可度高、社会整体评价好。为进一步支持学生的发展，广外各东盟国家语种专业不断探索建立系统化的学生发展和学业指导体系，在专业实习、创新创业实践、国际交流、升学与就业这四大方面给予学生充分的支持。

在专业实习方面，各专业持续拓展实习资源，加强国内外实习基地建设。自2019年以来，在原有实习基地的基础上，新增校级实习基地5个。以泰语专业为例，目前已建有合作关系的国内外重要专业实习基地包括：泰中人才交流协会、广州凯捷数据处理公司、碧桂园集团等。另有合作的实习单位如：曼谷大学学生处、西部数据泰国制造中心、泰华友谊华文学院、103曼谷调频台、泰中记者协会、中国国际广播电台亚洲地区总站、中联集团、中国通信集团等，涉及多行业、多领域。马来语专业还有学生赴上海合作组织睦邻友好合作委员会秘书处实习。

在创新创业实践方面，支持学生申报各类创新创业实践项目，鼓励学生参与专业教师的科研项目，提高创新能力。自2019年以来，各专业学生完成或立项国家级大学生创新创业项目2项，省级项目2项（表5），校级项目8项。近3年，仅泰语专业就有70余名学生参与了教师的10项科研项目或论文成果。泰语、越南语、老挝语、缅甸语等专业开设了"小火柴在广外""迪迪马爱唠嗑""粤谈越语""云山之寮""缅缅喇叭"等专业公众号服务平台，定期推送中国和东盟国家的相关双语资讯，公众号产生了一定社会影响。

表5　2019年以来广外东盟国家语种专业学生立项或完成的省级以上创新创业项目

名称	年份	类别
如何在印尼讲好中国故事——以印尼中小学教材的涉华内容为例	2022年立项	国家级大学生创业实践计划项目
后疫情时期中泰语言服务平台的运营与管理	2022年结项	国家级大学生创业实践计划项目
泰语自媒体运营与管理	2021年结项	省级大学生创业实践计划项目
泰国智库发展现状调查研究	2019年结项	省级大学生创业实践计划项目

在国际交流方面，各东盟国家语种专业高度重视人才培养的国际化问题，持续加强人才培养的国际合作。在2019—2021年，尽管受新冠疫情影响，部分专业暂缓了学

生赴对象国交流事宜，但仍然积极通过互联网等多种途径，开展国际交流活动。一方面，通过在线方式参与对象国举办的专业比赛。2021 年 9 月，马来语专业学生在"2021 年马来西亚'首相杯'国际马来语比赛"中斩获佳绩，这是该专业第三年参加该项赛事。2023 年 5 月，老挝语专业学生荣获老挝国立大学留学生演讲大赛一等奖。各专业学生在各类与对象国相关的比赛中，累计荣获国家级奖项 30 余项。缅甸语、柬埔寨语、越南语、印尼语等专业亦在疫情防控期间邀请对象国合作高校的师生或专家学者以线上方式开办讲座，就相关专业和学术问题展开交流。此外，各专业继续拓展国际合作对象，除与东南亚国家高校签订合作协议外，还积极与欧美各大名校，如英国伦敦大学亚非学院等开展学术交流，为学生提供更多国际化的交流平台。

经过多年的学生工作建设，广外各东盟国家语种专业毕业生的质量稳步提升。据学校学工部门的统计，2019—2023 年，相关专业毕业生的就业率总体实现 90% 以上，在全国同类院校中位居前列，多位优秀毕业生入职外交部、中联部或公安系统等国家机构（表6）；升学深造率高（表7），相关升学院校包括北京大学、中山大学、武汉大学、上海交通大学、北京外国语大学、上海外国语大学、对外经贸大学等国内院校，以及英国伦敦大学、美国纽约大学、澳大利亚墨尔本大学、澳大利亚悉尼大学、新加坡南洋理工大学、马来西亚马来亚大学等国外院校。

表6　2019 年以来广外东盟国家语种专业部分毕业生就业情况

序号	年届	姓名	专业	单位
1	2022 届	肖某某	老挝语	中华人民共和国外交部
2	2022 届	王某某	老挝语	中华人民共和国外交部
3	2022 届	卢某某	缅甸语	中华人民共和国外交部
4	2022 届	白某某	亚非语言文学	广西民族大学
5	2021 届	梁某某	亚非语言文学	国防科技大学国际关系学院
6	2021 届	黄某某	柬埔寨语	中华人民共和国外交部
7	2021 届	张某某	缅甸语	国家移民管理局广州遣返中心
8	2021 届	孙某某	越南语	国家移民管理局广州遣返中心
9	2021 届	徐某某	泰语	名创优品（广州）有限责任公司
10	2021 届	蔡某某	泰语	广州虎牙科技有限公司
11	2021 届	陆某	柬埔寨语	杭州海康威视数字技术股份有限公司
12	2021 届	钟某某	印尼语	杭州海康威视数字技术股份有限公司

（续上表）

序号	年届	姓名	专业	单位
13	2020 届	刘某	老挝语	中华人民共和国外交部
14	2020 届	李某	印尼语	中华人民共和国外交部
15	2020 届	赖某某	泰语	中共中央对外联络部
16	2020 届	马某某	老挝语	新华通讯社
17	2020 届	刘某某	越南语	北京字节跳动网络技术有限公司
18	2020 届	蔡某某	印尼语	中国图书进出口（集团）总公司
19	2020 届	魏某某	印尼语	中国铁路北京局集团有限公司
20	2019 届	林某某	越南语	中华人民共和国外交部
21	2019 届	马某	马来语	中华人民共和国外交部
22	2019 届	许某某	老挝语	中华人民共和国中共中央联络部
23	2019 届	周某	泰语	中华人民共和国惠州海事局
24	2019 届	黎某某	老挝语	德勤华永会计师事务所
25	2019 届	张某	老挝语	中国银行广东分行
26	2019 届	郑某某	缅甸语	中国建设银行广东分行
27	2019 届	成某	马来语	云南大学

表 7　2019 年以来广外东盟国家语种专业部分毕业生升学深造情况

序号	年届	姓名	专业	就读高校
1	2023 届	唐某某	缅甸语	北京大学（保研）
2	2023 届	徐某某	印尼语	北京外国语大学（保研）
3	2022 届	曹某某	印尼语	北京外国语大学
4	2022 届	王某某	老挝语	北京外国语大学
5	2022 届	李某某	印尼语	新加坡国立大学
6	2022 届	王某某	马来语	南洋理工大学
7	2021 届	杨某某	缅甸语	中国人民大学
8	2021 届	梁某某	缅甸语	云南大学
9	2021 届	谢某	越南语	香港中文大学

（续上表）

序号	年届	姓名	专业	就读高校
10	2021 届	廖某某	泰语	曼谷大学
11	2021 届	曾某某	柬埔寨语	伦敦国王学院
12	2020 届	黄某某	马来语	上海交通大学
13	2020 届	梁某某	马来语	厦门大学
14	2020 届	徐某	马来语	新加坡国立大学
15	2020 届	王某	老挝语	香港城市大学
16	2020 届	梁某某	马来语	伦敦大学亚非学院
17	2019 届	张某	缅甸语	北京大学
18	2019 届	邓某某	柬埔寨语	中山大学
19	2019 届	伍某某	老挝语	北京外国语大学
20	2019 届	吴某某	老挝语	北京外国语大学
21	2019 届	吴某某	印尼语	南洋理工大学
22	2019 届	张某	越南语	香港浸会大学
23	2019 届	郝某某	柬埔寨语	莱顿大学
24	2019 届	刘某	马来语	伦敦国王学院
25	2019 届	林某某	马来语	新加坡国立大学
26	2019 届	余某某	马来语	马来亚大学
27	2019 届	张某某	马来语	澳门大学
28	2018 届①	林某某	缅甸语	北京大学

五、广外各东盟国家语种专业内涵建设的良好影响

根据教育部相关文件要求，广外各东盟国家语种专业在过去四年积极开展专业内涵建设，在人才培养方案、课程建设、教材编撰、师资队伍建设、学生发展五大方面持续耕耘，改革取得了初步成效，在校内外产生了积极影响。

首先，有效增强了学校东盟国家语种专业的综合实力。相关一流专业建设和培养

---

① 林某某同学是 2018 届毕业生，但于 2022 年考取北京大学硕士研究生，故列入此表。

改革，促使各专业更加明确一流本科专业建设的国家要求与标准，明确教育教学的本科地位，明确自身定位和人才培养目标。目前，广外印尼语、越南语、泰语、马来语4个专业入选国家级一流本科专业建设点，缅甸语、老挝语、柬埔寨语3个专业入选广东省一流本科专业建设点，综合实力稳居全国前三，相关申报和建设经验成为校内其他专业建设一流专业的参考。根据软科2022年中国大学专业排名，学院5个专业位列A＋层次，6个专业位列全国前三。2023年4月，广外获批开办菲律宾语专业，学校自此成为华南地区首个实现除东帝汶外所有东盟国家语种专业全覆盖的高校。相关课程改革，融入了更多思政教育和中国文化的内容，促进了优质学科资源、科研资源向本科教育教学转化，实现了课程的优化与升级；同时打破了以往8个专业教学几乎全部以介绍对象国知识为内容的局限，进一步彰显了学校和学院特色，进一步突出体现了中国国家立场、民族立场和主权意识。相关教材建设，解决了多个专业无自主教材的关键性问题，提升了专业的自主性与创新性。

其次，各专业毕业生进一步获得社会各界的认可。多年来，广外东盟国家语种专业学生就业率位居全国前列。在全国同类院校中，相关专业毕业生入职外交部的规模位居全国前列，持续为中共中央联络部、公安系统、金融系统、全国高校等国企事业单位提供优秀语言复合型人才。在全国同类院校中，相关专业毕业生升学深造率位居全国前列，各专业年均升学深造率维持在10%～30%，持续为国内外高校提供优秀研究生生源。学院各专业学生在各大全国性学术竞赛、创新创业大赛、专业技能大赛中斩获佳绩，受到国内外相关高校、政府机构、科研单位的认可。学院学生充分发挥专业特色，持续为社会提供志愿支持、文化传播、专业翻译等公益类服务，如"三下乡实践""美丽亚洲""广州南沙东南亚竹文化艺术节""奥运会志愿者""亚运会志愿者"等活动，受到社会的关注和认可。

再次，相关经验和成果在国内外产生积极影响。2021年，在学院主办的"中国—东盟建立对话关系30周年青年学者论坛"上，各东盟国家语种专业教师总结了各专业发展与建设的有益经验，新华社以及泰国、印尼等国家的主流媒体对此进行了报道。学院马来语、越南语、泰语、印尼语等专业自主编撰的教材，多部荣获市级以上奖项，同时获得外语同行的认可，并为广西、云南、广东、海南等地开设东盟国家语种专业的部分高校使用。据不完全统计，学院马来语专业谈笑教授编撰的《马来语口语教材》《马来语阅读教程（1）》《马来语阅读教程（2）》等专业教材，被北京外国语大学、中国人民解放军战略支援部队信息工程大学、中国传媒大学、广西民族大学、云南民族大学、天津外国语大学、西安外国语大学、四川外国语大学、云南大学、闽江师范高等专科学校、海南外国语职业学院等院校的相关专业使用；越南语专业黄以亭、林明华教授编撰的"标准越南语基础教程"系列教材被对外经济贸易大学相关专业使用。学院各东盟国家语种专业教师在全国范围内的影响力持续提升，获各类国家级、省级、教育部项目和市级以上教学荣誉或优秀教师称号。高学历高职称教师在国内外持续发表学术著作和论文，相关成果获得国内外学界和高校的认可。

六、问题与挑战

经过为期四年的改革，广外东盟国家语种专业的内涵式建设已经取得较为可喜的成绩，相关成果在国内外高校中产生了积极影响。2023年上半年，北京外国语大学亚洲学院、上海社会科学院国际问题研究所来我院调研，对各专业的人才培养表示积极关注。尽管如此，综合性改革是一项长期工程，具有复杂性与挑战性，广外东盟国家语种专业仍然面临不少问题与挑战。

首先是国内国外新形势对专业发展提出新挑战。当前，国内国外形势正在发生深刻变化。一方面，各大国之间的竞争使国际形势中的不稳定、不确定因素增加，包括通用语种在内的语言专业发展空间受到挤压，利用外语优势在国内外就业或升学的机会持续减少。另一方面，当前我国正在加快形成以国内大循环为主体、国内国际双循环相互促进的新发展格局。所谓国内大循环，即生产、分配、交换、消费等经济活动诸环节在国内完成，并在此基础上形成稳定的产业结构和经济结构，这也势必会对以培养外语和外交人才为目标的东盟国家语种专业的发展产生冲击。在此背景下，各专业要如何应对国内国外新形势所带来的挑战，及时调整和改革专业发展目标与定位，还需要更长期的观察与实践。

其次是社会发展对人才培养目标提出新要求。当前，社会正在以前所未有的速度向前发展，各行各业分工日益精细化，社会需求也在不断变化。从宏观上看，社会各界要求高校外语人才不仅应具备扎实的语言能力，还要有较强的实践能力、综合素养乃至行业专门能力。从微观上看，信息化时代、人工智能时代在对东盟国家语种人才需求产生冲击的同时，又对人才质量提出了更高要求，例如要求相关专业的毕业生掌握智能化、信息化技术，能够适应社会新需求的变化等。但长期以来，学校与行业之间的衔接度相对较低，常常未能及时了解各行业与社会需求的变化。举例来看，尽管广外8个东盟国家语种专业在人才培养方案中增加了社会实践的学分比重，但在实际培养过程中，对于相关行业所需人才标准与要求的认识还比较落后，例如由于主客观条件的制约，大部分专业未能聘请行业导师做相关指导，以致人才培养与社会需求出现一定程度的脱节。

再次是后发展专业持续面临改革困境。相关问题体现在：一是经费较少。无论是学校或学院层面，对于这些专业的专业建设、教师发展、学生发展和资源建设，仍然缺乏经费支持。二是合作伙伴较少。尽管相关专业全都与对象国至少一所高校建立了合作关系，但数量还有待进一步增加。与此同时，各专业与其他高校、社会企业机构建立的合作联系也有限。三是教育教学资源亟待丰富。突出的问题有网络资源较少、课程技术支持缺乏等，这些问题在很大程度上制约着这些专业的发展速度与质量。

七、结语

近年来，广外东语学院东盟国家语种专业持续对标开展系列综合性改革，针对长期存在的人才培养目标不够明确、师资队伍建设较为薄弱、教学资源相对缺乏、教材覆盖面不大等问题，推动专业的内涵建设。主要措施包括优化人才培养方案，推进人才培养模式改革；推进课程建设，改革课程内容和丰富课程资源；加强自主教材编撰，鼓励优质科研成果应用于本科教学；支持教师职称和学历提升，提升师资队伍结构和梯队合理性；支持学生发展，加强学生的创新创业能力。通过为期四年的改革，各专业的内涵建设取得显著成效。

尽管如此，广外东盟国家语种专业在改革与发展的过程中，仍然面临许多问题与挑战，突出体现在国内国外新形势对东盟国家语种专业的发展提出新挑战、社会需求变化对人才培养目标提出新要求、后发展专业持续面临改革困境这三方面。这些问题不仅是广外相关专业所面临的，也可能是国内不少非通用语种专业存在的普遍性问题。因此，积极应对新形势变化，继续以专业评估为抓手促进专业内涵建设，是广外东盟国家语种专业未来改革不变的态度。

分 报 告

广东外语外贸大学马来语专业内涵建设与发展报告

谈　笑[*]

摘　要： 马来语是马来西亚、文莱、新加坡三国的国语。中国高校开设马来语专业的历史超过 80 年，至今已有十多所高校开设。广东外语外贸大学马来语专业是在 2013 年国家提出"一带一路"倡议，我国与周边国家尤其是东南亚国家的双边交往迎来史上最佳发展机遇的大背景下设立的。广东外语外贸大学马来语专业虽然开设时间不长，但是建设起点高，定位高，质量高，在人才培养、师资队伍建设、人才培养模式改革、教学改革、课程建设、实践教学等方面取得了令人瞩目的成绩。

关键词： "一带一路"；马来语；专业建设

一、专业的历史发展概况

马来语属于南岛语系的马来—波利尼西亚语族，是东南亚的一门重要语言，广泛使用于马来西亚、印度尼西亚（简称"印尼"）、新加坡、文莱等国，以及泰国南部、菲律宾南部等地区。使用马来语的这一传统地理文化区域被称为"马来世界"（马来语：Nusantara）。现今，马来语是马来西亚、文莱和新加坡三个国家宪法规定的国语。马来语在马来西亚占据着无可动摇的第一语言地位，因此在马来西亚也被称为"马来西亚语"。

中国高等院校马来语专业历史悠久，至今已走过 80 多年的发展历程。1942 年在云南呈贡创办的"民国东方语文专科学校"（简称"东方语专"）即开设了马来语科系。①1949 年，北京大学建立马来语科，虽名为马来语科，但实际是以印尼语为核心课程，仅在高年级时开设印尼语—马来语对比课程。1950 年更名为印度尼西亚语专业。新中国真正意义上的马来语专业则始建于 1961 年，由北京外国语学院（现北京外国语大

---

* 谈笑，文学博士，广东外语外贸大学马来语专业教授，研究方向为马来语言文学、东南亚区域国别研究。

① 赵婕. 民国"东方语专"研究 ［J］. 玉溪师范学院学报，2021，37（5）：95 – 105.

学，简称"北外"）开设，1962 年正式招收第一批本科生。新中国马来语专业的开山鼻祖是吴宗玉教授。1996 年，中国教育部和马来西亚教育部在北外设立中国马来语教学研究中心，吴宗玉教授任中心主任。2005 年，该中心更名为中国马来研究中心。

最近 20 多年来，随着国内对马来语专业人才需求的不断加大，开设马来语专业的高等院校也迅速增加。1998 年中国人民解放军外国语学院（现中国人民解放军战略支援部队信息工程大学）开设马来语专业。随后，中国传媒大学也于 2000 年开设该专业。自 2007 年起，中国马来语专业迎来了一波发展高潮，广西民族大学（2007 年）、云南民族大学（2009 年）、天津外国语大学（2013 年）、广东外语外贸大学（2014 年）、西安外国语大学（2016 年）、云南大学（2019 年）、四川外国语大学（2019 年）等高校相继开设了马来语专业。

广东外语外贸大学（以下简称"广外"）马来语专业是在 2013 年国家提出"一带一路"倡议，我国与周边国家尤其是东南亚国家的双边交往迎来史上最佳发展机遇的大背景下设立的。广东作为我国经济大省和改革开放的前沿，在发展与东南亚国家的对外交往方面具有无可比拟的区位优势。广外作为一所国际化特色鲜明的高水平大学，肩负着培养东南亚语种专业人才的重要任务。广外开设马来语专业，主要是基于以下两个方面的原因：

（1）中国和马来西亚是传统友好邻邦。马来西亚自古以来与中国在经济、文化、外交等方面来往频繁。马来西亚是东盟中第一个与中国建交的国家，在东南亚具有举足轻重的地位，中马关系对中国的发展有着重要的意义。马来西亚是"21 世纪海上丝绸之路"重要节点国家，扼守马六甲海峡，处于东西交通的十字路口。优越的地理位置使其成为海上丝绸之路上的贸易中心。"郑和七下西洋，五次驻节马六甲"，历史记忆让中马两国联系紧密，"一带一路"倡议进一步拉近了两国的距离。马来西亚是最早响应"一带一路"倡议的沿线国家，也是共建"一带一路"早期收获最丰硕的国家之一。

（2）广东省对马来语人才的特别需求。由于地缘关系，广东省自古以来就与以马来西亚为代表的南洋地区往来密切，南洋华人中广东人后裔占据很大比重。广东省和马来西亚渊源深厚、资源互补性强、发展合作空间大。当今，广东省与马来语国家经贸文化交往极为频繁，粤港澳大湾区建设和"21 世纪海上丝绸之路"建设需要大批马来语专业人才。因此，广外作为华南地区外语人才输送基地，理应抓住机遇，促进发展，发挥区位优势，为中国与马来西亚、文莱和新加坡的长远交往做出更大的贡献。

在这样的历史背景下，为了填补马来语专业在华南地区的空白，满足社会各界对马来语专业人才的迫切需求，广外东方语言文化学院（简称"东语学院"）于 2013 年开始专业建设的筹备工作，2014 年获得教育部批准，于 2015 年秋季正式开始招生。广外马来语专业的开设是对广外东语学院原有语种专业的扩充和学科建设的完善,对华南地区东盟国家语种专业内涵建设与发展具有重大意义。广外马来语专业虽然建设时间短,但是建设起点高,数年来发展成效显著。2014 年 12 月,广外马来语专业被马来西亚教育部认证为"马来语高等教育海外发展机构"。2019 年 12 月,本专业获评广东省一流本科专业建设点,2020 年被教育部评为国家级一流本科专业建设点。广外也因此成为国内高校马来语专业中仅有的两所入选高校之一(另一所为北京外国语大学)。广外马来语专业连续多年获评软科中国大学专业外国语言文学类专业 A+级。本专业的建设目标是打造国内一流且具有一定国际影响力的马来语专业。

二、人才培养目标及服务面向

作为广东省独家、华南地区首屈一指的广外马来语专业,其定位是立足广东、辐射全国、面向世界,坚持以立德树人为核心,服务于"21 世纪海上丝绸之路"和粤港澳大湾区建设,着力培养"会语言、通国家、精领域""一精多会、一专多能"的高层次、复合型社会主义外语人才,坚持"以本为本",推进"四个回归",即回归常识、回归本分、回归初心、回归梦想,以高水平、国际化为特色,培养符合新时代中国对马来语国家和区域交往需求的专业人才。

根据《广东外语外贸大学东方语言文化学院本科人才培养方案》(2022 版),本专业人才培养目标可以用"技能与知识并举"来概括。"技能"是指注重学生马来语、英语双语技能;"知识"是指为学生提供积累区域与国别研究及其他人文社会科学基础知识的跨学科学习机会。

马来语专业以马来语、英语双语技能的培养为特色,自 2018 年起自建双语课程体系。本专业学生主修马来语,建议学生在校期间参加大学英语四、六级或其他英语能力考试,例如雅思、托福等。通过全面系统的学习与实践,使学生具备更高的马来语、英语水平和更强的马来语、英语实际应用能力。

同时,马来语专业本科生可通过微专业模块课程、通识选修课、双专业等方式的学习,积累关于东南亚各国,尤其是马来语国家的相关国情常识,了解中国与东南亚各国交往的历史,掌握区域与国别研究的基本技能。

本专业人才培养以适应新时期国家对面向马来语国家的区域和国别高层次专门人才需求为导向,毕业生应能够在外交、外事、安全、经贸、金融、互联网、文化、新闻、出版、教育、科研、旅游等部门从事翻译、研究、教学、管理等方面的工作。

本专业课程教学注重实践与思辨。在理论教学之外,注重双语语言技能的实践,并通过专业实习等形式运用这些技能,开阔视野,培养学生自主学习和独立思考的能力，掌握论文写作基本规范，到第八学期能够在导师指导下开展入门级的基础研究，通过毕业论文考核。

三、历届学生人数及生源情况

广外马来语专业自建立以来，一直坚持"小班化""精英化"教学，截至 2022 年已经招收 7 届共计 94 名本科生，其中文科生和理科生大约各占一半。具体情况如下：

2015 级 20 名，其中女生 14 名、男生 6 名。85% 为广东省生源，15% 为外省生源，分别来自福建、江西、河南等省。

2016 级 18 名，全部为女生。55% 为广东省生源，45% 为外省生源，分别来自福建、广西、江西、河南、江苏、吉林、海南等省（自治区）。

2018 级 10 名，其中女生 9 名、男生 1 名。60% 为广东省生源，40% 为外省生源，分别来自吉林、湖南、安徽、云南等省。

2019 级 11 名，其中女生 9 名、男生 2 名。55% 为广东省生源，45% 为外省生源，分别来自广西、湖南、安徽、云南等省（自治区）。

2020 级 12 名，其中女生 8 名、男生 4 名。42% 为广东省生源，58% 为外省生源，分别来自江西、吉林、广西、湖南、安徽、云南等省（自治区）。

2021 级 12 名，其中女生 8 名、男生 4 名。50% 为广东省生源，50% 为外省生源，分别来自江西、吉林、广西、湖南、安徽、云南等省（自治区）。

2022 级 11 名，其中女生 9 名、男生 2 名。55% 为广东省生源，45% 为外省生源，分别来自江西、吉林、广西、湖南、云南等省（自治区）。

四、师资队伍发展情况

（一）教学团队

广外马来语专业十分重视师资队伍建设，虽成立时间不长，但建设起点较高，目前已经打造出一支"小而精"的高水平教学团队，教师年龄层次、学缘结构合理，师资力量目前在全国同类专业中处于领先水平。目前本专业有教授 1 名、副教授 1 名、讲师 1 名、外教 2 名，专任教师中高级职称比例达到 66.67%，具有博士学位者达到 100%，远高于《外国语言文学类教学质量国家标准》中"具有硕士、博士学位教师比例不低于 30%"的标准。[①] 目前广外马来语专业生师比为 8.25∶1，符合《外国语言文学类教学质量国家标准》中"生师比不高于 18∶1"的要求。

---

① 教育部 2018 年版《外国语言文学类教学质量国家标准》。

专业负责人谈笑教授，1994 年毕业于北京外国语大学亚非语系马来语专业，获文学学士学位。2004 年毕业于马来西亚国立大学（The National University of Malaysia）社会与人文科学系马来文学专业，获文学硕士学位。2015 年毕业于解放军外国语学院亚非语系亚非语言文学专业，获文学博士学位。2009 年获评副教授职称，2020 年获评教授职称。在马来语教学领域享有盛誉，是国内两所大学马来语专业的创始人——于1998 年在解放军外国语学院创办了马来语专业（该校是国内第二所开设此专业的高校），并于 2013 年负责创办广外马来语专业，为中国马来语专业的发展壮大做出了突出贡献。先后编写出版《马来语口语教程》《马来语阅读教程（1）》《马来语阅读教程（2）》《实用马来语写作教程》等专业主干教材，填补了国内相关领域的空白。现任广外东语学院马来语专业教师、硕士研究生导师。先后担任广外马来语系主任、非通用语种教学与研究中心副主任、东语学院副院长、国家外文局中国—马来西亚国际翻译资格认证考试专家委员会主任委员等职。长期从事马来语言文学的教学和研究工作，在国内外马来研究学界具有较大影响力，曾在马来西亚、文莱等马来语国家从事学术研究和交流活动，在中马双语翻译领域颇有造诣，2021 年 2 月被马来西亚国立大学马来文明研究院聘为特聘专家。在国内外学术期刊发表论文数十篇，出版专著《文化视域中的马来班顿研究》《班顿与信天游之比较研究》，译著《孙子兵法（汉马对照）》《大学中庸选译（汉马对照）》《荀子选译（汉马对照）》《世说新语选译（汉马对照）》等。近年来主讲的专业课程包括"基础马来语""马来语阅读""马汉/汉马笔译""马来语写作""高级马来语""马来西亚报刊选读""印尼语—马来语比较""东方文化概论"等。2015 年负责开辟广外亚非语言文学专业二级学科硕士点东南亚研究方向并担任该方向导师，主讲"东南亚文学研究""东南亚文化研究""中国与东南亚文学比较研究""中国与东南亚文化关系研究"等核心课程。

专任教师李婉珺副教授，2006 年毕业于北京外国语大学马来语专业，获马来语、英语文学双学士学位。2008 年毕业于加拿大西门菲沙大学教育学院，获教育学硕士学位。2015 年毕业于中山大学亚太研究院，获历史学博士学位。同年入职广外，任东语学院马来语系专业教师。2019 年获评副教授职称。长期从事马来语专业本科教学、亚非语言文学硕士研究生教学和东南亚史研究工作，与国内外多个东南亚研究机构皆有长期学术合作关系，在马来文化史、东南亚海洋史、中国—东南亚文化交流史、马来语国家区域和国别研究方面已经积累了一定成果。目前已在国内外期刊发表论文 15 篇，出版了《周易选译（汉马对照）》《诗经选译（汉马对照）》《马来西亚史纲》《香药亚洲：中国与马来世界古代医药文化交流》等 7 部著作。主持国家社科基金中华学术外译项目"东亚变迁与周边世界"、广东省"十三五"规划青年项目"19 世纪粤港澳及南洋的多语辞典出版业研究"、广外区域和国别研究中外联合课题研究项目"中国与马来世界古代医药典籍文献学研究"等各类项目多项。自 2017 年起担任马来语专业双语课程体系建设与实践教学改革项目负责人。近年来主讲的本科课程包括"基础马来语""马来西亚历史""马来语口译""马来西亚概况""马来西亚报刊选读""东南亚概况"等;主讲的硕士研究生课程包括"人文社科研究方法""东南亚研究经典文献导读""东南亚历史研究"等。

专任教师侯燕妮,2014 年毕业于北京外国语大学马来语专业,获文学学士学位。同年入职广外,成为东语学院马来语专业教师,现任马来语系系主任。2018 年毕业于广外亚非语言文学专业,获文学硕士学位,同年获评讲师职称。2020 年 9 月成为广外亚非语言文学专业博士研究生,2023 年毕业,获文学博士学位。主要研究方向为马来西亚文学、历史。从教以来,多次获年度考核优秀、教学优秀奖、微课教学大赛奖等。在国内外期刊发表论文多篇,出版译著《三字经(汉马对照)》《弟子规(汉马对照)》《朱子治家格言(汉马对照)》。主要承担课程包括"基础马来语""马来西亚概况""马来语视听""马来语视听""高级马来语"等。

(二)主要举措

为加强师资队伍和基层教学组织建设,广外马来语专业主要做了以下几点努力:

第一,高起点,高定位,打造高水平教师团队。广外马来语专业为新设专业,所有教师皆为外部引进,三位专任教师本科都毕业于北京外国语大学马来语专业且都有海外留学经历。谈笑老师作为国内马来语专业知名学者,此前已从事马来语教学工作多年,具有丰富的经验;李婉珺老师为中山大学历史学博士,教学、科研能力强;侯燕妮老师为国内马来语专业崭露头角的青年学者。

第二,依托广外东语学院亚非语言文学专业硕博研究生培养体系,提升青年教师学历水平。谈笑老师于 2015 年负责开辟广外亚非语言文学专业二级学科硕士点东南亚研究方向,助力本院青年教师提升学历。侯燕妮老师入职时为本科学历,于 2015 年考取该方向硕士研究生,2018 年获得硕士学位。2020 年,广外亚非语言文学专业二级学科博士点在东语学院成立,侯燕妮老师成为该专业首名博士研究生。在这一硕博研究生培养体系的助力之下,本专业率先在国内各高校马来语专业中完成专任教师 100% 博士化。

第三,通过"传帮带""一对一"的方式,加强对青年教师科研能力的培养。采取积极有效的措施,提高青年教师的教学、科研水平。目前,教师教学、科研成果丰硕,并且形成了具有本专业特色的科研方向。教师的研究领域和主攻方向不重叠,谈笑老师主攻马来文学及东南亚国别区域研究,李婉珺老师主攻东南亚历史研究,侯燕妮老师主攻马来语言及文化研究,涵盖语言、文学、历史、文化等各方面,实现差异化发展。

第四，加强对教师的在职培训。本专业教师均参加了广外教师发展中心组织的岗前培训和"微格教学训练营"课程，以及中国非通用语教学研究会组织的"青年教师培训"系列课程。与此同时，本专业教师还多次参加国内外相关培训，如澳门理工大学双语教学暑期培训班、马来西亚国家语文局教师暑期培训班等。

五、人才培养模式改革的举措及成果

随着时代的发展，社会各界对外语专业转型的呼声越来越强烈。为此，外语学科专业人才培养模式亟须进行系统改革：一是在新文科背景下，外语人才的培养应强调全球视野与中国实践相结合，强调能力、知识与人格塑造相结合。需要培养学生的"中国情怀"和"国际视野"；需要学生讲好中国故事、传播中华文化；需要在促进个性化发展的基础上培养信念坚定、人格完善和专业卓越的外语人才。二是要培养夯实学生的"多种语言＋"人文素养。"会语言"不仅强调基础的外语技能课程，更强调对人文素养、跨文化沟通能力和复语能力的培养。新文科背景下的外语学科人才培养需要以立德树人为核心目标，以"会语言、通国家、精领域"为核心能力，以语言科技为核心手段，有效提升外语教学的实用性、针对性，实现"五个战略定位"的彼此协同：培养坚定的"以德为先"政治素养，培养夯实的"多种语言＋"人文素养，打造立体的"国别区域＋"综合能力，发展精湛的"交叉领域＋"专业能力，拓展前沿的"语言智能＋"科技能力。[①] 为此，广外马来语专业依托广外这一发展平台，利用自身"历史短，包袱轻"的优势，积极应对时代发展要求，凸显自身特色。本专业自创办以来，在人才培养模式改革方面主要有以下举措和成果：

（1）三外语：专业实行"马来语＋英语＋印尼语"的三外语人才培养模式，主修马来语，辅修英语，注重对学生的双外语能力的训练，使学生既有扎实的马来语语言基础知识和熟练的听、说、读、写、译等技能，同时能掌握较强的英语基础知识与英语交际能力。由于马来西亚和印尼两国为近邻且交往密切，马来语和印尼语是一对姐妹语言，相似度较高，因此马来语专业的学生具有学习印尼语的有利条件。鉴于此，本专业在高年级阶段安排开设印尼语相关课程，让本专业的学生在毕业时具备一定的印尼语使用能力，这对于拓宽他们的就业和升学道路十分有利。通过数届教学实践，学生普遍反映从中获益良多，证明这套方案的确行之有效。

（2）应用型：专业突出实践教学环节，注重对学生实践能力、创新能力的培养，要求学生积极参加校内外实践实习活动，在实践中巩固语言知识和技能，使学生具备

---

① 姜智彬. 新文科背景下我国外语人才培养的战略定位［N］. 社会科学报，2019 - 04 - 04（05）.

较高的岗位适应能力、应变能力和创新能力。此外，为了适应新文科建设对外语非通用语专业学生的要求，拓宽学生的知识面，加强学生的应用能力，提升学生的竞争力，自 2021 年开始，在人才培养方案中纳入跨学科微专业模块。跨学科微专业模块共有 5 个，分别由广外的国际关系学院、法学院、中文学院、会计学院、经贸学院组织教学，学生需按模块修满 5 门 10 学分课程。

（3）国际化：国际化是广外马来语专业的一大特色优势。本专业实行"3.5＋0.5"国际化人才培养模式，常年聘请马来西亚专家到校任教，在本科三年级上学期将学生成建制派遣到马来西亚高水平大学留学。目前已与马来西亚两所顶尖高校建立合作关系，分别是马来亚大学（UM，2015 年 6 月签署合作协议）和马来西亚理科大学（USM，2017 年 5 月签署合作协议），并已成功派出数批学生分别赴这两所高校留学。留学期间除了系统深入学习对象国的语言，了解对象国国情文化之外，要求学生积极参加对象国高校组织安排的各类实践活动，培养学生成为具有国际视野的专业人才。本专业多次成功举办国际学术活动，师生积极参加国际交流与合作，有多项学术成果（论文、专著等）在国外发表和出版，学生在国际性专业竞赛中成绩突出。2014 年 12 月，本专业被马来西亚教育部认证为马来语海外教育发展机构。2017 年 5 月，本专业与马来西亚理科大学成功合办首届中马翻译、语言、文化研讨会。2019 年 4 月，本专业与马来西亚理科大学在槟城合办中马翻译国际研讨会和书展。2019 年 9 月，本专业和马来西亚沙巴师范学院合办"中马 21 世纪人文素质教育研讨会"。2019 年暑期，2016 级学生梁珈宁、蔡恩淇赴上海合作组织总部实习，首次实现东语学院学生参加国际组织实习。本专业多次接待国际贵宾来访，例如：2015 年 6 月接待马来亚大学马来研究院院长默罕默德·穆克塔尔·阿布·哈桑（Muhammad Mokhtar Abu Hasan）一行来访；2015 年 11 月接待马来西亚国家语文出版局局长拿督阿旺·萨里杨（Datuk Awang Sariyan）一行来访；2016 年 4 月接待马来西亚著名文学家沙默德·赛义德（A. Samad Said）和"大马译创会"负责人曾荣盛先生一行来访；2016 年 12 月接待文莱大学师生代表团来访；2017 年 3 月接待马来西亚玛拉工艺大学（UITM）代表团来访；2017 年 5 月接待马来西亚理科大学代表团来访；2018 年 11 月接待马来西亚雪兰莪工艺学院师生代表团来访；2018 年 12 月接待马来西亚森美兰州爱花教育集团来访；2019 年 10 月接待马来西亚玛拉工艺大学吉兰丹校区师生代表团来访，等等。与此同时，本专业师生"走出去"力度大，显示度高。本专业所有教师在任职之前都有国外留学经历。专业教师在职期间多次赴马来西亚等地参加培训，多次参加国际学术会议并发表论文，例如：谈笑老师在 2018 年 5 月赴马来西亚吉隆坡参加"中马两国文明交往"研讨会，2018 年 9 月赴文莱参加东南亚文学理事会高端论坛，2018 年 11 月赴马来西亚怡保参加第九届国际诗歌节学者论坛，2022 年 5 月参加马来西亚总理署、马来西亚国家语文局、马来西亚国立大学联合举办的"马来语国际化发展高端研讨会"；李婉珺老师于 2019 年 3 月赴德国法兰克福参加国际马来语研讨会等。本专业教师的学术成果取得了一定国际影响，例如：谈笑老师的专著《班顿与信天游之比较研究》于 2018 年在马来西亚出版；由本专业三位教师承担的"东方智慧丛书"系列十多部中国典籍马来语译著已在马来西亚发行并引起强烈反响；谈笑老师、侯燕妮老师在马来西亚国家级学术刊物《语言论坛》《文化论坛》上发表多篇学术论文。本专业师生还多次在境外高层次媒体发声，向世界推介广外及中国马来语专业，例如：2015 年 1 月，谈笑老师接受马来西亚国家新闻社（BERNAMA）和马来西亚最大的英文商业报纸《新海峡时报》专访，两家新闻媒体分别发表题为"广东需要马来语人才"和"马来语在中国人气高涨"的长篇报道；2015 年 8 月，侯燕妮老师在马来西亚首都吉隆坡接受马来西亚最大卫星电视台 Astro Awani 专访；2018 年 9 月，谈笑老师和外教扎伊顿、2016 级学生梁珈宁一起接受马来西亚国家新闻社专访；2018 年 12 月，马来西亚第一大中文报纸《星洲日报》对 2016 级学生徐洋进行专访并发表题为"中国徐洋国际组夺冠，因'一带一路'学马来语"的报道。

六、教学改革和课程建设情况

（一）具体举措

关于对学生的培养标准，教育部 2018 年颁布的《外国语言文学类教学质量国家标准》中要求：在素质方面，外语类专业学生应具有正确的世界观、人生观和价值观，良好的道德品质，中国情怀和国际视野，社会责任感，人文与科学素养，合作精神，创新精神，以及学科基本素养。在知识方面，外语类专业学生应掌握外国语言知识、外国文学知识、区域与国别知识，熟悉中国语言文化知识，了解相关专业知识及人文社会科学与自然科学基础知识，形成跨学科知识结构，体现专业特色。在能力方面，外语类专业学生应具备外语运用能力、文学赏析能力、跨文化交流能力、思辨能力，以及一定的研究能力、创新能力、信息技术应用能力、自主学习能力和实践能力。针对以上要求，广外马来语专业在教学改革和课程建设方面采取了以下举措：

第一，突出课程思政建设。落实高校立德树人根本任务，将课程思政要求内化到课程设计、课程内容、课程讲授、课程考核、课程评价各方面、各环节，充分发挥每门课程、每个课堂的育人作用，促进专业教育和思政教育深度融合，促进知识传授和价值引领有机统一。注重培养学生家国情怀、社会责任、科学精神、职业操守、历史文化等素养，树立正确的思想政治理念。本专业课程思政建设主要满足三个方面的需要：①外语教学跨文化交际的需要；②培养具有中国立场的外语人才的需要；③"小语种，新战略，大作为"的专业要求。

目前，本专业正在着力打造一批课程思政示范课堂、课程思政示范课程，并积极参加课程思政团队建设。

第二，加强"马来语＋英语"双语课程体系建设。由于英语在马来语国家的广泛使用，马来语专业学生必须加强对英语的学习和掌握。在学校实行复语制教学的基础上，本专业立足自身需求，挖掘自身潜力，着力打造马来语专业双语课程体系。目前，已在专业课程中开设五门"马来语＋英语"双语课程，即"马来西亚概况（2）""马来西亚历史""马来西亚报刊选读（2）""马来语口译（1）""马来语口译（2）"，初步形成属于广外马来语专业独有的特色双语课程体系。根据学生评教及调研结果，获得的评价十分正面。下一步计划在"高级马来语（1）""高级马来语（2）""东南亚概况"等课程中继续推广双语教学。广外马来语系师资队伍中外结合，年龄结构合理，教学经验比较丰富，目前已有三分之二的教师完成了双语教学培训并获得相关资格认证。马来语系教师能够在应用语言学相关理论指导下，结合学生水平和需求，开展教学法创新，多媒体及网络资源利用率高，体现以"学"为中心的理念。

（二）主要成效

为适应时代发展，做到与时俱进，广外马来语专业在借鉴其他院校及本校其他老牌专业的经验的基础上，根据本专业自身特点和市场对人才的需求状况，制订了符合自身特色的课程教学计划。目前，本专业已建成科学、完备的专业课程体系，开设的核心课程有"基础马来语""高级马来语""马汉/汉马笔译""马汉/汉马口译""马来西亚概况""马来西亚历史""马来语阅读""马来语报刊选读""马来语视听""马来语口语""马来语写作"等。根据广外东语学院2022版本科人才培养方案，本专业毕业最低总学分为176学分，总学时2 736学时；其中必修课程152学分，占86.36%；选修课程24学分，占13.64%；全部课程由理论教学和实践教学两部分组成，其中实践教学480学时39学分，占22.16%。本系教师目前已出版专业教材5部：《马来语口语教程》《马来语阅读教程（1）》《马来语阅读教程（2）》《旅游马来语教程》《实用马来语写作教程》。其中，《马来语口语教程》获2014年度中国非通用语教学研究会颁发的中国外语非通用语优秀学术成果教材类三等奖，《马来语阅读教程（1）》《马来语阅读教程（2）》获2016年度中国非通用语教学研究会颁发的中国外语非通用语优秀学术成果教材类三等奖。这些教材已被全国十多所高校的马来语专业所采用并广受好评。2019年，本专业申报的《面向"一带一路"的马来语国际化人才培养模式探索与实践》获得广外校级教学成果奖二等奖。在课程思政建设方面，谈笑老师主讲的"马来语阅读（2）"作为课程思政示范课程入选了广东省 2020 年度课程思政建设示范项目。在双语课程建设方面，本专业已获校级教学改革项目一项（"马来语专业双语课程体系建设与实践"，主持人李婉珺）和课程建设项目一项（"马来西亚历史"，主持人李婉珺），并参与广东省教改项目（"'小语种＋英语'双外语应用型国际化人才培养示范基地"，第三主持人谈笑）。

七、实践教学和实习基地建设

（一）实践教学

实践教学环节旨在促进学生的全面发展，主要包括专业实习、创新创业实践、社会实践、国际交流等方面。广外马来语专业十分重视实践教学，在 2022 版本科人才培养方案中，实践教学学分为 39 学分，占专业毕业最低总学分的 22.16%。校外实践实习活动内容主要包括：校外参观学习、毕业实习。马来语专业每个学期都给学生安排了实践教学的环节。第一学期的"马来西亚概况"安排一到两次的实践教学。第二、三、四学期也每学期安排一次校外实践教学，地点比较灵活，可以由老师统一联系安排参观，也可以由学生联系分小组前往与马来西亚相关的企事业单位见习。第五学期全体学生都前往马来西亚留学。他们在马来西亚学习的过程本身就是很好的语言实践机会，其中部分学生还进入在马来西亚的中资企业实习、见习。这对提升他们的语言能力、文化理解、实际运用能力大有益处。此外，在第六至第八学期还安排为期两周的专业实习。常规第二课堂活动则包括每个学期结束前的两周教学实践活动和一年一度的本科教学质量月活动等。已经开展的活动包括：校内外专家专题讲座、语音比赛、听写比赛、翻译比赛、影视剧配音比赛、接待马来西亚和文莱贵宾、参观历史文化古迹、实地场景式演练、马来语电影赏析等。

（二）专业实习

本专业的专业实习一般放在第四学年，为期 3~5 周。目的是使本专业学生的语言学习能结合实际工作，在为对象国人士提供语言服务的同时，提高自己的马来语口语表达能力、交际能力和翻译能力，为毕业后直接走上工作岗位打下基础。本专业在学校和学院的指导下制定了相关的实习教学计划、实习指导书、实习管理制度等，且为每名学生安排专门的实习指导教师，及时了解和掌握学生的思想和实习状况，关心实习学生的生活与安全问题，及时妥善处理实习过程中的突发事件，以保证专业实习的开展。实习指导教师根据学生的实习报告，以及学生在实习过程中的思想表现、遵守纪律情况和实习态度等，对学生进行实习考核。实习全部结束后对本系实习情况进行年度总结。主要要求：①熟悉外交礼仪，熟悉马来人的生活习惯，做到认真、大方、负责、诚恳、细心；②严格按实习大纲要求，在实习导师和实习单位的指导下，做好实习工作；③遵守实习单位的规章制度，注重树立自己及学校的良好形象；④参加完专业实习的学生提交实习鉴定报告 1 份、实习报告 2 份。高年级学生可在学校的统一安排下到与专业有关的"实习基地"实习，也可以自己找实习单位实习。实习期间由实习单位和学校老师共同负责实习学生的实习、实践与安全教育。到各单位实习期间，学生必须遵守学院学生实习的相关规定、本专业的实习计划和实习单位规定的实习守则，服从学院、系和实习单位的安排。学生外出实习结束后，必须要求实习单位出具"实习鉴定"，对本人工作表现作出评价。该鉴定由实习单位用抬头信纸书写并加盖单位公章，或者由接受学生实习服务的对象手写并加其本人签名。2019 年 8 月起，广外东语学院马来语系开始选派优秀学生到国际组织实习，如上海合作组织睦邻友好委员会。通过组织学生进行实践教学和专业实习，不仅有效地提高了学生理论联系实际、实际运用语言的能力，巩固了专业知识，开阔了视野，而且还使他们学到了专业外语之外的其他知识。

（三）专业竞赛

参加各类专业竞赛是检验学生学习成果、提高学生实践能力的重要手段。广外马来语专业十分重视选派学生参加各类专业竞赛，并且主动作为，努力尝试承办和举办相关赛事，取得了十分可喜的成绩。2017 年 5 月，本专业承办了中国非通用语教学研究会首届全国大学生马来语朗诵大赛，2015 级学生宁惠琳、刘沁在比赛中荣获二等奖。2018 年 12 月，在马来西亚教育部举办的第十二届"首相杯"国际马来语演讲比赛当中，2016 级学生徐洋击败来自 31 个国家的 50 多名选手，勇夺冠军，获得奖杯一座、奖金 10 000 令吉（马来西亚货币单位），由时任马来西亚总理马哈蒂尔亲自签署奖状并由时任马来西亚教育部部长马智礼颁奖。比赛由马来西亚国家电视一台进行全球直播，在国际上获得强烈反响。马来西亚各大媒体包括马来西亚国家新闻社和《星洲日报》《南洋商报》《新海峡时报》《中国报》《光明日报》《阳光日报》等纷纷进行采访报道。马来西亚驻广州总领事向广外马来语专业发来贺电。《星洲日报》提到："国际组夺冠的徐洋就读广东外语外贸大学的马来语科系，今年 9 月到槟城的理科大学当交换生。她为了这次的比赛苦练 2 个月。当初选择马来语科系，是因为中国推动'一带一路'倡议，马来西亚是响应'一带一路'倡议的重要国家，因此激发她学习马来语的兴趣，希望学有所成之后为国效力。她从当初完全不懂马来语，到如今可以流利地用马来语沟通，甚至上台演讲及夺冠，都付出极大的努力。"① 2015 级学生张婧则获得了

<hr>

① 中国徐洋国际组夺冠，因"一带一路"学马来语［N］．星洲日报，2018 - 12 - 10．

进入该项赛事总决赛前 20 名的好成绩。2019 年 4 月，2016 级学生戚颖瑶获得马来西亚教育部举办的"中华传统文化与艺术"马来语国际演讲比赛第三名。2019 年 10 月，在由云南民族大学承办的中国非通用语教学研究会第二届全国大学生马来语朗诵大赛中，2018 级学生侯潇潇、林溢表现优异，以第一名和第二名的成绩双双获得一等奖。2021 年 9 月，2020 级学生马晓格进入 2021 马来西亚"首相杯"国际马来语演讲比赛国际组前十名。2021 年 10 月，在由广西民族大学承办的中国非通用语教学研究会第一届全国大学生马来语演讲大赛中，2019 级学生钟戴雯获得高年级组一等奖，2020 级学生马晓格获得低年级组一等奖，2020 级学生戴怡馨获得低年级组二等奖。2022 年 1 月，在首届"云山杯"多语种国际远程口译大赛中，2019 级学生钟戴雯获得马来语交替传译组冠军，2019 级学生石惠玲获得一等奖，2018 级学生王越获得二等奖。

八、质量保障的举措与成效

（一）主要举措

第一，通过课程体系改革，推动专业建设内涵式发展。以立德树人为核心任务，将马来语专业技能与思想政治教育有机结合，培养学生的人文素质，厚植家国情怀。课程内容以新时代中国和马来语国家的历史与现状为依据，应用新型教学法，激发学生的学习动力和专业志趣。

第二，通过提升教学质量，推动中国式马来语专业教学创新。借鉴国内外马来语专业建设经验，摸索符合新时代中国特色社会主义建设需求的马来语人才培养理念、标准、方法、模式。

第三，通过教育教学形态重塑，力争实现马来语专业教育质量的"变轨超车"。抓住信息技术变革带来的历史机遇，在提升语言技能的同时，汲取人文学科养分，确保学生具有国际视野，能够自信地在国际舞台上展示才能。

第四，发挥广东区位优势，配合粤港澳大湾区规划，为粤港澳大湾区与马来语国家及地区开展多层次交往输送精通马英双语、熟悉中国和马来语国家国情的复合型人才。

（二）主要成效

第一，突出马英双语课程体系地位，课程设置融入区域与国别研究内容。目前已开设五门马英双语课程，形成马英双语课程体系，获批校级教学改革项目一项（"马来语专业双语课程体系建设与实践"）和课程建设项目一项（"马来西亚历史"）。

第二，发挥广东区位优势，配合粤港澳大湾区规划，培养高端人才，服务国家建设。本专业 2016 级学生徐洋勇夺国际马来语演讲比赛冠军，并获评 2019 年度广外"十佳青年"和"校长奖章"，毕业后被新加坡国立大学录取为硕士研究生，成为本专业学生的优秀代表。本专业 2020 届毕业生升学率高达 38.89%，在非通用语专业中处于领先水平。另有多名毕业生就职于外交、军队、海警、国安等部门。

第三，抓教研，促教学，教学改革成果丰硕。本专业《面向"一带一路"的马来语国际化人才培养模式探索与实践》获广外 2019 年校级教学成果奖二等奖。谈笑老师担任第二主持人的"'一带一路'背景下以专业评估和专业认证为抓手的东盟语种专业内涵建设与发展"入选广东省 2019 年省级教改项目。谈笑老师主讲的"马来语阅读（2）"作为课程思政示范课程入选首批广东省 2020 年度课程思政建设示范项目。

九、毕业生就业率及主要去向

本专业建立时间不长，截至 2022 年，已培养三届本科生共计 48 人，分别是 2019 届（20 人）、2020 届（18 人）和 2022 届（10 人）。本专业毕业生升学率、就业率达到 100%，升学及就业情况充分体现了广外非通用语种专业为国家大战略服务、为"一带一路"服务、为粤港澳大湾区建设服务的特性，呈现出就业和升学率"双高"的优势。2019 届毕业生中，有 5 人获得知名高校硕士研究生入学资格，包括英国伦敦国王学院、新加坡国立大学、马来西亚马来亚大学、中国澳门大学等，升学率达到 25%。另有 1 人入职外交部，1 人入职军队，1 人入职公安部门，1 人入职中国海警，3 人入职省级政府部门，3 人入职大专院校担任专职教师，1 人入职四大国有银行之一，3 人入职大型互联网企业，1 人入职跨国大型民企。2020 届 18 名毕业生中，有 4 人在国内升学深造，其中上海交通大学 1 人、厦门大学 1 人、广外 2 人；3 人赴国（境）外一流高校读研深造，包括英国伦敦大学亚非学院 1 人、新加坡国立大学 1 人、日本早稻田大学 1 人，升学率达到 38.89%，在各非通用语专业中处于领先水平，充分体现了广外马来语专业志存高远、追求卓越的特色和定位。根据毕业生培养质量跟踪调查，本专业毕业生口碑及外部评价良好。

十、问题与对策

（一）存在问题

第一，师资队伍建设尚有缺口，专任教师人数偏少。

第二，教材体系建设尚不够完善，某些专业课程还缺乏优秀的适用教材。

第三，课程体系建设尚不够科学，尤其是缺乏优质的线上教学资源和线上线下混合类课程。

第四，国际合作空间尚待拓展，目前已建立合作关系的国外高校及机构偏少。

第五，实习实践基地建设步伐偏慢，除了学院各专业共享的实习实践基地之外，尚未建设本专业专属实习基地。

（二）应对思路

随着"一带一路"倡议的进一步深化实施，华南地区与东盟各国的联系势必更加密切。我们将抓住难得的历史机遇，努力把本专业办成国内一流并具有国际影响力的马来语高级专门人才培养基地。具体思路如下：

第一，按照国标和新文科建设的理念和要求，积极探索人才培养模式改革，加强课程思政建设，继续完善"3.5＋0.5"的人才培养模式和"马来语＋英语＋印尼语"的三语教学模式，建设多门马英双语教学精品课程。

第二，适应时代发展，发挥区位优势，在科研领域保持发扬语言文化研究优势的同时，积极开拓区域和国别研究，打造华南地区马来研究高地。

第三，产学研有机结合，加强学生实践环节，提高学生实践能力。

第四，教学与科研有机结合，以教学带科研，以科研促教学。发挥教师科研特长，引领学科发展新方向。

（三）具体对策

第一，进一步加强师资队伍建设，未来五年内引进1或2名教师，并聘请1或2名客座或讲座教授。

第二，进一步完善教材体系，在未来几年将陆续编写并出版"马来语视听教程""马来语口译教程"等系列教材，参与"马工程"教材和精品教材项目建设，努力成为国内马来语专业教材建设的标杆。

第三，进一步加强课程建设，争取建成1或2门省级以上优秀课程和课程思政示范课程，积极推进已有的微课、慕课项目和线上线下混合课程项目，全方位打造本专业"金课"体系。

第四，进一步加强国际交流合作，扩展国际合作对象，除了与更多马来语国家（含马来西亚、文莱和新加坡）高校签订合作协议之外，拓展与欧美相关名校如英国伦敦大学亚非学院、荷兰莱顿大学、法国巴黎东方语言文化学院等高校的学术交流。

第五，进一步加强实习实践基地建设，加强与用人单位的合作，未来五年至少新建1处国内实习实践基地、1处海外实习实践基地。

广东外语外贸大学越南语专业内涵建设与发展报告

蒙 霖[*]

摘 要：广东外语外贸大学越南语专业诞生于 1970 年，是国内较早设立的越南语专业之一。本文立足时代背景、结合地缘优势，通过介绍广东外语外贸大学越南语专业诞生及发展历程，总结专业发展的特色、成就及不足，并给出相应的解决方案。

关键词："一带一路"倡议；广东外语外贸大学越南语专业；专业内涵；建设与发展

一、一大时代背景

2013 年 9 月 7 日，中国国家主席习近平在访问哈萨克斯坦及印度尼西亚时，首次提出"共建丝绸之路经济带"及"共建 21 世纪海上丝绸之路"重大倡议。以 2013 年金秋时节的出访为起点，"一带一路"倡议得到有序推进。作为承载时代使命、助推中华民族伟大复兴的宏伟世纪工程，更兼构建人类命运共同体的伟大实践，"一带一路"倡议掀开了世界历史发展进程中的崭新一页。随着"一带一路"从理念转化为行动，许多助推世界各国共同繁荣发展的愿景得以变成现实，给沿线国家及人民带来了切实的利益福祉，"一带一路"倡议得到了世界范围的广泛欢迎及响应。

"亲仁善邻，国之宝也。"中国和东盟作为友好近邻，山水相连、血脉融通，自古有着源远流长的友好关系，是搬不走的邻居，更是互信、互惠、互利、互谅、互助的战略合作伙伴。"一带一路"倡议提出后，中国与东盟不断加速推进互联互通，双方经济融合不断加深，经贸往来日益加快，人文交流更密切，中国—东盟关系成为亚太区域合作中最为成功且最具活力的典范，也是构建人类命运共同体伟大进程中双边乃至多边成功合作的最佳例证。

---

* 蒙霖，博士，副教授，广东外语外贸大学越南语系系主任，主要研究方向为越南古代汉诗。

当今世界正处于百年未有之大变局中，世界多极化趋势日益加快、经济全球化不断加速、社会信息化不断向纵深层面发展，文化多样性持续增强，各国人民在地球村中和谐共存，人类命运从未像今天这样紧密相连。然而我们必须看到，世界面临的不稳定及不确定因素正在不断增加，全球经济形势不稳，单边主义及保护主义有所抬头，网络安全面临前所未有的挑战，气候变化、自然灾害等非传统安全威胁持续蔓延，国际秩序和全球治理体系在不稳定环境中不断受到冲击。"新形势下，中方视东盟为周边外交优先方向和高质量共建'一带一路'重点地区，支持东盟共同体建设，支持东盟在东亚合作中的中心地位，支持东盟在构建开放包容的地区架构中发挥更大作用。"①

如今的越南，在经历30余年的革新开放之后，一跃而成东盟十国中话语权不断增强的新兴国家。2020年度越南经济增长率达2.91%，成为当年世界上为数不多的经济实现正增长的国家之一。国际货币基金组织（IMF）于2020年底预测，2020年度越南国内生产总值（GDP）将达3 400亿美元，首次超越新加坡，跃居东盟第四位。②2021年，越南经济实现全面复苏，全年经济增长率达6% ~ 6.5%，通货膨胀率控制在4%范围内。③ 事实证明，越南在疫情肆虐世界的2020、2021年均成功实现了经济正增长，是亚洲乃至世界为数不多的经济稳步向前发展的国家之一。

在这一时代背景下，牢牢把握时机，加大力度推动中国与东盟之间的经贸往来与人文交流，毫无疑问成为新时期中国经济社会全面发展的重要助推力。而广东作为中国改革开放的前沿阵地，更应不遗余力地抓住这一时代良机，推动广东与东盟之间经贸、人文交流取得突破性进展。"国之交在于民相亲，民相亲在于心相通"，心相通则需语言通。国与国之间的往来，离不开语言的交流与文化的融合。在这一前提下，掌握必要的东盟各国语言，对我们增强与东盟各国之间的相互了解、推进广东与东盟之间的经贸往来和人文交流，都具有不可替代的重要作用。

二、两大地缘优势

习近平总书记曾就中越两国关系作过如下表述："中越是山水相连、唇齿相依的邻邦。两国人民毗邻而居，自古便有互通互鉴之情。近代以来，在争取国家独立和民族解放的斗争中，两国人民并肩战斗、彼此支援，结下了'同志加兄弟'的特殊情

① 习近平系列重要讲话数据库［EB/OL］.（2020 - 11 - 27）［2022 - 03 - 01］. http://jhsjk. people. cn/article/31947903.

② 越南快讯网［EB/OL］.（2020 - 10 - 14）［2022 - 03 - 01］. https://vnexpress. net/imf - gdp - viet - nam - nam - 2020 - vuot - singapore - 4176448. html.

③ 越南快讯网［EB/OL］.（2020 - 09 - 18）［2022 - 02 - 27］. https://vnexpress. net/gdp - viet - nam - nam - 2021 - du - kien - dat - 6 - 6 - 5 - 4163507. html.

谊。……进入新时期，在推进改革和革新以及社会主义建设事业中，两国人民相互借鉴、携手并进。我们共同探索符合本国国情的社会主义发展道路，创造出各自的发展奇迹，也推动两国关系得到长足发展。两国政治互信日益牢固，高层往来更加频密。……中国连续 13 年保持越南第一大贸易伙伴地位，越南成为东盟国家中中国最大贸易伙伴，2016 年双边贸易额近 1 000 亿美元。……作为前途相关、命运与共的好邻居、好朋友、好同志、好伙伴，我们要维护和发展好两国关系，为各自维护稳定、深化改革、改善民生提供助力，共同推进社会主义事业，促进地区和平稳定和开放发展。……（我们应）扩大交流，筑就民心相亲新基础。我们要把传统友谊发扬光大，促进人文交流，密切文化、教育、旅游、青年、媒体等合作，讲好中国故事和越南故事，让中越友好扎根人民心间、代代薪火相传。[①] 越南胡志明主席也曾称越南同中国的关系"如手和足，如杵和臼，如根和茎，如兄和弟"。

广东地处华南，与东南亚各国隔海相望，有着天然的地缘相连优势，因此自古以来便与东南亚各国在经贸、人文等方面往来密切。改革开放以后，广东与越南经贸合作发展态势良好，取得了不少令人瞩目的成绩。2008 年至今，广东—越南合作协调会已经连续成功召开了六次，在推动经贸、农业、教育、文化及旅游合作等方面取得了丰硕成果。2018 年广东与越南之间的投资合作水平再创新高，进出口贸易总额达到 372 亿美元，占中越贸易总额的 1/4，同比增长 34%。[②] 目前，越南是广东在东盟的第一大投资市场，也是第四大贸易伙伴。2018 年，中越双边贸易额达 1 067 亿美元，增长 13.5%。2019 年上半年，中越双边贸易额达 523.6 亿美元，增长 11.8%。截至 2019 年，对越南投资的广东省企业共 110 家，预计该数字还会继续增加。2018 年，广东与越南之间的双边贸易额达 370 多亿美元，占中越双边贸易总额的近三成，深圳—海防经贸合作区更成为中越两国经贸合作的典范。同时，广东一批知名家电和通信企业已在越南设立生产基地和营销网络，开展工程承包等业务，为双方带来了良好的经济和社会效益。"广东在越中经贸往来与合作中的作用可说是重中之重。越南和广东经贸往来的成功是越中两国合作中的重要因素之一。以这一重大意义，我们将尽最大的努力促进越南与广东的全面合作关系，在越南与中国其他省市的关系之中成为一个典范"。[③]

2019 年 2 月 18 日，中共中央、国务院印发《粤港澳大湾区发展规划纲要》，指出粤港澳大湾区不仅要建成充满活力的世界级城市群，打造国际科技创新中心，更将成

---

① 习近平系列重要讲话数据库［EB/OL］.（2017 - 11 - 10）［2022 - 02 - 26］. http://jhsjk. people. cn/article/29637604.

② 广东省人民政府网站［EB/OL］.（2019 - 06 - 25）［2022 - 02 - 26］. http://www. gd. gov. cn/gdywdt/gdyw/content/post_2521724. html.

③ 温斯婷. 越南驻广州总领事黎玉恕：广东—越南将成中越合作典范［J］. 大经贸，2010（3）：55 - 58.

为推动"一带一路"倡议不断向前推进的重要支撑，粤港澳大湾区将建成内地与港澳深度合作示范区，同时将打造成宜居宜业宜游的优质生活圈，进而成为城市高质量发展的典范。其中，香港、澳门、广州、深圳四大中心城市将成为区域发展的核心引擎，带动整个珠三角同步协调发展，更将辐射粤北、粤西、粤东乃至广西、湖南等周边省份，推动大湾区及其周边地区的加速发展。粤港澳大湾区将与美国纽约湾区、旧金山湾区、日本东京湾区并称为世界四大湾区，并将建设成为我国开放程度最高、经济活力最强的区域之一，在国家发展大局中占据重要战略地位。因此，建设粤港澳大湾区，既是新时代推动形成全面开放新格局的新尝试，也是推动"一国两制"事业发展的新实践。①

在百年一遇的时代大变革中，在建设"一带一路"及粤港澳大湾区的两大时代背景下，广东外语外贸大学（简称"广外"）越南语专业将秉承地处广州——粤港澳大湾区核心城市之一，毗邻东南亚这两大地缘优势，继往开来，丰富自己的专业内涵，专注专业的建设与发展，朝着新时期新背景下的专业建设目标稳步迈进。

三、广外越南语专业的发展历程与专业建设

（一）发展历程与培养目标

广外越南语专业成立于1970年，是教育部非通用语本科人才培养基地、教育部第一批高等学校特色专业建设点主要专业之一。1970年10月，广东省革命委员会对广东高校实行"调、并、迁、改"等改革措施，并将中山大学外语系、暨南大学外语系和外贸系，以及广州外国语学校进行重新整合调整，合并成一个全新的广州外国语学院，同时更名为"广东外国语学院"（1970年10月至1977年11月），校址迁至广州市北郊黄婆洞原中南林学院旧址。同年冬天，学校恢复招生，508名"小大学生"入学，其中308名从在校高一学生中招收，另外200名由原广州外国语学校转入，学制5年。学校由原来的2个系扩充为4个系，新增5个专业（俄语、日语、印尼语、越南语、泰语）。② 1977年11月恢复"广州外国语学院"校名，越南语专业隶属于3系。建系50多年来，越南语专业主要经历了三大发展阶段：

（1）起步探索阶段（1970—2002年）。这一时期，越南语专业刚刚起步，紧跟改革开放的步伐，稳步向前发展。实行5年一届的招生政策，学制5年，每届招生规模控制在10~16人。1998年以后，为提高专业吸引力和竞争力，大力增加英语课程学

① 粤港澳大湾区门户网［EB/OL］.（2019－02－18）［2022－03－01］. http://www. cnbayarea. org. cn/news/headline/content/post_165662. html.

② 广东外语外贸大学网上校史馆［EB/OL］.［2022－03－10］. https://history. gdufs. edu. cn/static/pc/index. html.

分，要求学生毕业时英语达到大学英语六级水平。这一举措确立了广外越南语专业"英语＋越南语"双语教育的定位，从而为培养适应新时期社会主义建设事业需求的复合型人才奠定了坚实基础。

（2）稳步发展阶段（2003—2007年）。这一时期，我国改革开放已取得阶段性重大成就，政治经济、社会文化蓬勃发展。大学扩招政策推行几年后，高考录取率的大幅增加对大学各专业的扩容也提出了更高要求。在这样的历史条件下，广外越南语专业将建系初期的5年学制压缩为4年，并初次尝试2年一届的招生政策，招生规模由此前的每届10～16人扩大至24～28人。师生比也从此前的41％左右大幅降至28％，给教学科研工作带来了一定挑战。与此同时，适当的扩招也极大地提升了越南语专业的知名度和影响力。

（3）高速发展阶段（2008年至今）。这一时期，我国政治经济和社会文化进入更高层次的发展阶段，发展理念由单纯的"唯数字、唯速度"逐渐转变为"追求高质量、高效率"的新型发展模式。为适应这一时期的发展要求，广外越南语专业首次实行一年一届的招生政策，同时将招生规模稳定在每届18人以下（见表1）。这就在很大程度上满足了专业平衡发展的需求，也将师生比控制在较为合理的范围之内。自此，广外越南语专业进入平稳推进的高质量发展阶段。

表1 广外越南语专业招生情况一览表

（单位：人）

招生年份	实际录取人数	当年在岗教师人数	广东省生源	省外生源	师生比
2015	18	6	12	6	33.3%
2016	18	8	10	8	44.4%
2017	11	8	6	5	72.7%
2018	11	7	6	5	63.6%
2019	12	7	6	6	58.3%
2020	12	8	6	6	66.7%
2021	12	8	6	6	66.7%

2019年底，广外越南语专业获批教育部首批"国家级一流本科专业建设点"，成为华南地区影响力较为广泛的越南语人才培养基地之一。

在人才培养目标方面，广外越南语专业扎根广州多年，始终秉承"紧扣时代脉搏、勇立改革潮头"的发展理念，立足实际，勇于创新，着力于培养具有扎实的越南语＋

英语语言能力及综合应用能力，通晓中国—越南社会文化，掌握一定的科研方法，并能在外事、教育、经贸、文化等部门从事教学、翻译、研究、管理工作的高级专门人才。清晰的学科定位、高标准的培养目标，助力广外越南语专业在人才培养方面取得了喜人的成就。

建系 50 多年来，广外越南语专业先后培养了逾 400 名专业过硬、素质一流的优秀人才，为建设"一带一路"及粤港澳大湾区提供了有力的人力资源保障。

（二）师资力量

广外越南语专业拥有一支科研实力雄厚的教师队伍，现有专任教师 8 名，其中教授 2 名，副教授 3 名，讲师 3 名；获博士学位者 5 名，占教师总数的 62.5%；现有师资队伍中有博士生导师 1 名、硕士生导师 4 名；师生比达到 66.7%。专任教师曾先后担任教育部外语专业教学指导委员会委员，非通用语种类专业教学指导分委员会副主任委员、委员，教育部本科教学评估专家等职。师资队伍中还有霍英东教育基金会第十六届高等院校青年教师奖一等奖获得者。75% 的教师拥有国际化教育背景。

目前越南语系拥有四支教学团队，涵盖文学、区域国别、基础越南语教学、越南语视听等几大方向，教师年龄、职称、学历及学缘结构都处于较稳定的水平。

（三）科研成果

目前越南语专业教师主持国家社科基金项目 4 项，发表论文 150 多篇，出版专著 10 余部、教材 19 套。在取得丰硕科研成果的同时，越南语专业已充分实现科研成果的高质量转化，使之高效运用于教学改革、课程建设、教材建设等具体工作中，并提供导向明确的理论与实践指导。

（四）课程设置

越南语专业目前已开设"越南语语音""基础越南语""高级越南语""越南文学作品选读""越南语翻译"等专业必修课、选修课，共 23 门，包含 81 个专业学分，共计 1 296 学时（表 2）。在立足越南语技能培养的同时，还充分保证了学生英语能力的不断提高，设置了"综合英语""高级英语""英汉口译""英汉笔译"等 14 门英语课程，共 40 学分 640 学时，英语技能培养力度远超国内同类专业。多年来，越南语专业学生大学英语六级考试通过率达 100%。

此外，自 2020 年起，广外越南语专业首次纳入"跨学科微专业"概念，即在"越南语 + 英语"并重的基础上，增加国际关系、经济贸易、法学、会计、汉语教育等五大"微专业"模块，为学生提供包括国际关系理论、当代中国外交、国际经济法、汉语国际教育概论、财务会计、国际贸易实务、跨境电子商务等多门选修课程，让学生在掌握专业知识的同时能够充分拓宽视野和知识面。

表 2　广外越南语专业课程设置一览表

课程类别		课程名称	学分	周学时	总学时	总学时分配 理论教学	课内实践	实验教学	集中性实践教学环节	开课学期 秋季	春季	建议修读学期	选修课程
跨学科微专业	国际关系模块	国际关系理论	2	2	32	32					√	2	
		当代中国外交	2	2	32	32				√		3	
		美国政治与外交	2	2	32	32				√		3	
		国际组织与全球治理	2	2	32	32					√	4	
		国际谈判理论与实践	2	2	32	28	4				√	4	
	法学模块	民法	2	2	32	16	16			√		3	
		刑法	2	2	32	16	16				√	2	选修
		国际经济法	2	2	32	32					√	4	刑法、民法
		国际私法	2	2	32	32					√	4	刑法、民法
		国际法	2	2	32	32				√		3	刑法
	汉语教育模块	现代汉语（一）	2	2	32	32					√	2	
		现代汉语（二）	2	2	32	32				√		3	
		汉语国际教育概论	2	2	32	32				√		3	现代汉语
		国际汉语教学设计＊	2	2	32	22	10				√	4	现代汉语
		国际汉语教材与资源＊	2	2	32	26	6				√	4	汉语国际教育概论
	会计模块	财务会计	2	2	32	32					√	2	
		财务管理	2	2	32	32				√		3	财务会计
		管理会计	2	2	32	32				√		3	财务会计
		审计学	2	2	32	32					√	4	财务会计
		内部控制学	2	2	32	24		8			√	4	财务会计

（续上表）

课程类别		课程名称	学分	周学时	总学时	总学时分配				开课学期		建议修读学期	选修课程
						理论教学	课内实践	实验教学	集中性实践教学环节	秋季	春季		
跨学科微专业	经济贸易模块	国际贸易实务	2	2	32	32					√	2	
		中国对外贸易	2	2	32	32				√		3	
		国际商法	2	2	32	32				√		3	
		国际结算	2	2	32	32					√	4	国际贸易实务
		跨境电子商务	2	2	32	32					√	4	
合　计			10	10	160	160							
专业课程		越南语语音	6	6	96	64	32			√		1	无
		越南语会话（1）	4	4	64	32	32			√		1	越南语语音
		基础越南语（1）	8	8	128	96	32				√	2	越南语会话（1）
		越南语会话（2）	4	4	64	32	32				√	2	越南语会话（1）
		基础越南语（2）	8	8	128	96	32			√		3	基础越南语（1）
		基础越南语（3）	8	8	128	96	32				√	4	基础越南语（2）
		越南概况（1）	2	2	32	32				√		1	无
		越南语视听（1）	2	2	32	16	16			√		3	基础越南语（1）
		越南语语法	2	2	32	32					√	4	基础越南语（2）
		越南语阅读	2	2	32	32					√	4	基础越南语（2）

（续上表）

课程类别	课程名称	学分	周学时	总学时	总学时分配				开课学期		建议修读学期	选修课程
					理论教学	课内实践	实验教学	集中性实践教学环节	秋季	春季		
专业课程	高级越南语（1）	3	3	48	32	16			√		5	基础越南语（3）
	高级越南语（2）	6	6	96	64	32				√	6	高级越南语（1）
	越南语笔译（1）	2	2	32	16	16				√	6	高级越南语（1）
	越南语口译（1）	2	2	32	16	16				√	6	高级越南语（1）
	越南语笔译（2）	2	2	32	16	16			√		7	越南语笔译（1）
	越南语口译（2）	2	2	32	16	16			√		7	越南语口译（1）
	越南文学作品选读（1）	2	2	32	32				√		3	基础越南语（1）
	越南文学作品选读（2）	2	2	32	32					√	6	越南文学作品选读（1）
	越南文学作品选读（3）	4	4	64	64				√		7	越南文学作品选读（2）
合　计		71	71	1 136	816	320						
实践课程	专业实习与劳动	2						4 周		√	8	
	毕业论文	6						8 周		√	8	
合　计		8						12 周				

注：＊表示不定期开设的课程。

此外，广外越南语专业实行"越南语＋英语"双外语教学模式和"3.5＋0.5"国际化合作办学模式，英语课程占总学时的25%。广外越南语专业已同越南河内国家大学下属社会与人文科学大学及河内大学两所高校建立了校际合作交流关系。全部学生在读期间前往越南留学半年。

相较于国内兄弟院校的越南语专业，广外越南语专业通过课程设置、语言实践和创新创业项目、毕业论文撰写等方面的配套措施，重点培养学生对中越两国历史、文化、政治、经济关系的认知能力与分析能力，提高学生运用语言技能和文化素养促进两国"民心相通"的本领。引导学生参与教师科研项目，鼓励有资质的学生参加越南语专业本硕连读或跨专业报读研究生，提升毕业生长远发展潜力。

表3　广外越南语专业人才培养方案总体框架（2022版）

课程类别		学时	学分	占毕业最低总学分的比例
通识课程	必修课	1 024	61	39.66%
	选修课	128	8	
跨学科微专业课程	必修课	160	10	5.75%
专业课程	专业必修课	1 136	71	54.60%
	专业选修课	256	16	
	专业实习与劳动		2	
	毕业论文		6	
必修课		2 320	150	86.21%
选修课		384	24	13.79%
实践教学		532	42	24.14%
毕业最低总学时		2 704		
毕业最低总学分		174		

（五）国际交流

在国际交流方面，广外越南语专业与越南河内国家大学下属社会与人文科学大学自2002年签订校际合作协议书以来，在学生交换、学者互派、课题合作等方面已取得丰硕成果。自开展校际合作交流以来，双方校领导多次互访；学生国际化教育率达100%；每年聘请高层次外教，实现教学与科研资源互补。

2018年初，广外越南语专业获得越南之声广播电台（VOV）授权，可在教材编写和教学中免费使用该电台的越南语音频、视频和文字资料。今后，越南语专业将利用 VOV 的多媒体资料开展"越南语视听""越南影视经典鉴赏""越南 VOV 新闻听力"等课程的教材编写和教学改革探索。

2018 年底，广外与越南河内大学签订校际合作备忘录。自此双方在学生留学、互派教师、翻译教学与研究、共同举办专业竞赛等方面均开展了深入的探讨与合作。

（六）精彩活动

越南语专业不仅注重课堂知识的教授，也非常看重课外活动，会不定期举办种类繁多、内容丰富的活动。通过这些精彩纷呈的活动，学生不仅能加深对越南的认识、提升自己的综合素养，而且能增进师生之间的感情，帮助学生充分融入越南语专业大家庭。

在学习方面，越南语系经常邀请国内外知名专家为全系师生做讲座，为开阔师生学术视野、培养师生们的学术修养打下坚实基础；同时，不定期举办各种读书分享会，增强学生的越南语阅读能力，提高其文学素养；一年一度的越南语知识技能大赛更成为越南语专业独树一帜的学习技能切磋大会。每隔两年，越南语专业均选派优秀学子参加全国大学生越南语演讲比赛，并多次斩获全国一、二、三等奖，成绩斐然（表 4）。

表 4　广外越南语专业学生获奖情况统计

序号	获奖项目名称	奖励名称	级别	获奖时间	授予单位
1	国家奖学金	2019—2020 学年度国家奖学金	国家级	202009	广东省教育厅
2	国家励志奖学金	2019—2020 学年度国家励志奖学金	国家级	202009	广东省教育厅
3	三好学生	2019—2020 学年度三好学生	校级	202009	广东外语外贸大学
4	三好学生标兵	2019—2020 学年度三好学生标兵	校级	202009	广东外语外贸大学
5	优秀学生干部	2019—2020 学年度优秀学生干部	校级	202009	广东外语外贸大学
6	优秀共青团员	2019—2020 学年度优秀共青团员	校级	202005	共青团广东外语外贸大学委员会

（续上表）

序号	获奖项目名称	奖励名称	级别	获奖时间	授予单位
7	"挑战杯·创青春"广外大学生创业大赛	"挑战杯·创青春"广外大学生创业大赛金奖	校级	202005	广东外语外贸大学
8	优秀学生综合奖学金	2019—2020 学年度优秀学生综合奖学金一等奖	校级	202005	广东外语外贸大学
9	优秀学生综合奖学金	2019—2020 学年度优秀学生综合奖学金二等奖	校级	202005	广东外语外贸大学
10	优秀学生综合奖学金	2019—2020 学年度优秀学生综合奖学金三等奖	校级	202005	广东外语外贸大学
11	综合测评一等奖	2019—2020 年综合测评一等奖	校级	202009	广东外语外贸大学
12	综合测评二等奖	2019—2020 年综合测评二等奖	校级	202009	广东外语外贸大学
13	综合测评三等奖	2019—2020 年综合测评三等奖	校级	202009	广东外语外贸大学
14	大学生预防艾滋病同伴教育"魅力讲师"大赛	广东省第六届大学生预防艾滋病同伴教育"魅力讲师"大赛优秀个人奖	省级	202011	广东省教育厅
15	"凤鸣岭南"十佳青年	"凤鸣岭南"十佳青年	校级	202205	广东外语外贸大学

在课外活动方面，东语学院一年一度的多语种戏剧大赛，都有越南语学子精彩动人的表演；每年春天举办的亚洲风情街，学生在外教的悉心指导下，亲手制作多种越南特色美食，获得校内外美食赏客的一致好评。越南语专业更多次组织全系学生参观越南青年革命同志会、南越王墓、广东华侨博物馆等具有教育意义的风景名胜，寓教于乐，让学生实地感受广东与越南之间的密切交流。

为增进优秀校友与在校学子的交流，传承越南语专业优良传统，我系每年会邀请优秀校友回校与在校学生进行交流，分享他们入职国家机关、大型企事业单位乃至独立创业的心得体会，为在校学生择业就业提供最为直观有效的指导帮助。

（七）就业情况

近年来，随着国家"一带一路"倡议和粤港澳大湾区建设的稳步推进，越南语专业立足自身，不断为国家输送一批批优秀人才，毕业生就业率连年达到100%，高层次就业率稳定在85%以上。毕业生走向集中于北京、上海、广州、深圳等一线城市，就业单位涵盖外交部、中联部、中央广播电视总台、广东省外事办、广州市外事办、华为集团、腾讯集团、百度公司、vivo 公司等国家机关或大型企事业单位。专业创办以来，为外交部输送了不少优秀人才，并有多人活跃在中越外交事业的一线舞台上。逾400 名优秀毕业生分别从事外事、教学、科研、经贸、文化等相关工作，实现了"人才素质高、就业层次高"的"双高"就业目标，人才培养成果显著。

多年来越南语专业学生读研的积极性持续提高，研究视野不断扩大。在选择越南语专业继续深造、进一步提升越南语综合能力的基础上，部分学生选择跨专业报读研究生，先后在国内知名高校从事国际传媒、国际法等方向的研究，将语言能力与科研实力充分结合；不少学生更充分发挥自身"越南语＋英语"双语优势，先后赴欧美、日本、韩国等国家和地区从事全球化趋势下的中国、越南研究，取得了一系列喜人的科研成果。

四、存在问题与解决对策

（一）存在问题

1. 专业定位与人才培养方面

在"一带一路"倡议和粤港澳大湾区建设的背景下，越南语专业的总体定位和人才培养目标有待进一步优化、明晰。现存主要问题是针对就业领域培养的市场意识不足，区域国别教育，特别是针对越南政治、经济、法律等领域及对东南亚区域的认知和研究不足，"非通用语＋专业"的学科交叉与融合不足。

2. 课程体系建设方面

第一，教师的课程观有待深化。突显中国特色、建构中国话语的课程理念有待深化，专业课程与思想政治教育的融合不深，未能利用好越南与中国政治体制相似的优势，对"一带一路"倡议和粤港澳大湾区建设的响应也不够充分。

第二，课程内容的稳定性、系统性有待提高。一方面，教材建设迟滞，部分专业必修课程未出版相应教材，若干课程的教材编写进度缓慢。另一方面，教师普遍仅关注所负责的课程建设，导致各门课程之间衔接、协调较少。

第三，课程教学方式和手段较为单一。大多数课程以单向传授知识为主，主干课程没有建立起"微课""慕课""金课"等数字化教学手段，未能形成"教师主导、学生主体"双线并行的教学模式，对学生的自主学习、独立思考、创新探索等综合素质的培养不够。

3. 师资队伍建设方面

第一，研究团队相对薄弱。重教学、轻科研的思想仍然存在，教学团队运行稳定，但教研、科研脱节，未能形成团队合力、优势互补。在国内 C 刊发表的教研、科研论文有限，立项、结项的省部级项目数量有限。

第二，年龄结构不尽合理。目前大多数教师的年龄集中在 40～50 岁，既不利于"老、中、青"传帮带的梯队建设，也明显影响到教学、研究新技术和新手段的运用程度与成效。

4. 实习基地方面

实习基地建设成效不理想，已建成的实习基地每年招收实习生人数有限。与此同时，公安局、法院、翻译公司等能够提供大量实习机会的单位因制度、经费等原因难以与本系达成合作协议。

5. 专业国际化水平方面

国际合作办学的内涵有待丰富。与越南知名高校的合作限于我方派出学生留学、越方派出教师来校任教和我方聘请越方专家来校举办讲座等形式，双方在教研和科研协同、"越南学"相关课题攻关等方面的合作较少，联合培养硕士等工作尚未展开。

（二）解决对策

1. 全面落实立德树人根本任务

凸显"精通语言、厚植人文、谙熟国情"的特色优势，在教学目标、内容等环节融入"课程思政"的育人内涵，建设 1 门校级课程思政示范课程，构建"三全育人"格局。继续发挥越南语专业的特色优势，并加快"课程思政"建设进程。目前越南语专业已成为东语学院首批"思政建设示范专业"之一，并已试点投入建设"越南文学作品选读"思政示范课程。同时，越南语专业首批已开设包括"基础越南语""越南概况""越南语笔译""越南语口译""越南语阅读""越南语写作"等 15 门课程在内的思政示范课堂。"三全育人"新格局已初步形成。2021 年，刘志强教授主讲的"花笺传"成功获批为广东省 2021 年度课程思政改革示范课堂，助推我系在课程思政改革方面取得重大进步。

表5　广外东语学院越南语系专业课程思政试点建设清单

序号	项目名称	课程思政项目类型	所在专业	所在课程
1	越南语笔译（3）思政建设试点	示范课堂	越南语	越南语笔译（3）
2	越南文学作品选读（2）思政建设试点	示范课堂	越南语	越南文学作品选读（2）
3	越南语高级视听说思政建设试点	示范课堂	越南语	越南语高级视听说
4	越南民俗思政建设试点	示范课堂	越南语	越南民俗
5	越南语写作思政建设试点	示范课堂	越南语	越南语写作
6	旅游越南语思政建设试点	示范课堂	越南语	旅游越南语
7	高级越南语（1）思政建设试点	示范课堂	越南语	高级越南语（1）
8	越南语报刊选读思政建设试点	示范课堂	越南语	越南语报刊选读
9	越南语视听（2）思政建设试点	示范课堂	越南语	越南语视听（2）
10	越南语语法思政建设试点	示范课堂	越南语	越南语语法
11	越南语阅读思政建设试点	示范课堂	越南语	越南语阅读
12	越南概况（2）思政建设试点	示范课堂	越南语	越南概况（2）
13	基础越南语（3）思政建设试点	示范课堂	越南语	基础越南语（3）
14	越南语会话（2）思政建设试点	示范课堂	越南语	越南语会话（2）
15	基础越南语（1）思政建设试点	示范课堂	越南语	基础越南语（1）

2. 完善专业发展规划和人才培养体系

建设并优化以学生为中心、以产出为导向，理论与实践相融的"越南语＋专业"课程体系。越南语专业对课程教学大纲进行了与时俱进、大刀阔斧的改革。具体举措包括首次纳入"跨学科微专业"概念，即在"越南语＋英语"并重的基础上，增加国际关系、经济贸易、法学、会计、汉语教育等五大"微专业"模块，为学生提供包括国际关系理论、当代中国外交、国际经济法、汉语国际教育概论、财务会计、国际贸易实务、跨境电子商务等多门选修课程，让学生在掌握专业知识的同时，能够充分拓宽视野和知识面。此外，在国内同类专业中，越南语专业率先开设"马来语入门"选修课程，并以奖学金、助学金等方式资助学生赴马来西亚马来亚大学进行短期访学，引导学生感受"东盟共同体"的建设理念，从而开阔学生的国际化视野，真正形成以学生为中心、以产出为导向，理论与实践相融的国际化新型办学模式。

3．加强专业带头人与师资队伍建设

建设具有国际化视野、勇于创新、掌握数字化教学手段、教学科研齐头并进的师资队伍，以此为依托，建立一支职称结构合理、学缘多样化、学识涵盖学科各层面的校级或以上"越南文学与文化教学科研团队"。人才引进方面，2020 年引进了博士 1 名，当年获得广东省哲学社会科学规划项目等 2 个科研项目立项，作为第二负责人成功申报"南海研究"科研创新团队，获广外第六届微课大赛三等奖。师资队伍教学科研实现跨越式进展，多人参加"中国—东盟人文交流研究"创新团队，3 人担任《东盟文化蓝皮书：东盟文化发展报告（2020）》的主编及副主编，2 人成功申报省级教改项目。

4．加强课程与教学资源建设

越南语专业目前在教学研究和改革方面已形成以"越南文学作品选读"为主的一流本科课程建设团队，已申报并建设省级一流课程一门，正处于申报阶段的课程共计 2 门。2019、2020、2021 年连续三年获批立项省级教改项目、省级课程思政项目。同时，越南语专业致力于"基础越南语"线上线下混合式课程建设，且已经申报院级培育项目；已有"基础越南语""越南概况"两门课程完成了微课设计与制作，且已申报相关项目。越南语专业始终将教材建设放在首位，已联合外文出版社连续出版了《越南语口译文选》《越南古典文学作品选编》两部教材。2022 年，越南语专业在教材修订编写方面继续高歌猛进。陈继华副教授联合国内外专家出版了《越南语听力》，并获得越南 VOV 电台重点推荐。黄以亭、林明华教授主编的"越南语基础教程"系列教材已于 2023 年 2 月修订出版。在专著出版方面，越南语专业联合其他东盟语种，连续出版了《东盟文化蓝皮书：东盟文化发展报告（2020）》《东盟文化蓝皮书：东盟文化发展报告（2021）》《东盟文化蓝皮书：东盟文化发展报告（2022）》，其中 3 名教师先后担任了主编及副主编。刘志强教授的专著《越南古典文学名著研究》于 2022 年荣获广东省哲学社会科学成果三等奖。

5．完善实践教学和协同育人机制

越南语专业继续秉持"面向大众，服务社会"的办学理念，充分完善实践教学和协同育人机制，在教学实践基地建设等方面取得了重大突破。2020 年 12 月，越南语专业与中山时代都会灯饰有限公司签订了校级实习基地协议，初步建成"高标准、国际化、大视野"的教学实践基地。同时，越南语专业已与相关单位形成定向合作机制，为中国东盟博览会、广州越南青年革命同志会旧址、广交会、广东省纺织进出口集团、广州市公安局、中山市公安局等单位长期输送翻译人才，且不定时提供短期翻译服务，得到了社会各界的一致好评。

6. 提升专业国际化水平

越南语专业的目标是扩大国际交流范围，提升国际合作的层次与质量；推动学生赴海外高水平大学深造；加大"引起来、走出去"的力度，为提升专业师生高质量国际化水平奠定基础。

第一，继续扩大国际交流范围。除继续加大与合作高校——越南河内国家大学下属社会与人文科学大学的合作外，也与越南唯一一所外国语大学——河内大学签订了校际合作协议。2020年9月，越南语专业正式聘请河内大学越南语系专家担任外教。学生成建制赴越南河内国家大学下属社会与人文科学大学或河内大学进行为期一个学期的留学，真正实现了专业学生教育的百分百国际化。

表6　广外越南语专业国（境）外交流合作项目列表（数据截至2022年5月30日）

序号	项目名称	合作单位名称	项目情况简介	建设时间
1	中越政府互换奖学金	国家留学基金管理委员会	中国、越南政府之间互换奖学金项目	2022年5月
2	国际区域问题研究及外语高层次人才培养项目奖学金	国家留学基金管理委员会	针对国际区域问题研究及外语高层次人才培养的专项项目	2022年5月

第二，不断推动学生赴海外高水平大学读研深造，拓宽学生的国际化视野。2019年至今，已有6名学生在美国南加州大学、日本早稻田大学、中国香港浸会大学、中国香港科技大学等知名学府从事包括东南亚文化、宗教文化等方面的研究，真正实现了越南语专业国际化合作办学理念。

第三，越南语专业不定时聘请境外专家到校进行讲学、研讨，并创造条件让专业教师赴海外进行高质量的访学，真正实现了"引进来、走出去"的发展战略，为专业的高水平国际化打开了局面。

7. 加强教育教学研究和改革

主要包括以下几项举措：积极申报省级以上教学建设与改革项目；鼓励专任教师发表教改论文，联合其他东盟语种专业共同出版专业建设论文集；举办专业建设方面的国家级研讨会等，多次组织专任教师参加越南语专业学科建设方面的国家级研讨会并宣读论文。

8. 提高生源质量和学生培养质量

大力做好专业品牌宣传工作，加大招生力度。积极开展线上和常规招生宣传，专门邀请前驻越南总领事许明亮参与招生宣传，提升了专业知名度和品牌效应。

同时，继续思考提升专业影响力的举措，努力提升第一志愿报考率（表7）。将创新创业教育进一步融入人才培养全过程，完善促进学生参与创新创业和学科竞赛的激励机制，加强对学生科研活动的指导，提升学生创新创业能力。

表7　广外越南语专业第一志愿报考率和初次就业率统计表

年份	第一志愿报考率	文科录取平均分/学校平均分	理科录取平均分/学校平均分	专业初次就业率/学校初次就业率	升学率
2020	33.33%	570.75/572.87	539.50/549.03	100%	22%
2021	66.67%	564.25/566.87	576/580.74	100%	5%

五、结语

广外越南语专业成立至今已逾50年。50多年栉风沐雨，经历了发展初期的艰难、中越关系动荡期的困惑及中越关系正常化以来的辉煌。2013年"一带一路"倡议的提出，给中国及沿线国家带来了前所未有的发展机遇。毗邻东南亚的广东，更应乘着建设"一带一路"和粤港澳大湾区的东风，大力加强与东盟各国的经贸往来与人文交流。这就为包括越南语专业在内的广外东盟国家语种专业提供了最佳发展契机。我们相信，在这一时代大背景下，东盟国家语种专业必将取得更大的发展成就，助推广东与东盟各国实现互利共赢的良好发展局面。

广东外语外贸大学印尼语专业内涵建设与发展报告

肖莉娴*

摘　要： 广东外语外贸大学于 1970 年开设印尼语专业，是国内较早开设印尼语专业的高校之一。50 多年来，中国和印尼外交关系经历了三个阶段。在不同的发展阶段，广东外语外贸大学印尼语专业采取相应的人才培养方式，取得一系列成果。尤其是在中国—印尼建立战略伙伴关系、"一带一路"倡议、粤港澳大湾区建设的大背景下，广东外语外贸大学印尼语专业紧跟时代发展步伐，充分利用广东的地缘优势，在专业建设、人才培养、科研、对外交流、社会服务等方面做出创新性尝试，配合国家发展需求。

关键词： "一带一路"；印尼语专业；专业建设

一、背景

中国和印尼群岛（古称 Nusantara，音译为"努山塔拉"）的交往，始于两千多年前汉代印度洋远洋航路的开辟。该航路的开辟增强了中国人民与东南亚、南亚、西亚、红海、地中海等地区人民之间的友好合作、贸易往来和文化交流。①《唐会要》中记载："诃陵国（今印尼爪哇）在真腊之南海中洲。……贞观二十二年，朝贡使至。元和八年，遣使献僧祇僮及五色鹦鹉……十三年十一月，献僧祇女二人，及玳瑁……"② 宋代《诸蕃志》记载："三佛齐（今印尼苏门答腊东南部），间于真腊、阇婆之间……其国自唐天佑始通中国。皇朝建隆间凡三遣贡……"③ 元代汪大渊所著《岛夷志略》记载：

---

　* 肖莉娴，在读博士，副教授，广东外语外贸大学东方语言文化学院印尼语系教师，院长助理，主要从事印尼语言文化及印尼语语料库研究。

　① 王介南. 中外文化交流史 [M]. 太原：书海出版社，2004：77.
　② 王溥撰. 唐会要（全二册）[M]. 上海：上海古籍出版社，2006：2217.
　③ 赵汝适. 诸蕃志注补 [M]. 韩振华，注补. 香港：香港大学亚洲研究中心，2000：46 – 48.

"爪哇即古阇婆国……大德年间，亦黑迷失、平章史弼、高舆曾往其地，令臣属纳贡税……"① 随着航海技术的进步，明代郑和下西洋更是多次在今马来西亚的马六甲和印尼的万丹、巨港、三宝垄、亚齐等地停留。郑和下西洋带去各种商品和各行业的技术，加深了与当地居民在经贸文化等方面的交流。郑和在爪哇传播伊斯兰教，至今仍深受当地人民的尊敬，在泗水、三宝垄等地建有郑和清真寺。明清时期，大量福建和广东的移民移居至东南亚，带去工匠技术、饮食习惯、布袋戏等。新中国成立后，印尼是最早与中国建立外交关系的亚洲国家之一。1955 年，周恩来总理参加在印尼万隆举行的亚非会议，提出和平共处五项原则。1967 年，因历史原因，中国和印尼外交关系中断。1990 年，两国恢复外交关系。2005 年，两国建立战略伙伴关系。2013 年，两国关系上升为全面战略伙伴关系。可见，中国和印尼的文化和经贸往来历史悠久，有深厚的历史基础。

2013 年 9 月和 10 月，中国国家主席习近平分别提出"共建丝绸之路经济带"和"共建 21 世纪海上丝绸之路"（即"一带一路"）重大倡议。2014 年 10 月印尼总统佐科上任后，提出要把印尼建设成"世界海洋轴心"的战略，这与习近平主席提出的"一带一路"倡议高度契合。中国连续十年成为东盟最大的合作伙伴，中国—东盟关系成为亚太区域合作中最为成功和最具活力的典范，成为推动构建人类命运共同体的生动例证。2019 年东盟首次超过欧盟，成为中国第一大贸易伙伴。② 而印尼是东盟重要成员国之一。2010—2020 年，印尼国内生产总值增长最低是 4.629%，最高是6.224%，是少有的维持高速增长的东南亚国家之一。③ 2015 年，中国—印尼副总理级人文交流机制建立，为加强两国人文交往提供了上层设计。2022 年，中国成为印尼第二大投资来源国，投资额达到 82 亿美元。④ 中国首个海外高铁项目就是印尼的雅万高铁，已于 2023 年 9 月实现通车。

2019 年 2 月 18 日，中共中央、国务院印发《粤港澳大湾区发展规划纲要》。按照规划纲要，粤港澳大湾区不仅要建成充满活力的世界级城市群、国际科技创新中心、"一带一路"建设的重要支撑、内地与港澳深度合作示范区，还要打造成为宜居、宜

---

① 汪大渊. 岛夷志略校释［M］. 苏继庼，校释. 北京：中华书局，1981：159.

② 中国政府网［EB/OL］.（2020 - 03 - 23）［2021 - 03 - 12］. http://www. gov. cn/xinwen/2020 - 03/23/content_5494368. htm.

③ 世界银行网站.［EB/OL］.（2023 - 01 - 24）［2021 - 03 - 08］. https://data. worldbank. org/indicator/NY. GDP. MKTP. KD. ZG?locations = ID.

④ 印尼政府数据网［EB/OL］.（2023 - 01 - 24）［2023 - 03 - 05］. https://katadata. co. id/tiakomalasari/berita/63cf97fce1ce7/realisasi - investasi - 2022 - lampaui - target - didominasi - modal - asing #: ~: text = Realisasi% 20investasi% 20sepanjang% 202022% 20mencapai% 20Rp% 201. 207% 20triliun，BKPM% 2C% 20capaian% 20investasi% 20tersebut% 20naik% 2034% 25% 20dibandingkan% 202021.

业、宜游的优质生活圈，成为高质量发展的典范。① 广东是中国改革开放的排头兵，积累了超过 40 年改革开放的宝贵经验，与东南亚各国隔海相望，拥有优越的地理位置。在"一带一路"倡议和粤港澳大湾区建设的背景下，广东可发挥自身优势，加强与东南亚各国的经贸、人文往来。"国之交在于民相亲，民相亲在于心相通"，"五通"中的"民心相通"是重要的着力点，民心相通则需语言通。广东外语外贸大学（简称"广外"）作为华南地区国际化人才培养和外国语言文化、对外经济贸易、国际战略研究的重要基地，可充分利用广东的地理优势，从做好"通语言"到"心相通"，从而助力广东和东南亚地区的经贸往来，密切配合"一带一路"倡议，做好粤港澳大湾区建设。

二、发展概况

（一）发展历程

广外印尼语专业成立于 1970 年，是教育部非通用语本科人才培养基地、教育部第一批高等学校特色专业建设点主要专业之一。1970 年 10 月，广东省革命委员会对广东高校实行"调、并、迁、改"，中山大学外语系、暨南大学外语系和外贸系，以及广州外国语学校并入广州外国语学院，同时更名为"广东外国语学院"（1970 年 10 月至 1977 年 11 月）。校址迁至广州市白云山黄婆洞原中南林学院旧址。同年冬天，学校恢复招生，508 名"小大学生"入学，其中 308 名从在校高一学生中招收，另外 200 名由原广州外国语学校转入，学制 5 年。学校由原来的 2 个系扩充为 4 个系，新增 5 个专业（俄语、日语、印尼语、越南语、泰语）。1977 年 11 月恢复"广州外国语学院"校名。印尼语专业隶属于 3 系。建系 50 多年来，印尼语专业主要经历了三个发展阶段，以下分别介绍各阶段的人才培养、师资力量、实践教学等情况。

1. 起步探索阶段（1970—1990 年）

中国和印尼于 1967 年断交，1990 年复交，广外印尼语专业处于较艰难的起步阶段。

（1）人才培养。学制 5 年，主修印尼语，辅修英语，完成规定的修读课程及通过本科生毕业论文答辩后，授予外国语言文学学士学位。课程包括"基础印尼语""印尼语翻译"。共招收 1970 级（15 名）、1976 级（10 名）、1982 级（10 名）和 1987 级（10 名）4 届共 45 名学生，其中 1982 级和 1987 级是通过普通高考招生。与一般本科

---

① 粤港澳大湾区门户网［EB/OL］.（2019 - 02 - 20）.［2021 - 03 - 15］http://www.cnbayarea.org.cn/introduction/content/post_165071.html.

专业 4 年制不同，因中国和印尼外交关系于 1967 年中断，社会对印尼语专业毕业生的需求不大，加上相当一部分生源是"小大学生"，英语基础相对薄弱。为了使学生具备印尼语之外的专业技能，需要加强英语的学习，广东外国语学院的印尼语、泰语和越南语专业为 5 年制专业，英语系的老师成为印尼语专业师资重要的组成部分。全部学生大学一年级分散至英语专业各班，与英语专业本科生一起学习英语；从大学二年级开始，学习印尼语专业课程的同时继续保持对英语的学习。

（2）师资力量。印尼语专业师资主要是来自印尼的归国华侨且已经在国内大学毕业，包括温北炎、黄元焕、陈训仪、杨安华和关忠信等老师，他们大多毕业于华侨大学印尼语专业（本科）。1974—1975 年，当时在华侨大学任教的许友年老师借调至广东外国语学院印尼语专业任教一年，1983 年正式调任至广州外国语学院印尼语专业任教，直至 1990 年离休①。为培养师资接班人，在第一届毕业生中选拔 1 位毕业生留校任教。

中国和印尼外交关系未中断之前，部分来自印尼共产党的青年党员正在中国境内进行学习交流活动。两国断交后，他们被迫留在中国。其中一位印尼文学家阿非夫（Afif）老师担任广州外国语学院印尼语专业的外教，② 成为该专业师资的有力支撑。

（3）学生就业和升学。毕业生实行分配制，就业单位包括外交部、商务部、中国国际广播电台、广州外国语学院等。广州外国语学院于 1986 年设立印尼语言文学硕士点，培养了 2 名硕士研究生。该硕士点是当时国内第一个印尼语言文学硕士点，后因故被撤销。

（4）实践教学。20 世纪 50、60 年代，印尼、马来西亚、泰国、越南等国多次发生"排华"事件，位于广东的华侨农场成为接收部分归侨和难侨的单位，包括英德黄陂华侨农场、陆丰华侨农场、光明华侨畜牧场、花都华侨农场和海南兴隆华侨农场等。③ 这些归侨、难侨大多保留原居住国的生活习惯和通用语言。于是这些华侨农场成为广州外国语学院印尼语、泰语和越南语专业学生实习的地点。学生与归侨练习口语，协助种植农作物，体验对象国生活方式，为期约 1 个月。这是在没有外教的情况下采取的实习方式。

（5）社会服务。1976—1981 年，许友年、陈训仪和蔡金城三位老师与北京大学东方语言文学系印尼语言文学教研室的梁立基、黄琛芳、孔远志等老师，以及外文出版社、外交部等单位的同志一起参与编撰《新印度尼西亚语—汉语词典》。这是国内第一

---

① 2021 年 1 月 18 日，许友年老师在广外的家中向笔者口述。
② 阿非夫老师在广外担任外教直至 1990 年。
③ 广东省华侨农场网［EB/OL］.（2014 − 04 − 29）［2021 − 03 − 09］. https://www.chinaqw.com/gnqw/2014/04 − 29/2343. shtml.

本印尼语—汉语词典，1989 年由商务印书馆出版。

2. 初步发展阶段（1991—2003 年）

1978 年十一届三中全会后，中国实行改革开放政策。至 20 世纪 80 年代末，中国的经济保持高速发展，1980—1990 年年均国民生产总值增长率为 9.16%。[①] 两国外交关系中断 20 多年后，于 1990 年 8 月 8 日正式恢复。两国复交为双方经贸往来和文化交流，包括广州外国语学院印尼语专业教学的发展带来重要的契机。

（1）人才培养。学制 5 年，主修印尼语，辅修英语，目标是培养具有扎实的印尼语语言基础知识、熟练的听说读写译能力、全面了解印尼基本情况，能在外事、经贸、文化、教育、旅游等部门从事翻译、研究、教育、管理等工作的高级专门人才。开设的课程包括"基础印尼语""高级印尼语""印尼语笔译""印尼语口译""印尼语会话""印尼语阅读""印尼报刊选读""印尼语写作""印尼文学选读""印尼语导游词"等。

其间招生人数分别是 1990 级（40 人）、1991 级（12 人）、1996 级（12 人）、1999 级（18 人）、2001 级（18 人）、2003 级（18 人），共 118 人。其中 1990 级招收的 40 名学生是受广东省侨务办公室委托，从广东省侨务办公室组织的归侨子弟中招收录取，由广州外国语学院印尼语教研室为其提供为期 2 年的印尼语培训。这批学生结业后主要从事旅游业。1999 年是全国实行大学生扩招的第一年。1999 级学生是从参加高考的广东考生中录取的。其余 4 个年级生源分为提前招生和普通高考招生，提前招生是在部分中学举行小语种提前考试，部分学生来自重庆外国语学校、武汉外国语学校、广东外语外贸大学附设外语学校、韶关市第一中学、广东实验中学、江门市第一中学、深圳外国语学校等。从 1999 年开始，招生间隔从每 5 年招生一次缩短为每 2 年招生一次。

1991 级学生的英语学习形式与往届学生相同。1995 年广州外国语学院和广州对外贸易学院合并成广东外语外贸大学，校内设二级学院，小语种专业的英语学习由大学英语部负责，英语教师被派到各小语种班级教学，小语种班的学生不再和英语专业的学生同班上课。1999 年大学扩招后，英语教学改为越南语专业、泰语专业和印尼语专业学生合班上课。

1990 年中国与印尼复交，国内各著名旅游景点吸引了大量印尼游客到中国旅游、探亲。大量印尼游客到访中国，除了拥有"祖籍国"这一纽带外，当时印尼国内经济

① 商务部网站. 中国经济（1980—1999 年）的迅速发展与波动［EB/OL］.（2020 – 07 – 17）［2021 – 03 – 16］. http://www.mofcom.gov.cn/article/bg/200207/20020700032580.shtml.

实力也是一个重要因素。1990 年印尼人均国民生产总值为 582 美元，[①] 中国人均国民生产总值为 317 美元。[②] 旅游业成为热门行业，业内对印尼语导游需求随之增加。为满足旅游业的需求，在原有的"基础印尼语""高级印尼语""印尼语视听""印尼语笔译""印尼语口译""印尼语阅读"等课程外，增加选修课"旅游印尼语"，印尼语教研室编写了《旅游印尼语》讲义。

（2）师资力量。为建立师资梯队，改善师资年龄结构并提高师资学历水平，在1992 届和 2001 届本科毕业生中各选拔 2 人留校任教。这 4 人中有 3 人赴印尼日惹卡渣玛达大学（Gajah Mada University）进修，获硕士学位后回校继续任教。在此期间有教授 1 名，副教授 2 名，讲师 2 名，助教 2 名。生师比最高时为 2∶1，最低时为 7.7∶1。

（3）学生就业。毕业生就业率均为 100%，主要去向有政府机关、教育系统、旅游行业、印尼驻华使领馆、企业等。

（4）实践教学。为锻炼学生的实践能力，借助旅游业发展的机会，安排高年级学生在旅游旺季（即开斋节假期和元旦新年假期）轮流到旅行社实习，包括广东省国际旅行社、深圳宝安国际旅行社、深圳中国旅行社等。

（5）国际交流。中国和印尼虽然于 1990 年恢复外交关系，但在苏哈托（Soeharto）担任印尼总统期间，两国人文交流始终停滞，即使经多方努力，与印尼西加里曼丹省一所高校签订了合作备忘录，但形同虚设，没有实质性合作，直至 2001 年广外印尼语系仍没有聘用外教。2001 年我校与印尼日惹穆罕默迪亚大学（Universitas Muhammadiyah Yogyakarta）签订合作备忘录，在派学生到日惹留学、派印尼语教师到我校任外教方面取得初步成果。[③] 2002 年 5 月，广外印尼语专业首次派教师到日惹穆罕默迪亚大学教授汉语，为期 3 个月；同时借此机会，与印尼著名高校卡渣玛达大学取得联系，签订合作备忘录，在学生留学、互派外教、编写教材等方面开展合作。

（6）社会服务。在此期间，由于两国在经贸、文化等方面的往来依然有限，在少量的政府互访团中，广外印尼语专业的教师担任翻译和陪同工作。

3．稳步发展阶段（2004 年至今）

1998 年 5 月，印尼前总统苏哈托下台。1999 年继任的瓦希德总统、2001 年上任的

---

① 快易理财网［EB/OL］.［2023 – 08 – 27］. https://www.kylc.com/stats/global/yearly_per_country/g_gdp_per_capita/ina.html.

② 快易理财网［EB/OL］.［2023 – 08 – 27］. https://www.kylc.com/stats/global/yearly_per_country/g_gdp_per_capita/chn.html.

③ 笔者注：印尼前总统苏哈托于 1998 年 5 月下台，副总统哈比比（Bacharuddin Jusuf Habibie，也写作 B. J. Habibie）接任总统至 1999 年。1999 年总统大选中瓦希德（Abdurrahman Wahid）和梅加瓦蒂（Megawati Soekarno Putri）分别当选为总统和副总统。2001 年 10 月瓦希德被弹劾下台，梅加瓦蒂接任总统至 2004 年大选。瓦希德和梅加瓦蒂任总统期间，对华友好，多次与中国领导人互访，正式把春节定为全国公众假期，两国人文交流得到较好的发展。因此，广外印尼语专业能与印尼著名高校开展合作。

梅加瓦蒂总统和 2004 年上任的苏西洛（Susilo Bambang Yudhoyono）总统逐步密切与中国在经贸、文化等方面的合作。2005 年 4 月 25 日，中国—印尼两国领导人签署《中华人民共和国与印度尼西亚共和国关于建立战略伙伴关系的联合宣言》，[①] 在政治与安全、经济与发展、社会文化三方面进一步加强合作。因此，中国对印尼语专业人才的需求日增。2014 年印尼总统佐科提出的"世界海洋轴心"与 2013 年习近平主席提出的"一带一路"倡议高度契合。2015 年建立了中国—印尼副总理级人文交流机制，在顶层设计和具体执行上均有亮点，尤以教育领域的交流合作突出。同年，两国发布《中国和印尼关于加强两国全面战略伙伴关系的联合声明》。[②] 在这些背景下，印尼语专业进入平稳推进的高质量发展阶段。

广外印尼语专业 2019 年底获批为首批省级一流本科专业建设点，2021 年初获批为教育部"国家级一流本科专业建设点"，成为华南地区影响力较为广泛的印尼语人才培养基地之一。

（1）人才培养。学制 4 年，课程设置与上一时期基本相同。为适应这一时期的发展要求，广外印尼语专业自 2005 年起每两年招生一届，2008 年起每年招生，招生规模稳定在 18～21 人/届（表 1）。这在很大程度上满足了专业平衡发展的需求。大学开设辅修和双学位，包括会计、国际贸易、法律等专业，供学有余力的学生选择。2004—2009 年，按学生自愿和家长同意原则，[③] 学生在大学三年级赴印尼卡渣玛达大学或日惹国立大学（Yogyakarta State University）留学半年或一年。这是学生深入了解对象文化的一个重要途径。2010 年起，与其他非通用语种专业一样，广外印尼语专业实行成建制出国留学一年的方案。国家留学基金委员会和印尼教育与文化部提供奖学金项目，资助印尼语专业的学生出国留学。考虑到学生大学三年级下学期的实习时间增多，以及大学四年级上学期的课程能更合理安排，从 2018 年起，留学时长由一年改为半年。教师引导学生参与教师的科研项目，鼓励有资质的学生跨专业报读研究生，提升毕业生长远发展的潜力。

---

① 中华人民共和国中央人民政府网［EB/OL］.（2005－04－25）［2021－03－13］. http://www.gov.cn/gongbao/content/2005/content_64213.htm.

② 中华人民共和国中央人民政府网［EB/OL］.（2015－03－27）［2021－03－13］. http://www.gov.cn/xinwen/2015－03/27/content_2838995.htm.

③ 笔者注：由于印尼位于环太平洋地震带，地震、火山喷发、海啸时有发生，学校为保证学生人身安全，2004—2009 年不要求所有学生出国留学。

表1 2005—2020年广外印尼语专业学生人数

入学年份	学生人数（人）	入学年份	学生人数（人）
2005	21	2015	19
2007	18	2016	18
2008	20	2017	12
2009	20	2018	10
2010	20	2019	12
2011	18	2020	11
2012	19	2021	12
2013	18	2022	13
2014	18		

注：2006年未招生。

（2）师资力量。由于两国关系日益升温，自2004年起，与广外建立合作关系的印尼日惹卡渣玛达大学和日惹国立大学长期派专业外教到广外，教学时间为半年或一年。这对于提高学生口语水平、加强双方教师教学经验的交流起了重要作用。在职教师5人，长期外教1人，其中副教授1人、讲师5人。在职教师均有在印尼留学或做访问学者的经历，目前所有教师拥有硕士学位，其中1人为在读博士。1人曾担任教育部外语专业教学指导委员会委员。所有教师均能胜任基础印尼语的教学，并形成印尼文学、印尼语笔译、印尼语口译等教学方向。教师的年龄结构、学缘方向相对稳定。生师比维持在6：1至10：1之间。

（3）学生就业和升学。学生就业率均达100%，入职单位包括外交部、中联部、中央广播电视总台、广东省安全厅、中国工商银行、中国银行、中国建设银行、华为、OPPO、vivo、西安外国语大学、天津外国语大学、中车青岛四方机车车辆股份有限公司、中国水电八局、普华永道（印尼）、新加坡大华银行、字节跳动等国内企事业单位和跨国企业。广外印尼语专业的学生对未来的规划不限于就业，越来越多学生选择升学深造，升学的高校包括北京大学、中国政法大学、中央音乐学院、北京外国语大学、上海财经大学、暨南大学、广外、南洋理工大学（新加坡）、印尼大学（印尼）、泗水大学（印尼）等。学习的专业呈多样化趋势，包括国际关系、汉语国际教育、亚非语言文学、印尼语教育、东南亚研究、行政管理、国际新闻、会计、世界民族音乐等。

（4）实践教学。1997年亚洲金融危机导致印尼经济严重下滑，旅游业也受到严重影响，因此不单独开设"印尼语导游词"课程，课程内容并入"印尼语口译"课中。原先旅游旺季到旅行社实习的需求大量减少。为保证学生的实践教学，教师组织学生用印尼语实地讲解广州市的著名景点，包括陈家祠、中山纪念堂、广州市博物馆、黄花岗七十二烈士陵园等。在海外的华侨华人大部分来自广东和福建两省，东南亚的华侨华人问题研究一直是学术界的关注重点。为了更直观了解华侨华人问题，广外印尼语系组织学生到广东华侨博物馆、粤海关博物馆、黄埔古港等地参观。

由印尼语专业教师主持的"汉字演变文化源流"（中文译印尼文）和"华人在印尼民族建设中的角色和贡献"（印尼文译中文）笔译项目，均有学生参与，是笔译实践教学的一部分。2019 年起，在教师的指导下，三年级学生参与印尼研究中心公众号的新闻编译。2021 年下半年起新闻编译的重点是关注印尼经济发展状况，学生在提高笔译能力的同时，能更多了解印尼经济发展情况。

（5）国际交流。中国和印尼实质性交流越来越多，例如印尼政府为中国学习印尼语专业的本科生提供 Darmasiswa 奖学金（免学费，每月补贴 1 000～1 500 元人民币）。2007—2012 年，广外印尼语专业部分学生通过该项目到印尼留学一年，留学城市包括玛琅（Malang）、万隆（Bandung）、日惹（Yogyakarta）、梭罗（Surakarta）等。2011 年，广外与印尼日惹国立大学签订合作备忘录，为印尼语专业学生留学多提供了一个选择。由于学生出国留学前已经过两年的本科学习，语言基础比较扎实，日惹国立大学为学校印尼语专业学生量身定制课程，区别于一般国际留学生课程。2014 年广外与万隆巴顺丹大学（Pasundan University）签订合作备忘录，有 2 名学生自费往该校留学 2 年。

2014 年和 2016 年，印尼教育与文化部语言司两次派对外印尼语教学老师到广外印尼语系任外教，为期 3 个月，期间由印尼教育与文化部为其提供往返机票和补贴，广外为其提供宿舍。2014 年起，印尼外交部和印尼教育与文化部合作，每年组织并资助印尼各地著名舞蹈艺术家和音乐艺术家，分批派往对印尼艺术感兴趣的外国学校和机构，教授印尼舞蹈和音乐。曾有来自苏门答腊的舞蹈老师来广外教授印尼语专业的学生跳碟子舞和演奏乐器昂格隆[①]，为期 2 周。

2016 年，广外成立了教育部备案的印尼研究中心，2018 年 12 月举办了《印度尼西亚经济社会发展报告（2018）》发布会暨国际论坛。2019 年 1 月举办《华人在印尼民族建设中的角色和贡献》中文版第一册发布会，来自印尼、新加坡和中国香港等地的专家学者出席了会议。这两次活动的举办扩大了广外印尼语专业在印尼的影响力。2019 年 4 月和 12 月，印尼外交部高级外交官代表团两次访问广外，与广外经管专业、

---

　　① 笔者注：昂格隆（Angklung）是一种竹制乐器，来源于西爪哇地区，是印尼传统文化的重要代表之一。

国际关系专业、印尼语专业等专家学者以及师生交流。2019 年 4 月，日惹国立大学校长携艺术团访问广外，并带来传统的爪哇舞蹈和加美兰（Gamelan）音乐表演。2015 年至今，广外老师共 4 次前往印尼调研，3 次参加在印尼举行的学术研讨会。以上国际交流合作是两国外交关系越来越密切、提出"一带一路"倡议和建立副总理级人文交流机制后的成果。

（6）社会服务。广外组织印尼语专业的师生积极参加社会服务，部分学生参加了 2008 年北京奥运会、2010 年广州亚运会、2018 年雅加达巨港亚运会的志愿者工作；教师参加了中国—东盟博览会开幕式同声传译工作，协助广东省外事办公室、广州市外事办公室、中国驻泗水总领馆接待到访的印尼政府团和媒体访问团等。2020 年新冠疫情暴发后，积极参与疫情词汇汉语印尼语对照的整理工作。

（二）教学科研成果

目前印尼语专业教师主持广东省哲学社会科学规划项目 1 项，广东省高等教育教学研究和改革项目 1 项；发表论文 25 篇，出版专著/译著共 12 部、教材 7 套。参与撰写了"印度尼西亚蓝皮书"中的 4 篇，参与撰写了"东盟文化蓝皮书"中的 8 篇，撰写资政报告并获省级及以上批示 4 篇。其中译著《汉字演变文化源流》和《华人在印尼民族建设中的角色和贡献》均邀请学生参与，促使教学相长。在取得丰硕科研成果的同时，印尼语专业已充分实现科研成果的高质量转化，使之高效运用于教学改革、课程建设、教材建设等具体工作中，并提供目标导向明确的理论与实践指导。

印尼语专业是广外首个"语言＋计算机"跨学科合作的语言类专业，自 2016 年起，合作指导大学生创新创业项目 5 项（国家级 1 项，省级 1 项，校级 3 项），协助学生申请专利 6 项，指导学生获"挑战杯"广东大学生课外学术科技作品竞赛三等奖、第十届中国大学生计算机设计大赛二等奖、2019 年广东大学生创新创业训练项目（结项）省级优秀奖、2023 年大学生创新创业训练项目（结项）国家级优秀奖。

（三）学生活动

印尼语专业不仅注重课堂知识的教授，也重视课外活动的开展，会不定期举办种类繁多、内容丰富的活动，包括新生见面会，本科教学质量月的印尼语语音比赛（一年级学生参加）、印尼语配音比赛（二年级学生参加）、印尼语演讲比赛（三年级学生参加），由东方语言文化学院举办的戏剧大赛、亚洲风情节、经典电影配音比赛、红歌译唱比赛等。广外印尼语专业的学生也积极参与印尼驻中国大使馆和印尼教育与文化部举办的印尼语写作比赛、印尼语演讲比赛、印尼语歌唱比赛，均取得优异成绩，包括 2017 年使用印尼语讲故事比赛的第一名和第二名，2020 年中印尼建交 70 周年系列活动的歌唱比赛的第一名、演讲比赛的第三名、写作比赛的第三名。2021 年 12 月，广外印尼语专业的学生参加第四届广州南沙东南亚竹文化艺术节，表演印尼传统乐器昂格隆，演唱印尼语版《我和我的祖国》，受到各界人士赞赏。

在 2019 年举办的全国首届印尼语口语比赛中，广外印尼语专业学生获得两项三等奖。在 2022 年举办的"云山杯"首届远程口译比赛中，1 名印尼语专业学生获亚军，另有 1 名学生获一等奖。这些精彩纷呈的活动加深了学生对印尼的认识，提升了他们的综合素养，增进了师生之间的感情，有助于学生充分融入印尼语专业大家庭。

在学习方面，印尼语系经常邀请国内外知名专家为全系师生做讲座，开阔师生的学术视野，提升师生们的学术修养；同时，结合印尼概况课、印尼文学课、印尼语口译课，不定期举行影视赏析会，让学生通过多种方式了解印尼。每届学生毕业前，邀请其中较为优秀者为学弟学妹们分享求职、备考（研究生）经验，并不定期邀请在各行业工作的杰出校友，通过线上或回校的形式为在校学生分享工作经验，为在校生将来的择业就业提供最直观的有效指导，并拉近在校生和社会之间的距离，增进校友之间的感情。

三、存在的问题与解决方法

（一）存在的问题

1. 专业定位与人才培养

在"一带一路"倡议和粤港澳大湾区建设的背景下，印尼语专业的总体定位和人才培养目标有待进一步优化和明晰。现存主要问题是针对就业领域培养的市场意识不足，区域与国别学习，特别是针对印尼政治、经济、法律等领域及对东南亚区域的认知和研究相对缺乏，依然以语言和文学教学为主。虽然已有跨专业的合作（"印尼语 + 计算机"），但未形成常态化的学习，跨专业的合作不够丰富。

2. 课程体系建设

（1）教师的课程观有待深化。突显中国特色、建构中国话语的课程理念有待深化，专业课程与思想政治教育的融合不够深，对"一带一路"倡议和粤港澳大湾区建设的响应不够充分。

（2）课程内容的稳定性、系统性有待提高。一方面，教材建设跟不上时代的发展，部分专业必修课程未出版相应教材，部分课程的在编教材进度缓慢。另一方面，教师普遍只关注各自所负责的课程建设，不同任课教师教授的课程之间衔接和协调不足。

（3）课程教学方式和手段较为单一。大多数课程以单向传授知识为主，主干课程没有建立起"微课""慕课""金课"等数字化教学手段，未能形成"教师主导、学生主体"双线并行的教学模式，对学生的自主学习、独立思考、创新探索等综合素质的培养不够。

3．师资队伍建设

（1）研究团队相对薄弱。只重视教学，不重视科研。虽然有教学团队，但相互交流不足。在国内核心期刊发表的教研、科研论文和成功申报的省部级项目数量不多。

（2）师资结构有待改善。目前只有一位在读博士，其余均只有硕士学位。只有一名副教授，其余是讲师。年龄结构需要优化，现有50岁以上教师2名，40～50岁教师2名，30～40岁教师1名，需要补充30岁左右的年轻教师。这样才有利于师资年龄、职称、学历结构的梯队建设。

4．实习基地建设

实习基地建设成效不够理想，已建成的实习基地以旅行社为主。近三年来互联网行业对非通用语种特别是东南亚国家语种的需求越来越大，高年级约有三分之一的学生前往互联网企业实习，但用人企业不注重也不配合实习基地的建设。另外，公检法单位、翻译公司等能够提供大量实习机会的单位由于需求不固定、实习时间不固定、经费等原因难以与本系达成合作协议。

5．办学国际化

国际合作办学的内涵有待丰富。与印尼高校的合作以我方派出学生留学、印尼方派教师来我校任教和我方聘请印尼方专家来我校举办讲座等形式，双方在教研和科研、相关课题攻关等方面的合作较少。现在的合作对象仅限印尼，未与其他国家的印尼语教学或印尼研究的高校、机构建立合作关系。[①]

（二）解决方法

（1）全面落实立德树人根本任务，加强课程思政建设。坚持以德育为先，培养学生成为"精通语言、厚植人文、谙熟国情"的特色人才，在教学中融入"课程思政"内容，建设1门校级课程思政示范课程。学生在留学过程和以后的工作当中，多数带有涉外性质，积极引导学生学好专业课的同时，不忘中国传统经典，并结合国家的战略部署，做到"讲好中国故事"。

（2）完善专业发展规划和人才培养体系。建设并优化以学生为中心、以产出为导向，理论与实践相融的"印尼语＋专业"课程体系。印尼语专业对课程教学大纲进行了与时俱进的改革。具体包括首次纳入跨学科"微专业"概念，在"印尼语＋英语"的基础上，增加国际关系、经济贸易、法学、会计、汉语教育、金融科技、语言智能、欧洲社会与文化、古典文学与文化等九大"微专业"模块，为学生提供包括"国际关

---

① 笔者注：荷兰、新加坡、澳大利亚和美国是较多在高校开设印尼/东南亚研究机构的国家，例如美国康奈尔大学的东南亚研究中心。

系理论""当代中国外交""国际经济法""汉语国际教育概论""财务会计""国际贸易实务""跨境电子商务"等多门选修课程，供学生根据自身兴趣和需求选择，让学生在掌握专业知识的同时，能够充分拓宽视野和知识面。2021级和2022级学生已开始在"跨学科微专业"中选课。

（3）加强专业带头人与师资队伍建设。首先努力提高师资队伍的职称水平和学历水平，除加强自身进修外，计划2023年引进博士1名。现有3人参与"中国—东盟人文交流研究"创新团队，1人参与广州市非通用语种智能处理重点实验室团队；1人成功申报省级教改项目并结项，1人成功申报省级哲学社会科学项目（在研）。将建设具有国际化视域、有创新意识、掌握数字化教学手段、教学科研齐头并进的师资队伍。

（4）加强课程与教学资源建设。虽未成功申报省级一流课程，但"基础印尼语"是最具申报基础的课程，将对照申报标准，争取成功申报省级一流课程。2019年度获批立项的省级教改项目1项已顺利结项。未来拟申报校级教改项目2项。"基础印尼语"正在筹备微课设计与制作，正在努力申报相关项目。印尼语专业始终将教材建设放在首位，目前计划中的6套教材已出版3套，其余3套编撰工作已进入尾声，计划于2024年全部出版。在译著方面，2021年正式出版《华人在印尼民族建设中的角色和贡献》中文版第二册和第三册。自2016年起开始构建印尼语语料库，正在努力使其成为印尼语教学的辅助工具。

（5）完善实践教学。印尼语专业虽未建立新的教学实践基地，但不定时为江门市安全局、中山市安全局、广州市安全局、广州市公安局等单位输送翻译人才，提供短期翻译服务，得到各用人单位的一致好评。本专业将继续留意社会需求，为学生创造实践机会。

（6）提升专业国际化办学水平。我们的目标是扩大国际交流范围，提升国际合作的层次与质量；推动学生赴海外高水平大学深造；加大"引起来、走出去"的力度，为提升专业师生高质量国际化水平奠定基础。鼓励和推动学生赴海外高水平大学读研深造，拓宽学生的国际化视野。2018年至今，先后有4名学生在新加坡南洋理工大学、新加坡国立大学、印尼大学、印尼泗水大学等海外知名学府攻读包括东南亚研究、国际关系、印尼语教育等专业的硕士学位。申报"海外名师"项目，不定时聘请境外专家到我校进行讲学研讨，并创造条件让专业教师赴海外进行高质量的访学，真正实现"引进来、走出去"的发展战略，为专业的高水平国际化打开了局面。

（7）加强教育教学研究和改革。主要包括：积极申报校级教学和改革项目，逐步上升至省级以上教学建设与改革项目；鼓励专任教师发表教改论文、本专业教师联合其他东南亚国家语种专业教师共同出版专业建设论文集等。

（8）提高生源质量和学生培养质量。印尼语专业将积极与用人单位沟通，了解广外印尼语专业毕业生的工作表现，特别是注意学生在校期间可以提升的方面；积极配合学校的招生工作计划，开展线上和常规招生宣传，大力做好专业品牌宣传工作，扩大知名度；将创新创业教育进一步融入人才培养全过程，完善促进学生参与创新创业和学科竞赛的激励机制；加强对学生科研活动的指导。

四、结语

广外印尼语专业成立至今已超过 50 年，在这 50 多年中经历了两国关系未复交时的艰难、两国关系未明朗时的困惑及两国建立战略伙伴关系后的各种便利。2013 年"一带一路"倡议的提出，为中国及沿线国家带来了前所未有的发展机遇。印尼是"一带一路"沿线重要的国家之一。毗邻东南亚的广东，可充分利用建设"一带一路"和粤港澳大湾区建设的有利时机，加强与东盟各国的经贸往来与人文交流。这是包括印尼语专业在内的广外各东南亚国家语种专业更佳的发展契机，也需要高校在专业建设、人才培养、社会服务、科研工作、对外交流方面做出创新性尝试，力求配合国家大战略的需求。

广东外语外贸大学泰语专业内涵建设与发展报告

陈 诗*

摘 要：自"一带一路"倡议提出以来，广东外语外贸大学泰语专业在保持"重实践"的泰语教学传统基础上，遵循科学的语言教育规律，积极加强师资队伍建设，着力推进以线上线下混合式教学及课程思政建设为主导的课程建设与教学改革，旨在服务国家"一带一路"的建设与发展，为国家"一带一路"建设的各行各业输送"通语言，懂文化，会专业"的"一专多能型"泰语人才，实现泰语专业的内涵式建设与发展。

关键词："一带一路"；泰语；专业建设

一、专业的历史发展概况

1970 年，广东外语外贸大学（以下简称"广外"）的前身——广东外国语学院得以复办并开设了泰语专业。当时，广东省将中山大学外语系、暨南大学外语系和外贸系，以及广州外国语学校与广州外国语学院整体合并，更名为广东外国语学院（1970年 10 月至 1977 年 11 月），1977 年 11 月恢复"广州外国语学院"校名。广外成为当时广东得以复办的九所高校之一。一时间，华南外语学界的精兵强将都聚集在白云山下。凭借这一历史机遇，泰语专业在创办之初就聚集了以龚云宝、云昌浓为代表的国内外知名泰国语言文学专家。他们大多为归国华侨，泰语功底扎实，工作热情高涨。其中龚云宝老师作为北京大学第一届泰语专业优秀毕业生，师从季羡林，曾任北京大学泰语教研室主任。此外，还有来自国务院侨务办公室（简称"国务院侨办"）、暨南大学、广东省人民政府外事办公室（简称"广东省外办"）等一批年富力强的泰语教学骨干共计7 人。他们心中所迸发的热情与力量为广外泰语专业的发展奠定了坚实的人才基础。

---

* 陈诗，讲师，广东外语外贸大学东方语言文化学院泰语系系主任，研究方向为泰国语言文化。

1970—1980 年，是广外泰语专业筚路蓝缕的 10 年。在教学条件上，泰语专业可谓白手起家，办学条件落后，图书资料匮乏。学生手中仅有教师编写的油印教材，字典或者泰语课外读物都是奢谈。在办学规模上，招生人数极少。十年间，广外泰语专业只招收了两届学生，共计 23 人，但每一届的招生都极具时代特色。1970 年，广外泰语专业直接从高中一年级学生中招收了 15 名全国首批"工农兵子弟学员"作为泰语专业的第一届学生，学制 5 年。这批"小大学生"年龄普遍只有 14～16 岁，是没有经过"三大革命实践"的特例，获得了周恩来总理的特批。1976 年，广外泰语专业招收了第二届学生共计 8 人，其中含两名部队委培生。他们是广外泰语首批也是全国最后一批工农兵大学生。尽管教学条件艰苦，但教师重视外语教学法的研究，遵循外语习得规律，将课堂教学与社会实践密切结合，师生关系融洽温馨。1970 级这 15 名学生大多被各部委、省委录用，具体的情况是：外交部 1 人，外贸部 1 人，国际广播电台 2 人，广东省外贸厅 1 人，广东省委 1 人，广东省公安厅 1 人，广东省海关总署 1 人，国际旅行社 1 人，中国旅行社 5 人，留校 1 人。1976 级 8 名学生的流向：广东省委 2 人，广东省侨办 1 人，驻云南部队 2 人，广州市公安局 1 人，新华社国际部 1 人，国际旅行社 1 人。这一批学生在改革开放初期为国家发展和中泰两国友好关系发挥了重要的作用，也向社会亮出了广外泰语的第一张名片。

1981 年至 20 世纪末，广外泰语专业方兴未艾。1981 年，广外泰语专业迎来了 8 名恢复高考后的第一批泰语专业学生。此时，我国正值改革开放初期，随着出国、经商浪潮的冲击，不少年轻老师相继离开了教学岗位，广外泰语专业只剩两三名教师艰难支撑。自 20 世纪 80 年代中后期起，随着改革开放的不断深入和国际交往的频繁，国家开始重视非通用语种的人才培养，于 1987 年成立了中国亚非语教学研究会。泰语专业师生也与各非通用语种的师生一样有了出国学习的机会，教学设施也得到改善，图书资料基本能满足教学与科研的需要，泰语教学逐步摆脱困境。

21 世纪初至今，广外泰语专业蓬勃发展。随着改革开放的不断深入，特别是"一带一路"倡议的提出与推进，中泰两国的交流和经贸合作持续增多，国家开始重视相关语种的人才培养，广外泰语专业得到了国家及广东省人民政府的大力支持，办学条件全面改善，办学规模扩大，师资队伍健康发展。同时，随着国家战略与社会需求的变化，广外泰语专业积极创新改革人才培养模式，不断进行教学改革和课程设置调整，并且在专业发展上取得了累累硕果。广外泰语专业 2004 年获批为教育部非通用语种本科人才培养基地；2007 年获批为教育部第一批高等学校特色专业建设点；2010 年获批为广东省高等学校特色专业；2015 年获批为广东省质量工程专业综合改革试点专业；2019 年获批为首批国家级一流本科专业建设点。

回顾50多年的专业建设与发展，广外泰语专业不忘初心，一路砥砺前行。经过几代学人的共同努力，本专业获得了较大的发展，在国内同类院校中已具有较高的知名度和影响力，在近年来的全国本科专业排名中数度位居前列。

二、人才培养目标及人才培养模式的改革与成果

（一）人才培养目标及服务面向的发展

在广外泰语专业创办之初，正值计划经济时代，社会需求单一，对泰语人才的需求量比较小，因此培养出来的学生主要面向政府机构和外事部门，从事的主要是翻译工作。随着改革开放的不断深化，科技的飞速发展，特别是"一带一路"倡议提出以来，社会对人才的需求由专业型转变为复合型，因此，广外泰语专业的服务面向也从为国家各级政府机构输送翻译人才、接收部队委培人才，转变成服务国家"一带一路"建设、为国家"一带一路"建设的各行各业输送"通语言，懂文化，会专业"的"一专多能"泰语人才。具体而言，广外泰语专业在"一专多能""双高"（思想素质高、专业水平高）、"两强"（跨文化交际能力强、信息技术运用能力强）的人才培养目标基础上，旨在培养具有扎实的泰语语言基础知识和听、说、读、写、译五项技能，通晓泰国社会与文化，掌握较强的英语基础知识与英语交际能力，具有国际视野的复合型泰语/英语人才。

（二）人才培养模式改革的成果及举措

随着人才培养目标的变化与发展，广外泰语专业的人才培养模式也在与时俱进。从20世纪60年代的单一语言文学外语人才培养模式，90年代的"泰语＋英语"双语制模式，到21世纪的"泰语＋第二学位""泰语＋专业方向""泰语＋辅修"，以及中外合作办学等多种形式的复合型人才培养模式，广外泰语专业一直努力探索符合时代需求的泰语人才培养模式。在2021年，广外泰语专业还将人才培养模式改革为"泰语＋微专业"模块。

20世纪60年代的单一语言文学外语人才培养模式偏重于语言文学，培养学生扎实的语言基础，掌握泰语的听、说、读、写、译技能，熟练地运用所学语种从事口译和笔译工作。这种以学习一种外语为主兼学其他知识的培养方案为各个领域和行业培养了大量的专门人才，在过去相当长的时间内符合我国国情。

随着改革开放的深入，1989年，广外泰语专业开始实行5年双语制"泰语＋英语"的教学模式。后来由于大学生入学时的英语水平有明显提高，从2000年开始将"五年双语制"改为"四年双语制"。这种复语型的人才培养模式自实施以来收到了较好的效果。

到了 21 世纪，随着中泰两国的交往更加紧密，特别是"一带一路"倡议提出以后，中泰两国的交流和经贸合作持续增多，社会对外语人才的需求呈多元化趋势，学生就业机会增多，就业方向也变得更加广泛。广外泰语专业也意识到传统的人才培养存在知识面较窄、后续发展能力相对薄弱的问题，因此，在确保语言技能训练课程教学质量的同时，不断拓宽专业辅修方向，逐渐开设出有关对象国的语言文学、社会文化、政治经济、民族风俗、双边关系、经济贸易等多门选修课程，例如"旅游泰语""经贸泰语""泰国礼仪与习俗"等课程。这些课程既扩展了学生的专业结构，也拓宽了他们的就业门路，在实践中收到了较好的效果。此外，广外泰语专业充分利用学校学科门类多的优势，鼓励学生修读双学位或者辅修其他专业，例如经贸、会计、法律、金融、旅游、国际关系、行政管理等。这种复合型人才培养模式，使学生具有坚实的泰语语言基础和较强的语言交际能力，还能掌握人文社科领域里的广泛知识，具有较强的社会适应力和持续发展潜力。

为了顺应社会对"跨文化交际人才"的需求，广外泰语专业积极开展与泰国大学之间的友好交流与合作，为泰语专业学生出国开展教学实践活动创造了机会，进一步调动和提高了学生的学习兴趣和积极性。不单是广外，广西和云南高校的泰语专业也都纷纷充分发挥地缘优势，将学生派送到泰国去，实行"3.5+0.5""3+1""2+1+1"等中外合作办学形式，使出国的学生提高了语言水平，开阔了眼界，了解了国情，体验了风土人情，增长了见识。多年的实践证明，中外合作办学效果好，全面提升了人才培养的质量。

2021 年，广外泰语专业重新优化了本科人才培养方案，探索创新人才培养模式。新的人才培养方案以习近平新时代中国特色社会主义思想为指导，全面贯彻习近平总书记关于高等教育的重要论述和视察广东重要讲话精神，以深化学分制改革提高本科教育教学质量为核心，坚持走内涵式发展道路，借鉴国际先进理念和经验，创新人才培养机制，以学生为本，促进学生自主学习和个性化发展，培养高素质国际化人才。新方案主要调整了专业课程设置，增加了"微专业"课程模块的学分设置，在探索"泰语+微专业"教学模式基础上，构建"通语言、懂文化、会专业"的泰语复合型国际化人才培养模式。新修订的人才培养方案实行"泰语+英语"的双语教育模式，设有跨学科微专业，包括国际关系、法学、会计、汉语国际教育、国际贸易等专业，同时要求学生参加全国大学英语六级考试并取得成绩报告单，并通过辅以计算机/网络教学等技能的全面系统的学习与实践，使学生具备更高的泰语、英语水平和更强的泰语、英语实际应用能力。

根据 2022 版广外人才培养方案，泰语专业毕业最低总学分为 177 学分，总学时

2 752 学时；其中必修课程 153 学分，占 86.44%；选修课程 24 学分，占 13.56%；实践教学 572 学时，占 25.42%。具体设置如表 1 所示：

表 1　广外泰语专业人才培养方案

课程类别		学时	学分	占毕业最低总学分的比例
通识课程	必修课	1 072	64	40.68%
	选修课	128	8	
跨学科微专业课程	必修课	160	10	5.65%
专业课程	专业必修课	1 136	71	53.67%
	专业选修课	256	16	
	专业实习与劳动		2	
	毕业论文		6	
必修课		2 368	153	86.44%
选修课		384	24	13.56%
实践教学		572	45	25.42%
毕业最低总学时		2 752		
毕业最低总学分		177		

总体上说，泰语人才培养工作已经超越了过去培养翻译和要求学生以一种外语为主要技能的认识框架，从外语学科与非外语学科"双轮驱动"、多学科多语种协调可持续发展的格局出发，着力推进外语教学与专业教学的深度融合，创新国际化人才培养模式，培养"一精多会""一专多能"的高素质国际化人才，主动服务于国家战略和区域经济社会发展的需要，自觉地将泰语人才培养工作纳入促进区域经济和社会发展、促进相关学科的建设和拓展、适应不同领域和不同层次的需要和要求的轨道。

三、历届学生人数及生源情况

（一）生源人数

广外泰语专业于 1970 年招收了第一届本科生，1970—1998 年每隔 5 年招生一届，自 1999 年开始隔年招生，自 2007 年开始每年招生，至今总共招生 26 届，共计 431 人。2022 年在校本科生总人数为 57 人。具体情况如表 2 所示：

表 2　广外泰语专业历年本科生招生人数

1970 级	1976 级	1981 级	1985 级	1989 级	1994 级	1999 级	2000 级	2003 级
15 人	8 人	8 人（含委培生 2 人）	20 人	12 人	13 人	23 人	22 人	16 人
2005 级	2007 级	2008 级	2009 级	2010 级	2011 级	2012 级	2013 级	2014 级
24 人	23 人	20 人	16 人	18 人	18 人	19 人	18 人	20 人
2015 级	2016 级	2017 级	2018 级	2019 级	2020 级	2021 级	2022 级	
19 人	17 人	12 人	13 人	18 人	16 人	11 人	12 人	

2011 年，广外泰语专业招收了第一届硕士研究生，人数为 1 人，至今已招生 11 届，共计 21 人。具体情况如表 3 所示：

表 3　广外泰语专业历年硕士研究生招生人数

2011 级	2012 级	2013 级	2014 级	2015 级	2016 级
1 人	1 人	2 人	0 人	2 人	2 人
2017 级	2018 级	2019 级	2020 级	2021 级	2022 级
2 人	2 人	2 人	2 人	2 人	3 人

此外，自 2016 年开始，泰语专业开始接受转专业学生。历年申请转入泰语专业的学生人数如下：2017 年转入 1 人，2018 年转入 1 人，2019 年转入 3 人，2020 年转入 4 人，2021 年转入 1 人，共计转入 10 人。

（二）生源情况

根据广外 2012—2022 届泰语专业共 175 人的生源数据，本专业的生源分布中，广东省排名第一，约占总人数的 74.35%；贵州省排名第二，占比约为 5.76%；广西壮族自治区排名第三，占比约为 4.19%。贵州省和广西壮族自治区与广东省地理距离很近，因此可以说明本专业生源集中在广东省及周边地区。从空间来看，本专业生源最北至黑龙江省，最西至四川省，生源分布较为广泛。

将广东省大致划分为粤东、粤西、粤北和珠三角四个区域，可以更为详细地分析广东省内生源分布情况，进一步明确招生重点。其中，珠三角地区占比排名第一，约为 56.5%；粤东地区占比排名第二，约为 19.4%；粤北排名第三，占比约为 12.9%；粤西排名第四，占比约为 11.2%。由此可以说明，泰语专业对珠三角地区的生源吸引力较大，粤东地区次之。

生源质量方面，近两年广外泰语专业第一志愿报考率均为100%，文理科的录取平均分基本与学校平均分持平。其中，2020年泰语专业的文科录取平均分为566.5分，排在全校语言类专业的第10位，第一志愿报考人数4人，第一志愿报考率100%，居全校语言类专业第九位，第1～6志愿报考人数51人，第1～6志愿报考率1 275.00%，第一志愿录取人数4人，第一志愿录取率25%，第1～6志愿录取人数4人，志愿满足率100%。

整体而言，广外泰语专业的生源以广东省内珠三角地区为主，近年来的文理科录取平均分基本保持稳中有升的趋势，第一志愿报考率和第一志愿录取率也有所提升，其中第一志愿报考率在全校语言类专业排名前十。此外，自2016年以来，每年均有校内学生申请转入泰语专业。由此可见，泰语专业的生源虽然主体来源较为集中，但生源质量有所保障，而且对校内其他专业的学生具有一定的吸引力。

四、师资队伍发展情况

1970年广外泰语专业创办之初，泰语教师以归国华侨为主，师资队伍实力雄厚，主要从北京大学、国务院侨办、暨南大学、广东省外办等单位调配而来。自1975年中泰建交后，部分归国华侨教师选择了回到其出生地泰国或赴中国香港、澳门等地。80年代初，我国正处在改革开放初期，受出国、经商浪潮的冲击，不少年轻教师相继离开了教学岗位，致使师资队伍不稳定，出现教师紧缺、队伍断层的状况，青年教师基本上是本专业培养的本科生，学历结构偏低。到了90年代，教师出国机会增多，学校通过委托培养、国外进修等方式，既优化了师资队伍的学缘结构，也提升了教师的学历层次。[①]

目前，本专业拥有职称、年龄、学科和学缘结构较为合理的师资队伍，现有6名专任教师，其中教授1名、副教授2名、讲师3名；长期聘请泰国专家1名。生师比为6∶1。在6名专任教师中，博士学历的教师1人，硕士学历的教师5人，45岁以下中青年教师占66.7%。

专业负责人罗奕原副教授长期从事泰语专业本科教学，负责专业人才培养方案、课堂教学、测评和教材编写等方面的工作，长期担任专业核心课程"基础泰语（1）""基础泰语（2）""基础泰语（3）""基础泰语（4）""高级泰语""泰国文学作品选读"及专业选修课"旅游泰语""泰国概况（2）"的教学工作，课堂教学质量评估一

---

① 林秀梅. 中国泰语专业教育发展的历史、现状和展望［C］//泰学研究在中国：论文辑录. 广州：世界图书出版广东有限公司，2015：244－255.

直名列前茅，连续多年获得校级优秀教学奖项，并获评为 2016 年度校级教学名师，获 2017 年度中国非通用语教育贡献奖、2020 年度首届"慧妍卓越教学奖"。在长期的教学活动与实践中，积累了较为丰富的教学经验，具有团结、协作精神和较强的组织与协调能力；主持并参与了多个省级、校级教研项目，积极参与国内外教学研究学术会议，担任中国非通用语种教学研究会理事、中国非通用语种教学研究会泰语分会副会长，与国内外同行保持密切的学术交流与合作关系，促进本专业教学的不断发展。

本专业拥有学术骨干吴圣杨教授、教学骨干廖宇夫副教授。通过多年实践，本专业已经形成一支教学经验丰富、方式灵活、人员稳定的教学团队，其中泰语基础课程教学团队为广外第一批校级教学团队。此外，为丰富教学团队的结构，每年聘请一名泰国专家，参与讲授"泰语会话""泰语应用文写作""泰语阅读""泰国文学作品选读"等课程，并协助指导本科生毕业论文和专业课外文化活动等。

同时，本专业重视教师队伍的发展，支持专业教师参与国内外开展的学术交流研讨会和调研活动，鼓励教师积极参加各项培训研修班。2013 年 11 月，本专业承办了中国非通用语种教学研究会泰语分会第四次学术研讨会，与来自全国的泰语学者交流学习。2018 年 1 月成功举办亚太地区泰语教学改革与发展国际学术研讨会，来自中泰韩三国的专家学者齐聚一堂，共同围绕泰语教学进行探讨，力图提出新思路和新视角来促进亚太地区泰语教学的发展与改革。这进一步提升了本专业在国内外的影响力和知名度。此外，本专业教师还积极参加海内外的学术研讨会，包括：韩国外国语大学举办的纪念韩泰建交 60 周年国际学术研讨会暨 21 世纪泰学研究新趋向与挑战；泰国法政大学、农业大学、兰甘亨大学和孔敬大学联合举办的国际网络会议"新时代的泰语与泰文化"学术研讨会；中国非通用语种教学研究会举办的全国非通用语种专业学科建设研讨会、中国非通用语教师青年论坛，以及中国非通用语教学研究会泰语分会研讨会等。此外，本专业教师还积极参加了国内多个教研能力提升研修班，包括 2018 年高等学校多语种专业中青年骨干教师翻译教学与科研能力提升研修班、2020 年广西本科高校非通用语种专业教师能力提升研修班、2020 年贵州省高校外语非通用语种专业教师研修班，以及 2020 年外语教学与研究出版社高等院校多语种教师翻译教学与科研能力提升研修班等。

在青年教师培养上，本专业鼓励青年教师攻读博士学位，优化学缘结构，提高学历层次，鼓励青年教师积极参加学校组织的学术论坛与讲座，如著名教授论坛、名师讲坛、海外名师、非通名师面对面等。在学院的"传帮带"结对计划下，罗奕原、吴圣杨、廖宇夫对唐旭阳、陈诗、姚思琦等青年教师在教学、科研方面进行指导。通过制定"基础泰语""泰语视听"等课程的集体备课制度和听课指导，有效地提高青年教师的教学水平；通过纳入科研项目团队成员，培养青年教师的科研意识。

整体而言，广外泰语专业的师资队伍在近年来基本保持稳定，基本构建了职称、年龄、学科和学缘结构较为合理的师资梯队，同时积极提高师资队伍的整体水平，为青年教师的发展搭建新平台，努力提高青年教师的教学水平和科研能力，为泰语专业师资队伍的健康发展提供保障。

五、教学改革和课程建设情况

泰语专业始终坚持把本科教学和本科人才培养作为生命线，一直以来坚持从课程设置、教材编写、课堂教学手段和教学改革研究四个环节加强教学改革创新，探索课程建设的新思路，提高教学质量，服务"一带一路"建设下的泰语人才培养。

（1）在课程设置上，广外泰语专业从过去单一的语言教学，逐步发展为"泰语 + 微专业"的"一专多能"型人才培养模式。在泰语专业创办初期，实行单一的语言教学，偏重于语言文学，普遍开设精读、语法和翻译课，其中精读课占比最大。这在当时是符合国家和社会需求的。随着"一带一路"建设的不断深入，中泰关系从政治、安全和经贸方面的合作拓展到了教育、文化及科技等其他领域的交流与合作，泰语课程的设置也逐渐从单一的语言教学发展成强调双语型、复合型人才的课程设置。2021年，广外泰语专业继续完善"泰语 + 英语 + 辅修专业"复合型教学模式，加强专业核心课程群和特色课程群建设，增设跨学科专业的交叉课程和基础课程，设立"泰语 + 微专业"课程模块，以进一步满足复合型人才培养的需要。此外，广外泰语专业从创办至今，一直重视学生实践能力的培养，今后也将从课程设置上继续增加学生实践类课程的比重，积极指导学生开展大学生创新创业训练计划项目，进一步在国内外开拓、建设语言文化实践基地，继续推动海内外实习基地泰中人才交流协会的建设，密切保持与多家实习单位的沟通与联系，进一步锻炼学生的语言实践能力、实际工作能力和实践创新能力，培养学生的创业意识和创业能力。

（2）在教材编写上，广外泰语专业自行编撰并出版了一批高质量的专业教材。出版了教育部第一批特色专业建设点系列教材，包括《基础泰语（1）》《基础泰语（2）》《基础泰语（3）》《基础泰语（4）》及配套的《泰语字母书写练习册》《高级泰语》《商务泰语会话教程》。其中，"基础泰语"系列教材于 2014 年入选"十二五"普通高等教育本科国家级规划教材第二次遴选推荐教材名单；《高级泰语》获得 2014 年度中国非通用语教学研究会优秀学术成果教材类二等奖；"基础泰语"系列教材获得 2014 年度中国外语非通用语优秀学术成果教材类三等奖。"基础泰语"系列教材自出版以来，因其内容充实、难度适中、情景生动、编排新颖、发音专业、易学易懂而受到国内外的一致好评。此外，还编写出版了《泰语实用会话教程》《实用泰语教程》《泰语多媒体情景会话》等。本专业的其他课程均使用本专业教师自编教材，如《泰语会话教程》《泰国文学作品选读教程》《旅游泰语教程》《泰语听力教程》《泰语口译教程》等。

（3）在课堂教学手段上，本专业团队注重课堂教学与实践教学的有机结合，同时加强线上资源的建设，积极探索线上线下混合式教学改革。在课堂教学环节，教师适时更新教学内容，让教学内容与时俱进，切合实际。在教学方法上，教师引入"翻转课堂"教学理念，从传授知识转变为培养学生去搜寻、接受和处理信息的能力，更多采用研究性、启发创新性思维的教学方法，在教学过程中强化学生的主体地位，采取启发、互动等方式引发学生学习、反应、交际的主动性，提倡团队合作，注重实践技能的培养，培养学生自主学习、独立思考和综合运用知识的能力，增强团队学习与协作意识。本专业教师不仅重视课堂教学中的电脑多媒体技术运用，还将虚拟仿真技术运用到课堂中来。"旅游泰语"课程已连续五年在虚拟仿真实验室进行授课，学生通过虚拟仿真技术，模拟多场景的实地导游讲解，同时通过录播形式，记录学生真实的课堂表现。除了提高线下教学的质量，本专业教师还重视线上资源的建设。目前已在广外非通用语教学平台上线"泰语语法"系列微课，教师通过动画视频的形式对"基础泰语"课程的语法内容进行生动讲解，同时配有相关习题供学生练习巩固。此外，本专业还针对《基础泰语（1）》以及《基础泰语（2）》录制了完整的线上课程，计划在我国慕课平台上以 SPOC 课程的形式对本专业学生开放，用以配合线下课程的授课，督促学生课前预习及课后复习，并在线上发布拓展阅读练习，供学生自主学习，提高学生自主学习的兴趣与能力。

（4）在教学研究与改革上，本专业团队积极参与教学研究与改革项目。2021 年，由本专业教师主持的"基础泰语"获得广东省本科高校课程思政示范课程，另有一项省级课程获评思政课程优秀案例，即"知行合一，厚植家国情怀，培养中译泰高素质人才——广外'基础泰语'课程思政建设"。2020 年，"非通用语专业高年级课程思政创新与实践"获批校级重点教改项目。下一阶段，本专业也将积极探索泰语专业课程的思政建设，坚持立德树人，培养有家国情怀、全球视野、创新能力、担当精神的高素质国际化人才。表 4 是近几年泰语专业教研教改项目的具体情况：

表 4　广外泰语专业教研教改项目一览表

级别	时间	项目名称	主持人
广东省本科高校课程思政示范课程	2021 年立项	基础泰语	罗奕原
校级重点教改项目	2020 年立项	非通用语专业高年级课程思政创新与实践	
广东省教育厅质量工程专业综合改革试点项目	2018 年结项	东南亚语种（泰语、印尼语、越南语、老挝语、缅甸语、柬埔寨语）	
广东省教育厅教学成果二等奖培育项目	2018 年结项	非通用语种特色专业建设探索与实践	
广东省教学改革一般项目	2018 年立项	"一带一路"背景下非通用语种口译教学法研究与实践	廖宇夫

六、实践教学和实习基地建设

"纸上得来终觉浅，绝知此事要躬行。" 1970 年的第一届泰语学子就践行"学工学农学兵"，参与各项生产劳动，在劳动过程中积累词汇，锻炼口语。随后"重实践"也发展成为广外泰语专业的优良传统，并一直延续至今。

（一）实践教学建设

本专业的实践教学贯穿各个教学环节，包括专业教学计划、课堂教学、第二课堂实践活动、社会实践，以及各类创新创业训练项目。

在专业教学计划上，泰语专业增加了一定的实践课程与内容，增设了实践学分。本专业的实践教学分为两个部分。包括课堂教学中的实践部分和专业实习、毕业论文。在 2022 版泰语本科人才培养方案教学计划中，本专业毕业最低总学分为 177 学分，总学时 2 752 学时；其中实践教学 572 学时，占比 25.42%。

在课堂教学中，教师也注重增加语言实践环节的比重。"基础泰语"系列课程每周进行一次课堂主题实践活动。实践类课程如"旅游泰语"和"泰语口译"的实践活动占比更高，形式也更为丰富。这类实践课程的活动地点从课内延伸到课外，进行实地授课，同时还邀请相关行业校友作为实践环节的导师。以"泰语口译"课程为例，为提高学生对口译理论知识的理解与运用能力，教师在课程中为学生提供形式多样的课内外口译实践活动，例如：中国中小企业博览会口译、揭阳市市长会见北柳府府尹及北柳府推介会交替传译、会议口译观摩、影子跟读实践、东盟峰会接力同传模拟、口译旅游泰语线上教学实践，以及口译旅游泰语线上课外教学实践等。

广外泰语专业的这种口译教学实践模式也得到了北京外国语大学、上海外国语大学、西安外国语大学、四川外国语大学、云南大学、大理大学、成都大学、浙江越秀外国语学院等多所国内高校，以及泰国驻广州总领事馆、泰国国家旅游局驻广州办事处的高度认可。

除了课堂实践活动，本专业还积极组织各类第二课堂文化活动，增加学生的实践机会。如亚洲风情节、多语种专业戏剧大赛、泰国水灯节、泰国宋干节等文化节活动。此外，还有形式多样的泰语技能竞赛，如泰语语音语调比赛、朗读比赛、配音大赛等。2020年，由廖宇夫副教授指导的二年级学生参加泰国清迈大学组织的高校泰语专业外国学生泰语朗读比赛并获一等奖。2021年，由陈诗老师指导的二年级学生参加泰国清迈大学组织的高校泰语专业外国学生泰语朗读比赛获三等奖，参加泰国法政大学泰语演讲比赛获三等奖等。这些活动为学生提供了丰富的语言实践平台，充分调动了学生的学习积极性。

本专业学生不仅有丰富多彩的校内实践，还有较多的社会实践机会。例如一年一度的中博会、广交会、海博会等国际性展会进行专业口译实践，担任各种国际会议的志愿者，参加学校组织的"三下乡"暑假活动，等等。

同时，本专业教师还积极组织学生申报各类创新创业训练计划项目，指导了多项国家级、省级和校级大学生创新创业训练计划项目，培养学生的创新意识和创新精神。从2011年至今，本专业教师已经组织学生开展了9项大学生创新创业训练计划项目，其中国家级2项、省级6项、校级1项。2018—2021年的广外泰语专业学生创新创业项目如表5所示：

表5 2018—2021年广外泰语专业大学生创新创业训练计划项目一览表

立项时间	项目名称	负责人	指导教师	类型
2018年	"小火柴"文化传播有限公司——自媒体时代下的泰语资讯与教学服务	钟李纯	廖宇夫、陈诗	省级大学生创业实践计划项目
2018年	泰国智库发展现状调查研究	闭宏安	陈诗	省级大学生创新实践计划项目
2020年	后疫情时期中泰语言服务平台的运营与管理	蔡骊泓	罗奕原、陈诗	国家级大学生创业实践计划项目

（续上表）

立项时间	项目名称	负责人	指导教师	类型
2020 年	泰国耽美影视文学发展的本土文化渊源研究	符成伊	吴圣杨	校级大学生创新实践计划项目
2021 年	泰语—汉语平行语料库构建	凌敏	蒋盛益、陈诗	国家级大学生创新训练项目

通过"'小火柴'文化传播有限公司——自媒体时代下的泰语资讯与教学服务"及"后疫情时期中泰语言服务平台的运营与管理"这两个创业项目，本专业开通了 1 个广外泰语系公众号及 1 个中泰语言服务平台公众号。这两个公众号在教师的指导下，由学生团队负责管理和运营，推送本专业最新资讯、泰国时事热点新闻、泰语教学资源、学生原创作品等，锻炼学生的综合实践能力，提高学生的泰语语言运用能力。截至 2023 年 3 月，广外泰语系的公众号已累计发文 272 篇，关注人数已达 1 584 人。

除了教学实践活动，教师还鼓励学生参与专业国际学术讲座、教师科研项目和论文的发表。2020 年，本专业组织学生参与曼谷大学的线上学术讲座——"泰国文化习俗与历史"。近年来，学生参与教师科研项目、发表论文的情况如表 6 所示：

表 6　广外泰语专业学生参与教师科研项目、发表论文一览表（2018—2002）

序号	科研项目/论文题目	负责老师	学生姓名
1	泰国政治形势发展报告	唐旭阳、吴圣杨	周枫、钟李纯、罗俊铭、张楠、张幸平、杨洁、覃慧珍、谢静雯、陈佳颖、熊佩佩、余威龙、李欣明、张涵雯、黄婉瑾、陈绳雪、宫禧
2	泰语语料库资源建设	罗奕原、廖宇夫	龚敏君、沈少玲、庞楚珊、潘惠英、张海媛、叶铭欣、古凯欣、戴翘楚、陈绳雪、黄婉瑾、陈慧敏、钟淑贞
3	"一带一路"背景下广东企业参与泰国东部经济走廊建设的对策	罗奕原、廖宇夫、陈诗	赖椅棋、黄沁雨、王怡泓、顾光艳、黄越乔、龙卓盈、陈晓婷、江伟杰、闭宏安
4	泰国佛教管理体系报告	吴圣杨	陈慧敏、周枫、钟李纯、杨洁、陈佳颖
5	泰国智库发展现状调查研究	陈诗	余威龙、陈超越、陈绳雪、陈茗晴、林曼
6	泰国交通部研究报告	陈诗	郭徐翼香、苏慧琳、张涵雯、黄婉莹

（续上表）

序号	科研项目/论文题目	负责老师	学生姓名
7	泰国涉华负面新闻背景研究	唐旭阳	谭可盈、张幸平、覃慧珍、谢静雯、罗俊铭、刘钦源、何洁漾
8	泰国古曼童信仰传布原因初探	吴圣杨	侯慧敏
9	泰国大选后政治形势及对华态度研究	陈诗	彭波、蔡桂珊、龙卓盈、蔡嘉玲、闭宏安、王怡泓、顾光艳、黄沁雨、伍玮欣、赖椅琪、胡晓霖、陈晓婷、田雨鑫
10	泰国文化发展报告（2018）	吴圣杨	闭宏安

（二）实习基地建设

实习基地的建设是学生社会实践的重要平台和保障。本专业学生可申请学院签订的实习基地进行短期实习。此外，本专业也拥有自己的实习基地资源，如与广东省内多家旅行社、泰国驻广州总领事馆等保持密切联系，签订了一个海外实习基地——泰中人才交流协会，让更多的学生有机会在国内外进行实习，满足本专业实践教学的需要。目前，国内外的专业实习基地主要包括泰中人才交流协会、广州凯捷数据处理公司、碧桂园集团等。

学生在泰国留学期间，海外实习基地泰中人才交流协会为泰语专业学生安排实习单位。实习单位从校内延伸到校外，涉及多行业、多领域，例如曼谷大学学生处、西部数据泰国制造中心、泰华友谊华文学院、103曼谷调频台、泰中记者协会、中国国际广播电台亚洲地区总站等。

从20世纪70年代的"学工学农学兵"中进行泰语技能实践，到如今的第二课堂活动、海内外社会实践、创新创业项目等实践训练，泰语专业实践教学的形式发生了翻天覆地的变化，但广外泰语专业重视实践教学的传统从未改变。这是历届广外泰语人留给后辈的宝贵经验。

七、毕业生就业率及主要去向

本专业的学生就业率多年来维持在100%。通过统计本专业2010—2020届共计191名毕业生的生源地、就业单位类型、所属行业及就业地区，本报告对本专业最近10年来毕业生就业所属行业、就业单位类型及就业地区的占比做了纵向分析，同时还就生源地与就业地做了相关关系分析。

（一）历年就业所属行业的占比及纵向分析

在本专业近 10 年的毕业生中，选择信息传输、计算机服务和软件行业的学生数量约占总体的 29.84%，排名第一；服务业排名第二，占比约为 17.28%；选择教育行业的学生数量占比排名第三，约为 9.42%；选择升学的学生数量占比排名第四，约为 8.38%；选择制造业的学生数量占比排名第五，约为 7.85%；其他行业占比均不足 7%。学生就业行业覆盖面广泛。

进一步分析本专业学生在主要就业行业的变化情况，可以发现：选择信息传输、计算机服务和软件行业的学生数量占本届毕业生总数的比重最小为 15%，最大为 50%，10 年平均占比约为 30.52%，整体呈现波动上升的趋势；选择服务业的学生数量占本届毕业生总数的比重最小为 0，最大为 50%，10 年平均占比约为 16.95%，整体变动较大；选择教育行业的学生数量占本届毕业生总数的比重最小为 0，且有 5 年出现此情况，最大为 12.5%，10 年平均占比约为 3.39%，整体变动较大；选择升学的学生数量占本届毕业生总数的比重最小为 0，且有 2 年出现此情况，最大为 20%，10 年平均占比约为 8.27%，整体变动较大；选择制造业的学生数量占本届毕业生总数的比重最小为 0，且有 3 年出现此情况，最大为 16.7%，10 年平均占比约为 8.04%，整体变动较大。由此可以看出，近 10 年来，本专业选择信息传输、计算机服务和软件行业的学生呈平稳上升的趋势。

表 7　广外泰语专业 2011—2020 届毕业生就业所属行业（部分）纵向分析

毕业届次	信息传输、计算机服务和软件行业	服务业	教育	升学	制造业
2011	17.40%	26.10%	0	8.70%	4.30%
2012	20.00%	10.00%	0	10.00%	15.00%
2013	18.80%	25.00%	12.50%	0	6.30%
2014	50.00%	16.70%	0	5.60%	0
2015	44.40%	5.60%	5.60%	5.60%	16.70%
2016	15.00%	50.00%	5.00%	0	0
2017	27.80%	0	0	5.60%	16.70%
2018	25.00%	20.00%	0	20.00%	0
2019	36.80%	10.50%	5.30%	10.50%	15.80%
2020	50.00%	5.60%	5.60%	16.70%	5.60%
平均	30.52%	16.95%	3.39%	8.27%	8.04%

（二）历年就业单位类型的占比及纵向分析

在本专业最近 10 年的毕业生中，选择有限责任公司的学生数量约占总体的 45.03%，排名第一；选择股份有限公司的学生数量占比排名第二，约为 13.61%；选择中央及省（自治区、直辖市）属的国家机关和外商投资企业的学生数量占比排名第三，约为 6.28%；选择其他类型就业单位的学生占比均不足整体的 6%。

进一步分析本专业学生在主要就业单位类型的变化情况，可以发现：选择有限责任公司的学生数量占本届毕业生总数的比重最小为 15%，最大为 73.70%，10 年平均占比约为 45.34%，整体呈现波动上升的趋势；选择股份有限公司的学生数量占本届毕业生总数的比重最小为 0，且有 3 年出现该情况，最大为 61.10%，10 年平均占比约为 13.96%，整体变动较大；选择中央及省（自治区、直辖市）属的国家机关的学生数量占本届毕业生总数的比重最小为 0，且有 4 年出现该情况，最大为 16.7%，10 年平均占比约为 6.39%，整体变动较大；选择外商投资企业的学生数量占本届毕业生总数的比重最小为 0，且有 5 年出现该情况，最大为 20%，10 年平均占比约为 5.93%，整体波动下降。

表 8　广外泰语专业 2011—2020 届毕业生就业单位类型纵向分析

毕业届次	有限责任公司	股份有限公司	中央及省（自治区、直辖市）属的国家机关	外商投资企业
2011	39.10%	17.40%	0	13.00%
2012	35.00%	0	15.00%	20.00%
2013	50.00%	12.50%	0	6.30%
2014	15.00%	61.10%	11.10%	0
2015	66.70%	11.10%	0	0
2016	40.00%	10.00%	5.00%	10.00%
2017	27.80%	22.20%	11.10%	0
2018	60.00%	0	5.00%	10.00%
2019	73.70%	5.30%	0	0
2020	61.10%	0	16.70%	0
平均值	45.34%	13.96%	6.39%	5.93%

（三）历年就业地区的占比及纵向分析

在本专业最近 10 年毕业的学生中，就业地为广东省的学生数量约占总体的 72.19%，占比排名第一，远远大于其他省份，这说明学生绝大部分选择在本地工作；就业地为北京市的学生占比约为 7.49%，排名第二；就业地为浙江省、湖北省和贵州省的学生占比约为 2.14%，排名第三；其他省份占比不足 2%，区域差异十分明显。由此可以看出，本专业学生毕业后主要服务于广东省的经济建设与发展。

2011—2020 年，选择在珠三角就业的学生数量整体远远大于广东省其他区域。具体来看：选择在珠三角就业的学生数量的占比波动下降，最高占比为 73.90%，最低占比为 38.90%；选择在粤西就业的学生数量的占比先上升后下降，2016 年占比最高，为 20.00%，最低占比为 0，即 2018 年之后均无调研对象选择在粤西工作；选择于粤东就业的学生数量的占比先上升后下降，2015 年占比最高，为 16.70%，最低占比为 0，即 2016 年之后均无调研对象选择在粤东工作；选择于粤北就业的学生数量的占比波动变化，2012 年占比最高，为 10.00%，最低占比为 0，即 2013 年和 2014 年均无调研对象选择在粤北工作。由此可见，珠三角地区的吸引力远高于省内其他区域。这也与珠三角地区的经济发展优势密切相关。

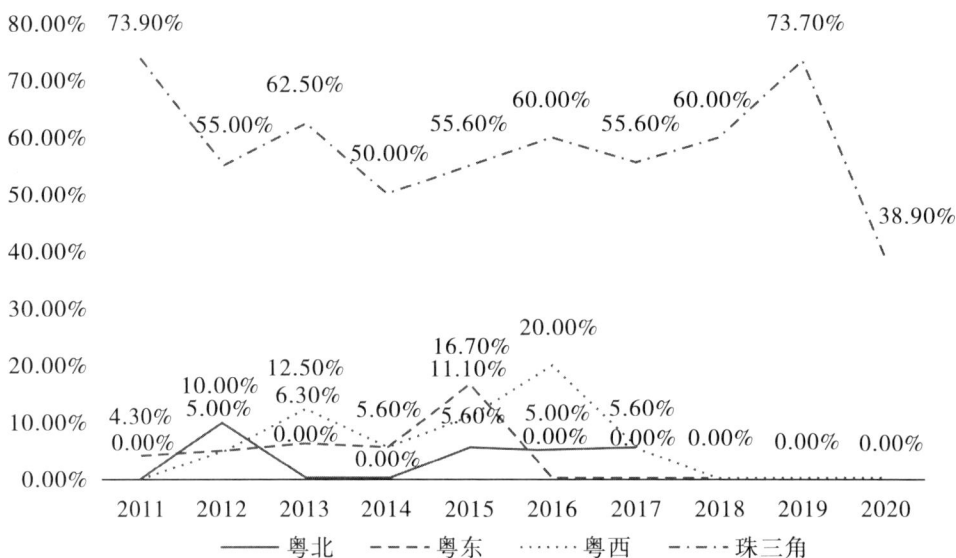

图 1 选择在广东省就业的学生占比及纵向分析

（四）生源地与就业地的相关关系

通过对本专业近 10 年毕业生的生源地与就业地做相关关系分析可以发现：生源地为湖北、江苏、山东、四川和重庆的学生 100% 选择回到原籍就业，生源地为广东省的学生82%选择在本地就业，其他生源分别在北京、福建、湖北、江苏、山东、四川、浙江、香港等地和泰国就业，就业地域广泛。另外，生源地为福建、湖南、江西和云南的学生100%选择在广东就业，生源地为安徽、广西、贵州、河北、河南的学生部分选择在广东就业。整体来看绝大部分来自其他省份的学生选择在广东就业，而广东省的生源有一部分选择在其他地区就业，就业地域广泛。

表9 生源地与就业地的相关关系

就业地	生源地																
	安徽	北京	福建	广东	广西	贵州	河北	河南	黑龙江	湖北	湖南	江苏	江西	山东	四川	云南	重庆
安徽	50%																
北京	17%	75%		6%		18%											
福建				1%													
广东	17%		100%	82%	50%	46%	33%	50%			100%		100%			100%	
广西						25%											
贵州						36%											
河北							67%										
河南								50%									
湖北				2%						100%							
吉林									100%								
江苏				1%								100%					
美国				1%													
山东				1%										100%			
上海	17%																
四川				1%											100%		
泰国				1%													
香港				2%													
英国				1%													
浙江				2%	13%												
重庆																	100%

注：表中有的地区数据相加不足100%，是因为该地区无就业或无统计数据。

整体而言，在本专业最近10年的毕业生中，就业地为广东省的学生数量约占总体的72.19%，占比最大，其中选择于广东省珠三角就业的学生数量整体远远大于广东省其他区域。纵向分析本专业近10年的毕业生就业的主要行业，结果显示选择信息传输、计算机服务和软件行业的学生数量整体呈现较明显的波动上升趋势。从就业单位类型来看，近10年的毕业生中，选择有限责任公司或股份有限公司的占比最大，选择中央及省（自治区、直辖市）属的国家机关的占比次之。其中值得注意的是，选择外商投资企业的学生数量在近10年呈整体波动下降的趋势。生源地与就业地的相关性分析结果显示，生源地为广东省的学生82%选择在本地就业，省外毕业生回原籍就业的意愿也比较高。

八、质量保障的举措与成效

本专业将质量价值观落实到泰语教学中的各个环节，将自觉、自省、自律、自查、自纠的质量文化内化为全系师生的共同价值追求。

本专业设系主任、系主任助理各一名，在分管副院长的指导下，共同负责专业教学日常管理工作。在课堂教学上，本专业重视课堂教学各个环节的规范性，从人才培养方案到课程教学大纲，从教材的选用到课程教学资料的归档，从课堂教学过程的实施到课堂教学反馈与评价，从课程考核组织与实施到试卷的评阅，采取教师首责、系主任把关相结合的办法，切实保证课堂教学质量。同时，通过教学督导、各种形式的听课及学生评教等方式，有效地对课堂教学过程进行监管。根据泰语系近年来的统计，学生给泰语专业教师的评教分平均在94.3分以上，专业教师给学生的评学一般都在36分（满分为40分）以上。调查问卷及泰语系理念的统计数据都表明泰语系师生彼此认同度较高，尤其是学生对教师的满意度很高。同时，加强试题库建设。出题方面，注意题型多样，覆盖面广，重点突出，有效考核学生的课堂课外学习效果；注意A卷考题更新比例保持在60%以上，B卷考题80%不与A卷重复；注意结合往年考试质量分析，调整考题难易程度、题量及题型；每套试题务必有参考答案和评分标准。试题管理方面，注意试卷的保密性，防止各种形式的试题泄露。

此外，泰语专业建立了内部质量评估制度并接受学校外部评估。2017年，本专业在问卷星网站针对广外泰语专业在校生、毕业生及用人单位进行问卷调查，以班级宣传填写、电话联系填写、微信转发填写等形式展开，力求尽可能多地获得数据。此次问卷调查收回的有效调查表汇总如下：《广东外语外贸大学泰语专业毕业生调查表》92份，《广东外语外贸大学泰语专业评估学生调查问卷》40份，《广东外语外贸大学泰语专业评估用人单位情况反馈表》42份。总体来看，本专业在校生、毕业生及用人单位都对本专业的教学质量较为满意。

学生调查问卷结果显示，学生对在校学习期间自身各项能力提高的满意度都在70%以上；对本专业培养过程中各环节的满意度都在80%以上。这表明了本专业对学生的培养目标达成度较高，学生对本专业的培养教育评价较高。毕业生调查表的数据显示，毕业生对在校学习期间自身各项能力提高的满意度都达到70%以上；对本专业培养过程中各环节的满意度都达到80%以上。综合来说，毕业生对本专业的人才培养质量表示很满意的达到59.78%，表示满意的达到32.61%。调查数据表明绝大多数毕业生对本专业的教学及自身在校学习情况满意度都很高。

调查问卷结果显示，泰语专业学生对本专业的满意度非常高。其中毕业生对专业师资水平表示很满意的高达84.78%，表示满意的为13.04%；对师生间交往表示很满意的高达77.17%，表示满意的为19.57%。

除了内部评价机制外，本专业也重视社会上的评价。在用人单位情况反馈表上，用人单位对毕业生们的职业素养、综合能力的评价满意度很高，各项评价中优所占的比例都达到57%以上，评价优、良的更达到了88%以上。其中，认为本专业毕业生专业基础知识优的达到71.43%，良的达到21.43%；表示毕业生团队意识优的达到76.19%，良的达到23.18%；认为本专业毕业生实际动手能力优的达到71.43%，良的达到19.05%。

本专业的历届毕业生都获得了用人单位的充分认可，赢得了良好的社会声誉，学生就业率连年保持100%。杰出毕业生代表，如1975届陈安，毕业后进入中国国际广播电台工作，为中泰两国政府及民间部门交往做出了突出贡献，2016年退休前担任中国国际广播电台亚洲站站长。2004届洪江，毕业后进入外交部工作，为国家领导人担任翻译，现为中国常驻老挝大使馆政治处主任。2005届李留斌，毕业后到深圳一家旅行社工作，后来自主创业，组建旅游贸易公司，招募多名同门师弟师妹合力发展，业务不断拓展，每年还返校义务参与"旅游泰语""泰语口译"的实地教学。

泰语专业时刻关注每一届毕业生的毕业去向、发展动向，通过电话、网络等方式与毕业生、毕业生用人单位取得联系，以期全面了解毕业生的就业情况、就业领域，及时追踪毕业生的反馈信息。

在对社会变化的响应上，本专业根据对毕业生的跟踪反馈，及时对在校生的培养方式作出调整，提高毕业生质量及本专业学生的满意度。同时，通过对近年来泰语专业就业市场的了解，对在校生展开针对性的重点化培养，以便使学生适应国内外泰语专业就业形势的变化。

九、问题与对策

通过对本专业师资队伍建设、教学改革和课程建设、实践教学与实习基地建设、毕业就业率及主要去向，以及质量保障的举措与成效进行分析，本专业存在的问题集中在师资队伍建设和学生就业问题上。

在师资队伍建设上，教师教学实力有待加强，教师学历学位层次及专业职称均有待提升。2015 年有两位教学经验丰富的教授退休，新进 3 名青年教师，如何保持甚至加强师资力量是本专业面临的重要问题。此外，本专业教师学历学位层次相对较低，除了 1 名博士外，其余均为硕士。本专业教师中高级专业技术职称的教师比例也有较大提升空间。目前，在职的 6 名专业教师中，教授只有 1 名，占比 16.7%；副教授 1 名，占比 16.7%；讲师 3 名，占比 50%；助教 1 名，占比 16.7%。因此，积极提高教师的教学水平，同时提高教师学历学位层次及专业职称，是本专业未来发展的主要方向。

在学生就业问题上，本专业广东生源占比较大，一般选择在省内就业，竞争压力大，一直存在就业面较窄的问题，全国范围内就业竞争力相对较低。此外，通过 2017 年的泰语专业调查问卷，发现本专业在指导学生就业方面也存在一些问题。在校生认为在课堂外接受到教师的各项指导相对较少，尤其在就业指导方面，表示"很经常"和"经常"接受指导的学生只有 7.5% 和 25%。这就要求本专业教师在教授好书本知识的同时，也要有针对性地对学生进行就业指导，培养学生的职业规划意识。

针对以上两项主要问题，广外泰语专业十分重视，并积极应对。本专业将从以下三个方面加强教师队伍建设，提升教师专业水平。

（1）进一步巩固和提高专业教学水平。发挥原有的教学优势，组建教学团队，尽量采用以老带新的合作模式，集体备课，引导新进教师尽快适应和开展教学工作，不断改进教学方法，提高教学能力；鼓励教师申报教研课题，发表教研论文，以教研促进教学；邀请海内外名师来校讲学，充实师资队伍；加强教材建设，在编写出版的一系列教材的经验基础上，修订出版《泰语视听》《泰语笔译》《泰语口译》《泰国文学作品选读》《泰国报刊选读》《旅游泰语》等教材，保证课程教学的规范和质量。

（2）注重教师的继续教育。支持鼓励本专业中青年教师赴国内外高校进修或攻读博士学位，力争 5 年内增加 2 名教师在职攻读博士学位。鼓励教师积极申报高一级职称，力争 5 年内增加 1 名教授、1 名副教授、1 名讲师。鼓励青年教师积极参加学校组织的各类培训班，如网络课程建设、微格教学训练营、微课比赛、说课比赛等，提高教师对现代教育技术的掌握与应用能力，以及基本教学能力；参加国内外教学研究机构举办的各类培训班，与同行交流，开阔视野；踊跃报名参加教师发展中心的活动，不断提高教师的学术水平和业务能力。

（3）强化教师的科研意识，培养科研能力。鼓励并支持教师开展教研科研工作，多出成果。积极申报科研课题，在保证高质量完成现有的科研项目基础上，积极申报更高层次的研究课题。同时继续鼓励教师创造和寻找更多的国内外交流机会，积极参加国内外学术研讨会；参与国际科研项目，通过多种形式的交流，不断提高自己的科研水平。

针对学生就业问题，将进一步提升本专业学生在全国范围内的就业竞争力。由于外省生源就业选择范围较广，应适当增加外省生源比例。例如，考虑到近年来福建省与泰国的交往增多，就业机会增多，非福建生源一般较少考虑在福建就业，所以可增加福建生源。此外，考虑到近年来学生就业方向更加广泛，学生在学科知识方面还存在着基础不够扎实和知识面不够广的问题，致使发展后劲不足。有鉴于此，本专业将对学生进行宽基础、多学科训练，落实加强"泰语＋微专业"模块，鼓励学生根据自己的意愿、学习能力自主修读第二个专业、学位，培养学生创新能力，增强发展后劲。同时，专业教师还将加强毕业生就业和升学指导工作以培养学生的职业规划意识，树立学生健康、积极的就业理念；鼓励毕业生继续深造，报考国内外研究生。

除了师资队伍建设和学生就业问题外，本专业还将从课程建设、教学改革、实践教学体系三方面入手，整体提高本专业教学水平，让专业教学与新时期国家建设发展的要求相结合。

（1）继续加强专业课程与教学资源建设。结合新时代要求，加强教材建设与网络课程开发，打造高水平高质量微课及在线教学资源，构建线上线下相结合的教学模式，充分运用信息化技术手段，强化师生互动、生生交流，强化实践创新能力与思辨能力的培养。注重因材施教，开展课程思政，继续编写符合新时代特色的高水平专业教材。强化过程性评价的考核评估方式，加强对学生课堂内外、线上线下学习的评价，强化阅读量和阅读能力考查。加强研究型、项目式学习，丰富探究式、论文式、报告答辩式等作业评价方式，加强非标准化、综合性等评价，从整体上提升学生综合能力。推进专业课程思政建设，注重专业课教学和思政课程的有机融合。积极申报课程思政示范专业、课程思政示范团队、课程思政示范课程、课程思政示范课堂。

（2）加强教学研究与改革。组织申报各级质量工程项目和教学改革项目，并做好相关教学成果奖项目的培育工作。同时注重教学团队建设，强化课程团队教学，申报省级基础泰语教学团队和校级实践教学团，通过教学团队建设，落实"传帮带"制度，提高教师教学水平。

（3）完善实践教学体系。强化实践创新能力的培养，注重实践教学环节，创造更多的实践机会，更好地实现课堂教学与课外实践的有机融合；鼓励学生参与创新创业训练活动，积极指导学生开展大学生创新创业训练计划项目，引导学生参与教师科研，培养学生的创新实践能力。结合本专业特点和人才培养要求，着力推动海外实习基地建设和加强海外实习管理；建立实习实践质量保障机制，加强实习过程管理，注重实践教学考核评价，强化校内外导师的职责，保证实习实践与校内教学的有机衔接。进一步在国内外开拓、建设语言文化实践基地，继续推动海内外实习基地的建设，密切保持与多家实习单位的沟通与联系。积极探索校校、校企、校所及国际合作的协同育人新机制。

十、结语

广外泰语专业在建设与发展的 50 多年来，一直致力于提高人才培养质量，优化师资结构，加强课程建设，发展教学改革和研究，继承发扬"重在实践"的泰语教学传统，实现泰语专业的内涵式建设与发展。

在泰语专业人才培养目标与模式上，已完成从最初的单一语言教学模式转变为外语学科与非外语学科"双轮驱动"、多学科多语种协调可持续发展的模式，培养"一精多会""一专多能"的高素质国际化人才。

在师资队伍建设上，广外泰语专业的师资队伍在近年来基本保持稳定，基本构建了职称、年龄、学科和学缘结构较为合理的师资梯队。尽管仍存在一些短板，但近年来也在积极引进高学历、科研能力强和研究成果优的泰语专业人才，同时通过"传帮带"的形式，提高青年教师专业水平，积极加强教师队伍的建设。

在课程建设和教学改革上，除了保持传统的优势，近年来也在积极推进线上线下混合式教学，建设了一批高质量的线上教学资源，同时将虚拟现实技术引入课堂教学中，充分利用信息技术发展带来的红利，让泰语专业教学符合时代的发展和社会的要求。

未来广外泰语专业将继续保持"重实践"的泰语教学传统，遵循科学的教育规律，继续加强师资队伍建设和课程建设与教学改革，培养服务国家"一带一路"建设，为国家"一带一路"建设的各行各业输送"通语言，懂文化，会专业"的"一专多能"泰语人才，将泰语人才培养工作纳入促进区域经济和社会发展、促进相关学科的建设和拓展、适应不同领域和不同层次的需求的轨道。

广东外语外贸大学柬埔寨语专业
内涵建设与发展报告

黎国权*

摘　要： 广东外语外贸大学柬埔寨语专业成立于 2013 年。"一带一路"倡议为本专业的发展提供了有利条件。本专业建设十年以来，尽管面临师资薄弱和教材不全等困难，但在人才培养方面也已取得一定成绩，并成为 2021 年省级一流本科专业建设点。本专业将继续在师资建设、人才培养、教学研究、教材编写等方面努力开拓，以期不断取得进步。

关键词： "一带一路"；柬埔寨语；专业建设

一、引言

广东外语外贸大学（简称"广外"）柬埔寨语专业成立之时，正是中国国家主席习近平提出建设"新丝绸之路经济带"和"21 世纪海上丝绸之路"倡议之年。

中国高校的柬埔寨语专业教育起步较早，但是在 20 世纪中后期发展缓慢。1961 年，北京外国语大学应对国家对外交往的需要，在国内首次开设了柬埔寨语专业，且长期是国内唯一一所开设此专业的学校。直到 1998 年，中国人民解放军外国语学院（现为中国人民解放军战略支援部队信息工程大学）才成为国内第二所开设柬埔寨语专业的学校。2000 年之后，国内多所高校相继开设了柬埔寨语本科专业，如广西民族大学、云南民族大学、云南红河学院、广外、云南师范大学、广西外国语学院、天津外国语大学、云南大学。最近几年，为满足"一带一路"建设的需要，海南外国语职业学院、福建闽江师范高等专科学校等高职院校也开设了柬埔寨语专业。

---

* 黎国权，广东外语外贸大学柬埔寨语专业讲师，研究方向为柬埔寨语言文化。

二、发展概况

广外柬埔寨语专业于 2014 年首次招生，2018 年首届毕业生有 20 人（16 女 4 男），2019 年第二届毕业生 16 人（14 女 2 男），2021 年第三届毕业生 11 名（9 女 2 男）。目前在校本科生有 2019 级 9 人（8 女 1 男）、2020 级 8 人（7 女 1 男）、2021 级 8 人（6 女 2 男），2022 级 12 人（10 女 2 男），共计 37 人。

近年来，本专业每年招生人数为 12～15 人，其中约一半生源来自广东省内，省外学生来自云南、广西、贵州、湖南、湖北、安徽、四川和重庆等地区。这些地方极具地缘优势，与柬埔寨有较多的政商联系和民间往来。

截至 2023 年 3 月，全国有 9 所普通本科院校开设柬埔寨语专业，当前柬埔寨语专业本科在校生共 505 人（如表 1 所示）。

表 1　全国高校柬埔寨语本科专业情况统计表

学校名称	柬埔寨语本科专业成立时间	柬埔寨语专业本科生在校人数	近四年招生频次	培养模式（四年制）
北京外国语大学	1961 年	40 人（2019 级 24 人、2022 级 16 人）	四年或隔年招生	3.5＋0.5 为主，3＋1 为辅
广西民族大学	2000 年	83 人（2019 级 24 人、2020 级 21 人、2021 级 18 人、2022 级 20 人）	每年招生	3.5＋0.5
云南民族大学	2006 年	79 人（2019 级 23 人、2020 级 17 人、2021 级 22 人、2022 级 17 人）	每年招生	3＋1
云南红河学院	2012 年	100 人（2019 级 30 人、2020 级 22 人、2021 级 21 人、2022 级 27 人）	每年招生	3＋1
广东外语外贸大学	2013 年	37 人（2019 级 9 人、2020 级 8 人、2021 级 8 人、2022 级 12 人）	每年或隔年招生	3.5＋0.5
云南师范大学	2013 年	120 人（2019 级 35 人、2020 级 30 人、2021 级 22 人、2022 级 33 人）	每年招生	3＋1

（续上表）

学校名称	柬埔寨语本科专业成立时间	柬埔寨语专业本科生在校人数	近四年招生频次	培养模式（四年制）
广西外国语学院	2015 年	18 人（2019 级 15 人、2021 级 3 人）	每年招生	3 + 1
天津外国语大学	2017 年	11 人（2021 级）	四年一次	3 + 1
云南大学	2019 年	17 人（2021 级）	隔年招生	3.5 + 0.5

注：表中数据系笔者向相关学校咨询所得。本表不含军校，截至 2023 年 3 月。表 3 同。

相比之下，广外柬埔寨语专业发展稳定、规模适中。本专业在 2021 年成为省级一流本科专业建设点。[①] 此外，根据 2021 年和 2022 年软科中国大学专业排名，广外柬埔寨语专业连续两年位列 A+ 层次，在全国范围内排名第二。[②]

三、人才培养

广外柬埔寨语专业人才培养目标围绕国家"一带一路"建设需要、中柬关系发展需求、华南地区经济发展特点，在学校总的发展框架下，确定了本专业的目标定位——以本科教育为主体，积极创造条件，开拓相关专业领域，为华南地区乃至全国培养优秀的柬埔寨语专业人才，为国内各行业领域面向东南亚（柬埔寨）的双边合作提供语言服务和智力支持。

本专业基本学制为四年，大三学生赴柬埔寨交换学习半年或一年，旨在完成相应学业，提高语言运用能力，培养跨文化交际能力，成为既了解柬埔寨政治、经济、地理、历史和文化等基本国情，又掌握较强的英语基础知识与英语交际能力，熟悉一定的专业文化知识、调研与写作方法，能在相关领域从事翻译、教学、研究、管理工作的柬埔寨语和英语高级专门人才。

（一）人才培养模式改革

中华人民共和国教育部于 1998 年印发的《关于深化教学改革，培养适应 21 世纪需要的高质量人才的意见》文件中指出："人才培养模式是学校为学生构建的知识、能

---

① 广东省教育厅. 关于广东省 2021 年省级一流本科专业建设点名单的公示［EB/OL］.（2021 - 11 - 24）［2023 - 03 - 06］. http://edu.gd.gov.cn/zwgknew/gsgg/content/post_3671083.html.

② 2021 年中国大学专业排名［EB/OL］.［2023 - 03 - 06］. https://www.shanghairanking.cn/rankings/bcmr/2021/050214；2022 年中国大学专业排名［EB/OL］.［2023 - 03 - 06］. https://www.shanghairanking.cn/rankings/bcmr/2022/050214.

力、素质结构，以及实现这种结构的方式，它从根本上规定了人才特征并集中地体现了教育思想和教育观念。"[1]

本专业在建设之初实行原东方语言文化学院[2]倡导的"双外语、应用型、国际化"人才培养模式。"双外语、应用型、国际化人才"指的是具备高水平的"非通用语种＋英语"双外语能力，既牢固掌握专业知识，又具备应用能力和实践经验，全面了解对象国的基本情况，能在外事、经贸、文化、新闻、出版、教育、科研、旅游等部门从事翻译、研究、教学、管理工作的高级非通用语专门人才。[3]

"双外语"能力方面，本专业一直重视"柬埔寨语＋英语"的双外语能力训练，使学生既有扎实的柬埔寨语基础知识和熟练的听、说、读、写、译等技能，同时能掌握英语基础知识与英语交际能力，使学生具备较强的双语实际应用能力。根据不同年份的《柬埔寨语专业指导性教学计划》，本专业学生须修读的柬埔寨语课程和英语课程学分要求变化如表2所示：

表2　广外柬埔寨语专业学生外语课程学分修读要求

年份	总学分	英语课程学分（占比）	柬埔寨语课程学分（占比）
2014	180	44（24.44%）	93（51.67%）
2015	172	40（23.26%）	99（57.56%）
2017、2019、2020	173	40（23.12%）	99（57.23%）
2021、2022	173	32（18.50%）	95（54.91%）

从2021年开始，本专业学生所须修读的专业课程学分调整为95，英语课程学分调整为32，相应增加"跨学科微专业模块"（国际关系、法学、汉语国际教育、会计、经济贸易共五个模块）共10学分的课程，以供学生按个人兴趣和发展倾向进行选修。此外，学生也可以辅修其他专业。

应用型人才培养方面，针对相关语种专业教学研究与语言实践紧密结合的学科特点，柬埔寨语系从制定教学大纲伊始，就以准确性、实用性、时效性为标准制订教学

---

①　中华人民共和国教育部．关于印发《关于深化教学改革，培养适应21世纪需要的高质量人才的意见》等文件的通知（教高〔1998〕2号）［EB/OL］．（1998 - 04 - 10）［2023 - 03 - 06］．http://www.moe.gov.cn/srcsite/A08/s7056/199804/t19980410_162625.html.

②　2018年，广外对原东方语言文化学院进行调整，组建了新的东方语言文化学院、日语语言文化学院和亚非语言文化学院。

③　全永根，林明，周慧珊．"非通用语＋英语"双外语应用型国际化人才培养模式的思考［J］．东北亚外语研究与策略，2015，3（4）：67.

计划、选择教学资料。在教学过程中，本专业教师重视对应用型知识的讲解，尤其是将实用性知识融入教学内容之中。突出实践教学环节，通过校内外实践实习活动强化学生的实践运用能力，使学生能很好地把所学知识技能应用于工作实践，具备较高的岗位适应能力、应变能力和创新能力。另外，通过几年的教学探索和实验，我系总结了相关经验，目前已尝试将"学术性"指引纳入人才培养模式之中，引导学生开拓思维，学会分析和研究问题。从往届毕业生来看，有部分学生受此启发，本科毕业后选择继续攻读硕士学位，甚至立志从事学术研究。

国际化人才培养方面，本专业采用"3.5 + 0.5"国际化人才培养模式，全部学生在大三成建制派赴柬埔寨留学至少半年，学习对象国的语言，了解其社会文化，培养学生成为具有国际视野的专业人才。本系已与柬埔寨一流高校签订了学术交流框架协议，至今已与柬埔寨诺顿大学和金边皇家大学签署合作协议，并正在推进与柬埔寨皇家科学院的合作，以期以学生交流为合作起点，以高层次人才交流和科研项目开展为更高级目标，建立起多层次的学术交流体系。本专业 2014 级、2015 级和 2017 级学生曾在柬埔寨金边皇家大学交换学习一至两个学期，部分学生在此期间积极参加社会实践和企业实习，跨语种沟通的能力得到很大提升。

（二）实践教学

校内实践和校外实习是大学阶段的重要内容，可以让学生提高运用语言的能力，锻炼处理问题的能力，为学生日后就业打下基础。本系教师通过各种方式创造条件，让学生加入实践教学或鼓励学生完成校外实习。

目前，本系校内实践环节的教学方式形式多样，主要有课前发表、分组发表、课堂讨论、文学作品表演、柬埔寨语资料搜集与分析，以及毕业论文写作等。本专业"柬埔寨语概况""基础柬埔寨语""柬埔寨语口语""柬埔寨语笔译""柬埔寨语口译"等课程都有实践教学环节。在教学过程中，学生能按照要求完成课堂实践练习、课后实践性作业等，总体效果较好。本专业教师积极指导学生在本系微信公众号上发表课程作品，或将文学作品改编成戏剧，参加学院的戏剧大赛和文艺会演。

校外实习主要指毕业前的专业实习，一般安排在第四学年的下学期，实习时间为1~2 个月。目的是使本专业学生的语言学习能结合实际工作，提高自己的柬埔寨语口语表达能力、交际能力和翻译能力，为毕业后直接走上工作岗位打下基础。本专业学生在第三学年的上学期赴柬埔寨交换学习，在专业语言对象国学习就是很好的语言实践机会，因为对方学校开设了经济、贸易、旅游等实践性课程。本系与柬埔寨部分华商协会（如广东商会）建立了联系，为学生实习创造了条件。学生自己也容易在柬埔寨找到实习单位，利用课后空闲时间在中资企业做兼职。另外，学生还可以在学校的统一安排下到与其专业有关的"实习基地"参加社会实践工作。目前，我系与深圳市万悦国际旅行社有限公司签订了实习基地协议，并已与柬埔寨新媒体"柬埔寨头条（TNAOT）"和澜湄航空集团有限公司达成签订相关协议的意向。本专业教师会在学生实习前严格把关；在学生实习过程中，注意跟进和了解学生情况。学生实习结束后，须提交实习报告。

四、师资队伍建设

广外柬埔寨语系目前有中国教师三名，均拥有硕士学位和讲师职称，其中一位为在职博士研究生，另有聘用两名柬埔寨籍教师，目前在校生师比为37∶5。

近几年，本系面向全社会招募具有博士学位或拥有副教授及以上职称的专业教师。截至2023年3月，全国高校柬埔寨语专业暂无在职教授，仅有五名副教授，大多数教师是讲师和助教职称（如表3所示）。本系教师在积极申请攻读博士学位，以期自立自强，尽快提升本专业的师资力量和教研实力。

表3　全国高校柬埔寨语本科专业教师统计表（不含军校）

学校名称	教师人数（不含外教）	教师职称				教师学位		
		教授	副教授	讲师	助教	博士	硕士	学士
北京外国语大学	4	0	2	1	1	3	1	0
广西民族大学	5	0	0	4	1	0	4	1
云南民族大学	4	0	1	2	1	1	2	1
云南红河学院	3	0	0	1	2	0	0	3
广东外语外贸大学	3	0	0	3	0	0	3	0
云南师范大学	5	0	0	5	0	0	5	0
广西外国语学院	4	0	2	2	0	0	2	2
天津外国语大学	2	0	0	1	1	0	2	0
云南大学	3	0	0	0	3	0	0	3
总计	33	0	5	19	9	4	19	10

从专业背景来说，本系三位中国籍教师本科专业为柬埔寨语，硕士研究方向均为东南亚文化（研究），研究领域基本都是柬埔寨语言、文学和文化，同质化程度高。三位教师立志选择攻读博士学位的专业方向更加多元化，以期相互合理搭配、取长补短，

目前有一位老师在职攻读国际关系专业的博士学位。

目前本系五位教师（含柬埔寨籍教师）结合自身兴趣、教学习惯和研究方向等，所授课程各有侧重。苏华才老师主编《基础柬埔寨语（1）》《基础柬埔寨语（2）》等教材并讲授相关课程；周惠雯老师主编《基础柬埔寨语（3）》《柬埔寨语阅读》等教材并讲授相关课程；黎国权老师主编《基础柬埔寨语（4）》《柬埔寨概况》《柬埔寨语口译》《柬埔寨语笔译》等教材并讲授相关课程；柬埔寨籍教师则主要讲授"柬埔寨语口语""柬埔寨语视听""柬埔寨语写作""柬埔寨文学""高级柬埔寨语"等课程。

五、教学和科研

（一）教学

本专业旨在培养学生具有扎实的柬埔寨语基础知识和听、说、读、写、译的基本功，基本课程有"柬埔寨概况""基础柬埔寨语""柬埔寨语口语""柬埔寨语视听""柬埔寨语阅读""高级柬埔寨语""柬埔寨语笔译""柬埔寨语口译""柬埔寨文学简史及作品选读""柬埔寨报刊选读""柬埔寨语写作"等。

本专业建设时间较短，不足以进行系统全面的教学改革，但老师们在教学过程中对课程建设有较为清晰的想法。主要体现在以下三个方面：

（1）自编讲义，不同阶段的课程有明确的培养目标。本系不再使用外语教学与研究出版社1993年版"柬埔寨语"系列教材，而是自行编撰跟进时代发展和教学需求的讲义，充分考虑专业科目与学生的接受能力。如专业课"基础柬埔寨语（1）"偏重柬埔寨语语音教学和文字书写规范；"基础柬埔寨语（2）""基础柬埔寨语（3）"强调对词汇、句型和语法的掌握；"基础柬埔寨语（4）"则通过语言教学，加强学生对柬埔寨地理、历史、文化、政治、经济和国际关系等方面的了解。

（2）调整教学思路，分阶段、分科目采取"应用＋研究"并存的人才培养模式。通过对2014级、2015级和2017级本专业学生的培养，本系目前调整了教学思路，在原有的基础上，尝试进行课程内容改革。例如："柬埔寨语阅读"和"柬埔寨语翻译"（笔译和口译）课程内容以应用为主，偏重实用性和时效性，紧跟柬埔寨政治、经济、社会的发展变化；"高级柬埔寨语"偏重从学术研究角度认识柬埔寨语言文化的发展演变，发掘其中蕴含的高棉民族意识，开拓学生的知识广度和思想深度；"柬埔寨语写作"课程则既重视应用文写作，也强调学术研究和写作能力的培养。这种教学模式既能加强学生思考能力、提高分析水平，也满足了部分学生继续攻读硕士学位和从事研究工作的需要。

（3）采用多媒体教学，积极开展实践教学。虽然本专业老师在教学内容上注意增加趣味性，以降低初学者对语音学习的枯燥感，但久而久之学生不免还是对语言专业有倦怠感。在这种情况下，老师们几乎每次上课都采用播放 PPT、图片、音频和视频等方式，增添课堂新鲜感，并增加与学生的互动。本系还开通了微信公众号，供学生平时发表习作，提倡大三学生在柬埔寨进行浸入式观察或实地调研，加强对当地文化和事物的感知度。口译课安排在同传室和虚拟仿真实验室，并适时增加课外现场翻译教学内容，培养学生的翻译实践功能、现场适应能力。

（二）科研

在完成上述教学任务之外，本系教师也注重科研。柬埔寨语系成立十年以来，三位中国教师累计发表论文十余篇，出版专著一本、译著三本，参与了多项课题研究，并计划于近年出版"基础柬埔寨语"系列教材。此外，本系教师也注重服务社会，先后多次为党政机关、军事部门、企业等单位提供口译、笔译、考试和接待等服务。

教师队伍的建设是专业发展的核心。在现有教师队伍的基础上，通过在职攻读博士学位提升师资水平，并按计划、分步骤地引进高层次专业人才。同时，积极参与教学改革和科研工作。本专业教师将继续合作编写教材，参与科研项目，努力在自己擅长的领域做更多的开拓，力争取得更好的成绩。

六、培养成效

中国与柬埔寨两国友谊深厚，早在 2010 年就达成建立全面战略合作伙伴关系。在"一带一路"建设背景下，中柬合作在各领域全面开花，中国已成为柬埔寨最大的投资国、援助国和游客来源国。在这种情况下，柬埔寨语专业毕业生就业前景十分广阔，一般去向为各级外交（外事）、公安、安全等行政和事业单位，银行、电力能源和工程建设等国有企业，军校、大学、研究所等高等教育机构，以及通信、传媒、房地产、外贸、投资等民营企业。

截至目前，本专业已培养了 2018 届、2019 届和 2021 届本科毕业生，升学和就业质量好。总体而言，本专业毕业生就业率高、就业单位和岗位形式多样、学生满意度较高；攻读硕士学位的学生人数多、录取学校好、专业相关度高。

就业方面，本专业本科毕业生去向有中华人民共和国外交部、广州市公安局、深圳市公安局等政府机构，中国建设银行等金融机构，富力集团、澜湄航空集团有限公司等在柬埔寨投资的民营企业，从事工程开发和建设的国有企业，中国人民解放军陆军工程大学、中国人民解放军陆军特种作战学院等军事院校，云南大学、闽江师范高等专科学校等高等教育机构。

升学方面，本专业每届本科毕业生中都有人攻读硕士研究生，大多就读与本科相关的专业，如国际关系学、语言学、"小语种" ＋会计学，就读的院校有中山大学、广外等国内高校，以及荷兰莱顿大学，英国伦敦国王学院、南安普敦大学和林肯大学等国外高校。

七、质量保障

柬埔寨语专业一直很重视教学质量的提高，积极向其他专业学习，制订科学的教学计划并严格执行。十年来，本系教师将教学计划的要求落实到教学的每一个环节，使学生的专业素养达到了教学计划所要求的培养目标。

本专业教学分阶段有不同的培养目标。一年级为基础阶段，主要培养学生的柬埔寨语发音和文字书写基础；二年级为积累阶段，主要让学生积累大量词汇，掌握基本语法，学习文化基础知识，了解柬埔寨的基本国情，培养阅读和视听方面的能力；三年级为提升阶段，学生在柬埔寨接触全柬语教学，提高口语表达和写作能力，参与社会实践和工作实习，锻炼实地调查能力；四年级为专业应用阶段，学生须具备口译和笔译等应用能力，并掌握基本的资料搜集、研究分析和学术写作能力。

教学计划执行情况主要表现在五个方面：①在重视和加强基础知识与理论教学的基础上，增加应用方面的课程，开设多样化的专业选修课程，以拓展学生的专业知识范围；②突出实践教学环节，重视训练学生运用语言的能力，发挥学生的主观能动性；③优化教材内容，改革教学方法及手段，调动学生学习的积极性，教师为学生创建开放的学习环境，使学生敢于主动提出自己的观点，师生之间的交流得到加强，学生的创新意识也得到提升；④充分利用现代化教学手段，改变过去单一的授课模式，努力探索教学方法的改革，提高教学效果；⑤严格按照教学计划和教学大纲的要求执行教学、实践、评价等各个环节，对学生的毕业要求进行严格把关。

八、问题与对策

广外柬埔寨语专业坚持以学生为导向，以深化教学改革为动力，以"3.5＋0.5"的人才培养模式为特色，加强专业基础建设，在人才培养模式创新、教材建设与利用、教学改革、实践教学及科学研究等诸多方面倾注了大量的精力，取得了明显成效。但仍存在不少问题，主要体现在以下五个方面：①师资结构不合理，教师队伍整体年龄较轻，梯度不够明显，总体学历和职称较低，缺乏中年骨干教师和高职称教师；②青年教师科研能力比较薄弱，科研成果不够突出；③人才培养方案有待完善，课程设置需要优化；④专业教材、工具书和图书资料不健全；⑤学生缺乏高质量的实践实习平台，语言应用能力还需提升。本专业试图从以下四个方面解决上述问题。

（1）加强本专业师资力量的建设。

本专业共有专任教师三名，聘用柬埔寨籍教师两名，资历和职称方面没有梯度，存在诸多不足，如教师人数少、学历低、职称低，科研能力弱，研究领域单一，都侧重于柬埔寨语言文化研究。因此，本专业需着力抓好师资队伍建设，逐步优化师资队伍结构，积极引进人才，特别是具备博士学位、高级职称、丰富的教学和研究经历的高层次人才。鉴于国内本专业拥有博士学位和副高级以上职称的教师较少，故本专业师资建设的关键在于目前在职教师的能力提升，要积极攻读博士学位，且尽可能地考虑历史学、人类学、国际关系学、区域国别研究等不同专业方向，实现优势互补，力争成为国内柬埔寨语专业最强的师资团队。

（2）提升科研能力，产出高质量的科研成果。

教师自身要通过攻读更高学位、申请项目课题、勤读善思多写，达到快速成长。亦需要在其他教授的带领和指导下，通过"传帮带""一对一"等方式，积极参与共研项目。努力把教学和科研有机结合起来，以科研带动教学。打造合理的科研团队，积极申报各级项目，努力提升职称。力争本系教师每人每年至少发表一篇高质量论文，多出翻译和研究成果。

（3）优化课程设置，编写和完善专业教材。

目前本专业在校生正试用本系制定的第三版和第四版人才培养方案。因师资和教材因素，该方案在专业课程门类和课时设置方面不尽科学全面，部分课程内容滞后，需要随时代和社会发展更新。另据学校总体要求，从2021年起英语课程和跨学科微专业的学分进行了相应调整，影响到专业课程安排。因此，本专业将顺应国家"一带一路"建设需要、经济社会的发展需求和时代特征，根据自身的实际情况，优化教学内容和课程设置。2021版和2022版专业人才培养方案进一步贯彻学分制改革思路，增加专业选修课的数量，以供学生选择；提升课程质量，每门课程力争以"金课"标准进行建设；参照发达国家建设小语种的做法，将语言教学与区域研究相结合。[①] 不断完善课程体系，使学科建设取得新进展。

教材是课程内容的主要体现形式，教材建设是课程建设的主要环节。目前，全国的柬埔寨语专业基础（精读课）教材内容陈旧，近三十年来没有新的基础教材出版，而柬埔寨语口语、听力、翻译等系列教材空缺，故本专业多数课程采用自编散页讲义。本专业教师一直在与柬埔寨籍教师合作，边教学边修订完善拟出版的教材，《基础柬埔寨语》《柬埔寨语口语》《柬埔寨语笔译》等教材的出版已提上议事日程，为努力建设

① 张天伟. 美国高校国家外语能力建设的经验与启示：哈佛大学案例分析 [J]. 中国外语教育，2016（1）：3 - 11.

省级一流本科专业点，并早日成为国家级一流本科专业建设点打下坚实基础。

（4）加强对外联系，增加学生实习基地，提高学生语言应用和实践能力。

截至目前，本专业尚未建立对口的专业实习基地，不利于高年级学生提高实践能力。本专业积极利用广东各地方言和侨乡优势，拟与部分在柬埔寨投资的中资企业签订建立实习基地的协议，下一步将开拓与柬埔寨广东商会、潮州会馆、广肇会馆等协会组织的联系，积极寻求与更多企业签订合作协议，建立专业对口的实习基地。

九、结语

广外是广东省唯一开设柬埔寨语专业的高校，能够为广东省乃至全国与柬埔寨在政治、经济、文化等方面日益频繁的交流、"一带一路"建设提供语言服务和智力支持。经过这几年的努力，柬埔寨语专业建设已经初具成效，人才培养模式逐渐完善，教学体系日趋健全，教学效果不断提升，学生的专业水平得到了兄弟院校和社会各界的一致认可，已成为国内重要的柬埔寨语专业人才培养基地。

本专业目前师资力量较为薄弱，年轻教师面临继续深造和提高教学科研业绩的压力。尽管面临着种种困难，但一直稳步推进师资建设、学生培养、教学研究、教材编写等方面的工作，专业实力位居国内同类专业的前列。我们有信心也有能力把柬埔寨语专业建设成为专业特色更鲜明、课程体系与教学管理更完善、整体教学水平和学生培养质量更高的"一流专业"。

广东外语外贸大学缅甸语专业内涵建设与发展报告

吴　迪*

摘　要： 随着"一带一路"倡议的提出与落实，全国多所高校陆续增设缅甸语专业。广外缅甸语专业于2013年获批成立，在建设粤港澳大湾区、推动中缅全面战略合作伙伴关系不断发展、构建中缅命运共同体的大背景下，广外缅甸语专业紧跟时代步伐，积极推进专业内涵建设与发展，在人才培养、师资队伍建设、教学改革、人才培养模式改革、实践教学等方面取得了一定成绩。

关键词： "一带一路"；缅甸语；专业建设

广东外语外贸大学（以下简称"广外"）是一所国际化特色鲜明的重点大学，是华南地区国际化人才培养和外国语言文化、对外经济贸易、国际战略研究的重要基地。自1965年建校以来，广外为国家外交事业和经济发展培养了大量优秀的外语人才，做出了重要的贡献。在大学定位的框架下，广外缅甸语专业于2013年获批成立，至今已有10年历史。面对新时代高等外语教育的新使命与新要求，总结专业内涵建设现状、制订科学的发展规划、对比研究国内其他兄弟院校的发展现状，有利于推动缅甸语专业教学研究，进一步实现人才培养模式的优化。

一、新中国成立后的中国缅甸语专业发展概况

缅甸语是缅甸联邦共和国的官方通用语，属汉藏语系藏缅语族缅语支，使用人口约5 000万，约占缅甸人口总数的80%。缅甸语起源于公元前，于20世纪进入现代缅甸语时期，基本形成以中部方言为基础方言、以仰光—曼德勒方音为标准音的缅甸民族共同语。缅甸语使用人口众多，历史悠久，又有极为丰富的文字记载，对研究汉藏语系诸民族的政治、经济、历史、文化等也具有重要意义。

---

* 吴迪，广东外语外贸大学东方语言文化学院缅甸语系讲师，亚非语言文学专业东南亚研究方向博士研究生，主要研究方向为缅甸文学、历史。

新中国成立后，北京大学东语系最早创办缅甸语专业，其前身是国立东方语专的缅甸语科，1949 年并入北京大学东语系。从 1949 年至今先后招收了本科生 20 余届，招生规模稳定在四年一招。北京大学缅甸语专业现有副教授 2 人，讲师 1 人，主要从事缅甸语教学和缅甸文学、历史与文化等方面的研究，相继开设面向本科生、研究生的缅甸语言、文学、文化、历史、现状、经济等 20 多门课程。

北京外国语大学缅甸语专业创建于 1962 年，长久以来本科生招生规模保持在四年一招。北京外国语大学缅甸语专业现有副教授 2 人，讲师 1 人。北京外国语大学缅甸语专业的培养目标是为我国的外交、对外文化、对外交流、对外贸易、对外新闻、对外军事和其他涉外领域培养德、智、体全面发展并掌握缅甸语和英语的复语型、复合型人才。

云南民族大学在 1993 年 9 月开始招收第一批缅甸语专科学生，1998 年招收本科生，2003 年首次招收硕士研究生。云南民族大学缅甸语专业定位为应用型，秉承对接国家战略，培养服务于"一带一路"建设及"澜湄合作"所需的缅语人才。目前在职教师 6 人，其中教授 2 人、讲师 2 人、助教 2 人。出于地缘优势，云南省和缅甸之间存在着广泛的合作，随着双边交流日益密切，云南省对缅甸语人才的需求量也相对较大，招生规模也较为稳定。

广西民族大学缅甸语专业于 2005 年开始招收本科生。现有在职教师 5 人，其中讲师 3 人、助教 2 人。自创办以来，在教研室教师的共同努力下，通过引进教学经验丰富的缅甸外教，优化专业课程设置，加上广西壮族自治区东盟博览会的影响及政府各方面的扶持，广西民族大学缅甸语专业在全国的影响力不断扩大。

缅甸语专业办学时间较长、影响力较大的院校还有中国人民解放军战略支援部队信息工程大学（原中国人民解放军外国语学院，以下简称"信息工程大学"）、南京国际关系学院这两所军事院校。信息工程大学缅甸语专业成立于 1959 年，南京国际关系学院缅甸语专业成立于 1970 年。

2010 年后，随着我国对外开放的进一步要求以及"一带一路"倡议的提出与实施，加上中缅之间各领域的合作加深，缅甸语专业在全国蓬勃发展。截至 2023 年 3 月 1 日，包括广外、云南大学、云南师范大学、天津外国语大学、四川外国语大学、贵州大学等院校在内的 20 所本科院校和 3 所专科院校已开设缅甸语专业，具体开办院校及相关情况见表 1。目前我国缅甸语教学及人才培养已取得不错的成绩，为各行业输送了大批人才。①

---

① 吴迪. 民盟执政以来中国与缅甸的人文交流及前景［D］. 广州：广东外语外贸大学，2018：17.

表 1 全国缅甸语专业开办情况一览表①

序号	学校名称	缅语专业成立时间	首次招收硕士研究生时间	首次招收博士研究生时间	有无编制内缅语导师
1	北京大学	1942	1984	1997	√
2	信息工程大学	1959	1999	2004	√
3	北京外国语大学	1962	2001	—	√
4	南京国际关系学院	1970	2003	—	—
5	云南民族大学	1993	2003	—	√
6	云南大学	1993（初办）2013（复办）	2014	—	√
7	滇西科技师范学院	2003	—	—	—
8	广西民族大学	2005	2006	—	—
9	西双版纳职业技术学院	2005	—	—	—
10	保山学院	2009	—	—	—
11	德宏师范高等专科学校	2009	—	—	—
12	云南司法警官职业学院	2010	—	—	—
13	云南师范大学	2011	2019	—	√
14	玉溪师范学院	2011	—	—	—
15	红河学院	2012	—	—	—
16	广东外语外贸大学	2013	—	—	—
17	天津外国语大学	2013	—	—	—
18	云南财经大学	2016	—	—	—
19	大理大学	2017	—	—	—
20	普洱学院	2018	—	—	—
21	四川外国语大学	2018	—	—	—
22	贵州大学	2020	—	—	—
23	云南农业大学	2020	—	—	—

① 数据来源：2021 年 11 月第一届全国大学生缅甸语演讲大赛会务手册（中国非通用语教学研究会主办）。

二、人才培养目标及服务面向

为满足国家"一带一路"建设，尤其是"21世纪海上丝绸之路"和"孟中印缅经济走廊"建设发展对缅甸语人才的需求，面对广东省率先实现现代化，华南地区经济飞跃发展以及粤港澳大湾区建设的新形势，广外缅甸语专业在大学定位的框架下，根据区域市场需求和广东省国民经济发展特点，确定了本专业的定位是为粤港澳大湾区乃至全国培养适应市场的缅甸语专业人才。

（一）培养目标

在人才培养方面，本专业采取双外语、实践型、国际化教学模式，使学生具备更高的缅甸语、英语水平和更强的缅甸语、英语实际应用能力。培养学生不仅要具备扎实的缅甸语语言基础知识和听、说、读、写、译的基本功，具有缅甸地理、政治、经济、历史和文化概况等专业相关方面的知识储备，同时也要有比较广泛的科学文化知识，掌握较强的英语基础知识与英语交际能力，成为能在外事、经贸、文化、新闻出版、教育、科研、旅游等部门从事翻译、研究、教学、管理工作的缅甸语/英语高级专门人才。

本专业学生主修缅甸语，辅修英语。学生入校前两年为专业基础学习阶段，主要进行语言基础知识的学习和巩固。第三学年上学期前往缅甸接受全缅甸语教学，学习语言、对象国历史、国情和文化知识。在第三学年下学期及第四学年的高级专业能力学习阶段中，学生将学习口译、笔译、写作、文学史、文学作品选读等高级课程，进行高阶语言能力培训，提升文学、文化素养。此外，本专业要求学生参加全国大学英语四、六级考试并取得成绩报告单。通过辅以计算机/网络教学等技能的全面系统的学习与实践，使学生具备更高的缅甸语/英语水平和更强的缅甸语/英语实际应用能力。

（二）特色与优势

广外是广东省唯一开设缅甸语专业的院校，缅甸语专业于2021年11月获批成为广东省一流本科专业建设点。本专业坚持以培养实践型国际化复合型人才为目标，以深化教学改革为动力，以"3.5＋0.5"的人才培养模式为特色，加强专业基本建设，在人才培养模式的实施、教学软硬条件的建设与利用、教学改革、实践教学及科学研究等诸多方面倾注了大量的精力，取得了明显成效。主要特色与优势如下：

（1）双外语：重视"缅甸语＋英语"的双外语能力训练，使学生既有扎实的缅甸语语言基础知识和熟练的听、说、读、写、译等技能，同时能掌握较强的英语基础知识与英语交际能力。

（2）实践型：本专业突出实践教学环节，通过校内外实践实习活动强化学生的实践运用能力，使学生充分将所学理论知识技能应用于工作实践。具备较高的岗位适应能力、应变能力和创新能力。

（3）国际化：自成立以来，本专业与缅甸全国排名第一的高校——仰光大学签订了学术交流框架协议，以学生交流为合作起点，以高层次人才交流及科研项目的开展为高一级目标，建立起多层次的学术交流体系。采用"3.5＋0.5"国际化人才培养模式，学生在大三上学期成建制派至缅甸仰光大学留学半年，沉浸式学习对象国的语言，了解其社会文化，培养学生成为具有国际视野的专业人才。此外，本专业多次成功举办国际学术交流活动，邀请国外专家、学者、作家等到学校讲学，取得丰硕成果。例如，2019 年 7 月，本专业获学校"海外名师项目"立项，邀请了缅甸著名语言学家吴昂敏乌教授至学校开展为期一周的学术讲座与交流，受到广大师生的好评。

（三）服务面向

本专业以主动适应人才市场需求和我国经济社会发展需要为出发点，服务于"21世纪海上丝绸之路""粤港澳大湾区"建设，抓住机遇，促进发展，高度重视教学内容和课程体系的建设，积极引进现代教育技术，采用科学教学方法，不断提高学术水平和办学层次，实现教学科研型办学模式，全面提高教学质量，坚持以立德树人为核心，着力培养"会语言、通国家、精领域""一精多会""一专多能"的高层次、复合型社会主义缅甸语专业人才，争取把我校缅甸语专业建设成全国一流的缅甸语高级专门人才培养基地。同时本专业将以本科生教育为主体，不断增强师资力量，努力建设一支结构合理、业务水平高的教师队伍，并组建致力于缅甸语言文学文化研究的专业团队。

三、历届学生人数及生源情况

（一）历届学生人数

自本专业 2014 年开始招生至 2023 年 3 月 1 日，共招收 7 届本科生，学生总人数为91 人。本专业招生规模为一年一招（2016 年与 2018 年因专业教师进修暂停招生），2014 年、2015 年计划招生人数为 20 人，2017 年起按照学校招生政策调整招生人数至12 人，实施小班精英化教育（具体历届招生人数见表 2）。

表 2 广外缅甸语专业历届学生人数

（单位：人）

招生年份	招生总人数	女生人数	男生人数
2014	18	14	4
2015	20	17	3
2017	12	11	1
2019	10	8	2
2020	11	8	3
2021	9	7	2
2022	11	9	2

为了解其他兄弟院校的缅甸语专业招生情况，笔者对 4 所院校近 4 年的计划招生人数进行了调研。通过对比研究发现，云南民族大学与广西民族大学两所开办缅甸语专业较早的院校近 4 年招生规模相似，稳定在一年一招，招生人数在 20～25 人；2013年与广外同年开办缅甸语专业的云南大学招生规模也是一年一招，招生人数大于广外，在 20 人左右；而另一所同年开办缅甸语专业的天津外国语大学招生规模则较前面几所少，计划隔年招生，但具体会根据学校招生政策进行调整，招生人数为 15 人左右。[①]

在国内其他开设缅甸语专业的高校中，除北京大学、北京外国语大学招生规模稳定在四年一招外，其他高校（不含军事类院校）的招生规模大部分固定在一年一招或隔年招生，计划招生人数大部分在 12～25 人，个别学校（如云南师范大学）计划招生人数达 60 人。目前全国缅甸语专业在校本科生人数已逾 1 100 人。[②]

通过以上对比可以看出，不同地区的高校在制定缅甸语专业的招生规模时有不同的侧重，主要与各校的人才培养目标、地缘区位和服务面向相关。目前广外缅甸语专业的招生规模与我们的人才培养目标相匹配，小班精英化教学一方面能保证我们培养的学生专业知识水平过硬，满足各类用人单位的要求；另一方面也能促进师生之间的人文关怀建设，实现素质教育。

（二）生源情况

广外是广东省属重点大学，在每年的招生计划中，省内生源与省外生源的比例大约在 5∶1。在 2014 年、2015 年的招生计划中，缅甸语专业的省内与省外生源比例为 17∶3，

---

① 数据来源：云南民族大学、广西民族大学、云南大学、天津外国语大学官方网站。

② 数据来源：由笔者整理自相关材料。

生源以广东省内考生为主。结合非通用语种的现状及用人单位的需求，学校在 2017 年调整了非通用语种专业的招生计划。除了将本专业招生人数从 20 人调整至 12 人外，省内省外生源比例也调整为 7∶5，省外生源占比大幅提高。

同样以前面所选 4 所院校近 4 年的生源数据作为样本进行对比可知，云南民族大学是教育部、国家民族事务委员会与云南省人民政府共建的省属重点大学，云南省内与省外生源比例大概在 9∶1；同在云南省的云南大学是教育部与云南省"部省共建"的全国重点大学，是我国首批入选"一流大学"建设的高校之一，省内与省外生源比例约为 1∶1；广西民族大学是国家民族事务委员会和广西壮族自治区人民政府共建高校，是广西壮族自治区重点建设高校，自治区内与自治区外生源比例大概在 4∶1；天津外国语大学是天津市属重点院校，市内与市外生源比例为 1∶13。[1]

四、师资队伍发展情况

2013 年成立初期，本专业专任教师为 3 名本科学历的青年教师，面临师资结构不合理、缺乏高职称高学历的专业带头人、教师学历层次有待提升及教师科研能力较薄弱等问题。10 年来，在学校的支持与学院的帮助下，本专业的师资问题得到较大改善。本专业先后引进了 6 位高职称高学历的外籍专家担任外教，同时还聘请了业内著名的缅甸语言文化、国别与区域研究专家作为本专业的客座教授，定期为本专业师生举办学术讲座，指导本专业的建设与发展。在学院"传帮带""一对一"等方式的扶持下，同时依托亚非语言文学专业硕博研究生培养体系，本专业青年教师的学历得到提升，科研水平也有了较大的进步。

目前广外缅甸语专业教师共 6 人，其中中国教师 3 人，缅甸外教 3 人。从职称及学历结构上看，本专业所有教师均具备讲师及以上职称和硕士及以上学位，2 名外教具备教授职称和博士学位，3 名中国教师中有 2 名为在读博士生。2013 年至今，本专业教师共出版学术译著 5 部，发表学术论文及译文 20 余篇，获各级成果奖 10 余项，主持及参与各级各类项目课题 10 余项。

据统计，全国缅甸语专业教师（含编制外教师、不含外籍教师）共 86 人，分布在 20 所本科院校和 3 所专科院校中（详细数据见表 3）。教授 4 人，均有博士学位，占教师总数的 4.65%；副教授 11 人（含 4 位博士），占教师总数的 12.79%；讲师 38 人（含 4 位博士），占教师总数的 44.18%；助教 33 人（无博士），占教师总数的 38.37%。教师博士率 13.95%（12 人），硕士率 61.63%（53 人），学士率 24.42%（21 人）。

---

① 数据来源：云南民族大学、广西民族大学、云南大学、天津外国语大学官方网站。

表 3 全国缅甸语专业教师情况表①

（单位：人）

学校名称	教师数	教授	副教授	讲师	助教	博士	硕士	本科
北京大学	3	0	2	1	0	2	1	0
北京外国语大学	3	0	2	1	0	3	0	0
云南民族大学	6	0	4	1	1	1	5	0
广西民族大学	5	0	0	3	2	0	5	0
云南大学	6	2	0	2	2	2	4	0
云南师范大学	6	0	1	5	0	0	5	1
广东外语外贸大学	3	0	0	3	0	0	3	0
云南财经大学	3	0	0	3	0	0	3	0
红河学院	2	0	0	1	1	0	0	2
保山学院	7	0	1	2	4	0	3	4
大理大学	3	0	0	0	3	0	3	0
滇西科技师范学院	5	0	1	4	0	0	4	1
玉溪师范学院	3	0	0	2	1	0	3	0
普洱学院	2	0	0	0	2	0	2	0
四川外国语大学	2	0	0	0	2	0	2	0
天津外国语大学	2	0	0	1	1	0	1	1
贵州大学	3	0	0	0	3	0	3	0
云南农业大学	3	0	0	2	1	0	2	1
云南司法警官职业学院	2	0	0	2	0	0	2	0
德宏师范高等专科学校	9	0	0	1	8	0	0	9
西双版纳职业技术学院	2	0	0	0	2	0	0	2
其他	6	2	0	4	0	4	2	0
小计	86	4	11	38	33	12	53	21
占比	100%	4.65%	12.79%	44.18%	38.37%	13.95%	61.63%	24.42%

---

① 数据来源：2021 年 11 月第一届全国大学生缅甸语演讲大赛会务手册（中国非通用语教学研究会主办）。

从全国范围来看，广外缅甸语专业师资情况处于中上水平，优势在于所有教师的职称水平均在讲师及以上，整体年龄在职业生涯发展中处于上升期，具有较强学术潜力；缺点在于教师人数较少，年龄层分布不合理，缺少高学历高职称的专业带头人等。要保证专业计划的实施，教师队伍的建设是一个核心环节。广外缅甸语专业将在优化现有师资结构的基础上，通过引进高层次人才、鼓励现有教师继续提升学历职称、聘请校外专家担任导师等方式，按计划分步骤提高师资水平。本专业的全体教师也将继续深耕钻研，积极参与教学改革和科研工作，力争取得更好的成绩。

五、人才培养模式改革的成果及举措

（一）逐步完善人才培养方案

2015 年，广外实行完全学分制改革，本专业在借鉴其他院校及本校其他老牌专业经验的基础上，根据本专业自身特点和市场对人才的需求状况，对本专业的人才培养模式及教学大纲进行了改革和完善：加大精读课的学分和学时，增加英语课程的比重；将"缅语视听说"课程拆分为"缅甸语口语"和"缅甸语视听"；取消部分与专业必修课重复的选修课，增加"缅甸语口译"等课程。调整后，人才培养方案更具完整性、系统性和科学性。

2017 年，本专业再次优化课程设置，丰富课程类型。希望学生在熟练掌握语言技能的同时，对缅甸政治、经济、文化、社会等各方面能有比较全面的了解。此外，本专业还增加了实践教学比重，合理分配各学期学分学时，减少大三上学期学分学时比重，配合"3.5 + 0.5"培养模式有效开展教学活动；减少大四下学期学分学时比重，配合学生开展专业实习，完成毕业论文（设计）。

随着非通用语人才培养模式的升级，各高校提出将语种建设与国别区域研究相结合，并进一步推进非通用语专业复语型、复合型人才的培养方式。[①] 2019 年，本专业在修改培养方案时增加大类选修课，开设"东方文化概论"课程。希望通过该课程培养学生的区域视野，尤其是对东南亚各国、东亚日韩等国的历史文化、语言文学、民俗传统等有一个区域性、整体性的认知，进而引导学生从国别理解区域，从区域考察国别，培养学生跨文化交际的能力、观察分析问题的能力。该课程要求学生在理解所学语言对象国语言文化的基础上，对整个区域的文化乃至整个东方文化都有基本的了解，学会从历史的、区域的角度对有关国家地区的社会文化现状进行理解、分析。

---

① 苏莹莹. "一带一路"非通用语人才培养模式的思考与探索［J］. 中国外语教育，2017（2）：3 - 7.

在广外《缅甸语专业 2021 版人才培养方案》中，本专业要求毕业最低总学分 173 学分，总学时 2 688 学时；其中必修课程 149 学分，占 86.13%；选修课程 24 学分，占 13.87%；实践教学 40 学分，占 23.12%（表 4）。新增加了 10 个学分的跨学科微专业课程，学生可以从国际关系模块、法学模块、汉教模块、会计模块、经济贸易模块当中选择一个学习，成为具备多学科知识体系的复合型人才。

表 4　广外缅甸语专业人才培养方案学分与学时一览表

课程类别		学时	学分	占毕业最低总学分的比例
通识课程	必修课	1 008	60	39.31%
	选修课	128	8	
跨学科微专业课程	必修课	160	10	5.78%
专业课程	专业必修课	1 136	71	54.91%
	专业选修课	256	16	
	专业实习与劳动		2	
	毕业论文		6	
必修课		2 304	149	86.13%
选修课		384	24	13.87%
实践教学		500	40	23.12%
毕业最低总学时		2 688		
毕业最低总学分		173		

（二）始终重视英语和计算机课程学时

本专业实行"专业＋英语"的双语制教学，经过不断完善已形成"非通用语种＋英语＋辅修专业"的人才培养模式，希望能通过这一模式增强学生的适应性和竞争力。"双语＋辅修"即要求非通用语种学生除主修本专业外，还必须修读英语，设置大学英语课程的总学分为 40 分，总学时达 640 学时。

此外，广外十分重视计算机基础课的教学，一二年级学生的计算机基础课教学时数保持在 48 学时。在信息化时代，加强计算机教学对完善学生的知识结构、培养学生的信息运用和处理能力，开拓国际视野，增强创新意识，实现复合型人才的培养目标具有重要意义。

（三）加强教学质量监控体系建设

教学质量监控就是有目的地对教学质量进行评价、监督，使教学质量达到人才培养目标预期要求。教学质量监控对教学效果起着监测与调控的作用，对提高教学质量意义重大。对此，学校设有教学质量管理评估中心，运用教评系统进行教师评学，学生期中、期末评教，建立听课制度，逐步加强教学质量监控体系建设。

建立教学质量监控机制的最终目的是通过对教学质量进行科学评价，实事求是地找出影响质量的因素，并提出改进措施，从而不断促进教学质量的提高。本专业重视教学质量监控体系下的课堂教学反馈，除学校组织的教师评学、学生评教外，本专业还定期向学生发放匿名问卷，调查各门课程的教学效果。专业教师也认真对待学生教学评价及同行听课评议，积极提升教学效果。

六、教学改革和课程建设情况

当下高校专业要通过走内涵建设的道路来实现发展，教学改革与课程建设是其中最重要的组成部分之一。自开办以来，广外缅甸语专业的教师围绕教学模式、教学手段、教学方法等方面进行了探索与改革，取得了一定成效，共获校级优秀教学奖4项、校级微课比赛奖项3项，主持省级教学改革项目1项、校级海外名师项目1项、校级教研项目5项、校级"质量工程"培育项目1项，指导校级本科生创新创业项目2项。

（一）教学改革

首先，转变传统教学观念，在专业课程中融入新的教学模式。随着互联网与科技水平的飞速发展，新兴的教学模式促成了新的教育变革，"线上课程""慕课""微课"等开放式教学模式的出现要求我们主动去探索新的教学组织方式。本专业在多门课程（如"缅甸概况""缅甸语视听"系列课程等）中广泛结合多媒体形式，采用线上线下结合的混合模式进行授课，拓展了辅助性课程教学，丰富第二课堂。另外，本专业在部分课程（"基础缅甸语"系列课程）中引入语法"微课"，旨在向学生传输知识的同时提高学生的学习兴趣，提高知识的运用能力，取得了良好的教学效果。

其次，优化教学手段与教学方法，以"学生本位"为核心思想，激发学生的主观能动性。本专业坚持吸收翻转课堂教学理念，采取启发、互动等方式引发学生学习的主动性；注重课堂教学和实践活动的综合配套训练。同时围绕学生双外语能力和知识结构开展实践教学，整体优化、系统构建实践教学体系和教学内容，加大基础课程中的实践教学内容，提高实践教学学分在总学分中的比重，加强实践教学环节，从而提高学生语言实际应用能力。

最后，注重学生创新能力、科研能力及实践能力的培养。本专业积极指导学生开展各级大学生创新创业训练和创业实践项目，引导学生参与教师科研项目，指导学生第二课堂活动，包括专业技能比赛、戏剧大赛、东盟文化节、留学交流会等。以上活动不仅可以丰富学生的课余生活，巩固专业知识，同时也能增强学生的创新精神和实践能力。

本专业将继续深化教学模式改革，运用更多优秀的教学方法进一步提高教学质量与效果，同时创造机会组织学生参与更多省级、国家级的第二课堂活动。

（二）课程建设情况

2020 年发布的《高等学校课程思政建设指导纲要》提出，"立德树人"是高等教育的根本任务，课程思政是落实"立德树人"根本任务的战略举措，课程思政就是要将价值观引领寓于知识传授与能力培养之中。[①] 要完成这一根本任务，本专业需在目前的基础上探索新路径，接受新理念，树立新目标，更新教学内容，将课程思政切切实实落实到专业教学的全过程。

目前，本专业已申报 1 门课程思政示范课程建设 ["缅甸语阅读（1）"]、6 堂课程思政示范课堂建设 ["东方文化概论""缅甸语视听（1）""缅甸语视听（3）""缅甸语阅读（2）""基础缅甸语（2）""基础缅甸语（4）"]，并将努力争取把本专业打造为课程思政建设示范专业。本专业还将思政内容与第二课堂教学相结合，培养学生的家国情怀，拓展其世界视野，培养他们在跨文化学习中提高政治免疫力和思辨能力。

此外，本专业的"基础缅甸语"系列课程已入选校级"质量工程"培育项目，基于这一课程制作的微课曾获广外第四届微课比赛三等奖和第五届微课比赛二等奖。在建设本课程的同时，我们将继续完善与本课程配套的语法微课建设，对广外非通用语在线学习平台已上线的语法微课进行补充、扩展。在本课程的带动下，本专业的"高级缅甸语""缅甸语阅读""缅甸语笔译"等其他相关核心课程也将启动建设。

七、实践教学和实习基地建设

校内外实习实践是教学活动的一个重要环节，其目的是让学生在实践中提高运用语言的能力，锻炼实际工作能力，为就业开辟广阔的市场。

（一）校内实践教学

校内实验（实践）环节的教学方式形式多样，主要有实践课程、第二课堂以及毕业论文等。本专业课程中多门课程比如"缅甸语视听"系列、"缅甸语口语"系列、"缅甸语口译"等都有实践教学环节，并配备了完整的教学大纲、教学指导书等教学资料，在教学过程中，学生能按照要求完成课堂实践练习、课后实践性作业等，总体效果较好。

---

① 教育部关于印发《高等学校课程思政建设指导纲要》的通知 ［EB/OL］.（2020－05－28）［2023－03－05］. http://www.gov.cn/zhengce/zhengceku/2020－06/06/content_5517606.htm.

（二）校外实践实习

缅甸语专业校外实践实习活动主要内容包括：教学实践活动周、校外参观学习和专业实习等。缅甸语专业每个学期都给学生安排实践教学的环节。第1学期的"缅甸概况"安排1～2次实践教学；第2～4学期中，每学期都安排至少1次校外实践教学，实践地点与方式较为灵活，可以由教师统一联系安排实践，也可以由学生联系适合的单位或机构进行实践活动。本专业在第5学期成建制派学生赴缅甸留学，留学的过程也是语言实践过程。部分学生还有机会进入国外的实习基地实习，这对提高学生的语言能力、文化理解能力、实际运用能力大有益处。

本专业的专业实习一般放在第4学年，实习3～5周，目的是使本专业学生的语言学习能结合实际工作，在为对象国人士提供语言服务时，提高自己的缅甸语口语表达能力、交际能力和翻译能力，为毕业后直接走上工作岗位打下基础。本专业在学校和学院的指导下制定了相关的实习教学计划、实习指导书以及实习管理制度等，且为每名学生安排专门的实习指导教师，及时了解和掌握学生的思想和实习状况，关心实习学生的生活与安全问题，及时妥善处理实习过程中的突发事件，以保证专业实习的开展。实习指导教师根据学生的实习报告，以及学生在实习过程中的思想表现、遵守纪律情况和实习态度等，对学生进行实习考核。实习全部结束后对本系实习情况进行年度总结。主要要求有：熟悉外交礼仪，熟悉缅甸人的生活习惯，做到认真、大方、负责、诚恳、细心；严格按实习大纲要求，在实习导师和实习单位的指导下，做好实习工作；遵守实习单位的规章制度，注重树立自己及学校的良好形象等。要求参加完专业实习的学生提交实习鉴定报告1份、实习报告2份。

具体实习中，学生可以选择在学校的统一安排下到与专业有关的实习基地实习，也可以根据自己的兴趣自主选择单位实习。实习期间由实习单位和学校老师共同负责这些实习学生的实习、实践与安全教育。到各单位实习期间，学生必须遵守学院学生实习的相关规定、本专业的实习计划和实习单位规定的实习守则，服从学院、系和实习单位的安排。学生外出实习结束后，必须要求实习单位出具"实习鉴定"，对本人工作表现做出评价。该鉴定由实习单位用抬头信纸书写加盖单位公章，或者由接受学生实习服务的对象手写加其本人签名。

（三）校外实习实践基地建设情况

依托广外东语学院实习基地建设平台，本专业与多家校外单位签订了协议共建实习实践合作基地，如广西外事办公室、中山市出入境管理支队、广东凯捷数据服务公司、深圳市万悦国际旅行社有限公司等。此外，部分本专业学生也可根据自身需求及兴趣爱好，选择其他单位进行实习，如中国欧盟商会华南分会、腾讯科技（深圳）公司、宝洁公司等。

通过组织学生进行实践教学和专业实习，不仅有效地提高了学生理论联系实际、实际运用语言的能力，巩固了专业知识，开阔了视野，而且使他们学到了专业外语以外的其他知识。本专业将加强与国内外高校及用人单位的合作，建立更多实习实践基地。

八、毕业生就业率及主要去向

本专业毕业生初次就业率达到 100%，升学人数比例较高。在已毕业的 2018 届、2019 届、2021 届共 50 名毕业生中，有 9 人获得国内外知名高校硕士研究生入学资格，包括北京大学、中国人民大学、广外、深圳大学、香港中文大学、香港科技大学、日本早稻田大学、澳大利亚昆士兰大学等，升学率达到 18%。已就业毕业生中，有 1 人入职外交部，1 人入职中央广播电视总台，15 人入职各省、市公务员部门，2 人入职各省、市事业单位，1 人入职大专院校担任专职教师，30 人入职国企（如：四大银行）、世界五百强外企（如：宝洁公司）和知名民企（如：字节跳动、海康威视）等。

本专业升学及就业情况充分体现了广外非通用语种专业为国家大战略服务，为"一带一路"建设服务，为粤港澳大湾区建设服务的特性，呈现出高端就业和高升学率"双高"的优势。此外，根据毕业生培养质量跟踪调查，本专业毕业生口碑及外部评价良好。毕业生升学、就业对口率较高，主要去往国家部委、新闻机构、科研院所等单位从事与缅甸语专业相关的学习、研究与工作。

九、问题及对策

广外缅甸语专业自 2013 年成立以来，在学校和学院的支持与帮助及专业教师的不断努力下，各方面均逐步完善，虽取得了一定成绩，但也存在诸多问题与不足。广外缅甸语专业需从以下几个方面着手，全面提升人才培养水平，努力培养具有国际视野、通晓国际规则、熟练运用外语的国际化人才，以满足我国国际化进程中对于复合型外语人才的需求，满足各用人单位对优秀国际化人才的期待。

（一）师资队伍方面

师资队伍是学科建设的核心。目前本专业最明显的不足是师资力量薄弱，师资结构不合理，缺乏具有高职称高学历的骨干教师，教师队伍总体学历层次有待提升。与此同时，还存在教师科研能力比较薄弱，教学、科研成果不突出的问题。

在师资队伍建设方面，首先，本专业将积极向外引进人才，特别是具备博士学位的高学历、高职称人才，继续聘请 1~2 名长期外教和客座教授，健全师资队伍，完善师资结构；其次，依托广外东语学院亚非语言文学专业硕博研究生培养体系，提升青年教师学历水平，尽快实现教师100%具备博士学位；最后，通过"传帮带""一对一"等方式，加强对青年教师科研能力的培养，鼓励青年教师积极撰写论文，申报各级科研、教研项目，参加相关研讨会，提升业务水平，早日实现学历与职称的全面提高。

（二）人才培养与教学改革方面

本专业成立之初，根据国际化"非通用语+英语"的双外语人才模式制订了系统、科学、合理的本科人才培养方案。2015年，本专业按照学校学分制改革的要求，进一步优化了缅甸语专业本科人才培养方案。在2017、2019、2021版教学计划中，本专业在教学内容与课程建设方面做了不少调整，人才培养方案得到进一步完善。但仍有几个问题需要解决：一是部分课程教学模式较为传统；二是课程体系尚不够完善；三是课程之间仍缺乏连贯性。有鉴于此，我们将进一步深化改革，逐步调整教学内容，完善课程体系，不断改革教学方法，努力把教学和科研有机地结合起来，提高科研能力和教学水平，探索提高教学质量的新路子、新方法。

（三）教材与图书资源建设方面

近年来，随着国内缅甸语教育的扩大与发展，缅甸语教材建设也取得了很多成果。但是，总体来看，缅甸语教材仍存在部分课程类型教材不成体系、类型单一、教材内容陈旧等问题，不能完全满足当下缅甸语人才培养的需要。因此，本专业将结合既定人才培养方案和课程体系设置，不断加强课程教材建设。不但要把课程教材建设摆在学科建设的中心位置，把课程内容更新视为课程教材建设的重要环节，更要组成教材编写团队，加强专业教材的编写和出版工作，制订三年内的教材出版计划，编写出有自身特色的教材，进一步完善教材体系。在未来几年内陆续编写"初级缅甸语视听""旅游缅甸语教程""缅甸语口译教程"及"缅汉翻译教程"等系列教材，填补国内相关领域的空白，扩大本专业在全国范围内的影响力。

除教材外，图书资源建设也是专业建设的重要部分。在学校及学院的支持下，本专业图书资料建设已初具规模。本专业在成立初期充分利用学校新专业扶持计划的拨款，采购了中文版学术书籍1 000余册及缅文原版图书近200册。图书馆也积极购置相关文献及电子资源，已购缅文原版图书3 200余册。但由于缅甸语图书录入系统存在技术问题，目前这3 200余册原版图书中仅上架1 200余册，尚有2 000余册书籍仍在录入中。本专业将发动师生协助图书馆尽快完成图书上架。另外，本专业也将继续加强与粤港澳缅甸归侨、缅甸作家协会、缅甸出版机构及缅甸各大高校的交流合作，进一步扩充本专业图书资料，为本专业师生的学习和研究创造更优质的条件。

（四）国际交流方面

本专业已与仰光大学签订了合作谅解备忘录，累计派出 50 名学生赴该校留学，先后从该校聘请 4 名专家担任本专业外教，通过"海外名师项目"邀请该校 1 名缅甸语言文化研究首席教授到广外讲学。此外，缅甸高等教育访问团、缅甸作家团也曾到访学校，与本专业建立合作。但自 2021 年 2 月 1 日来，缅甸政治局势风云变化，给本专业的国际交流带来了巨大的挑战。本专业将继续探索新途径，落实与缅甸仰光外国语大学、曼德勒大学、曼德勒外国语大学等高校及研究机构的合作关系，创新国际合作模式，在确保本专业"3.5＋0.5"国际化人才培养模式长期有序开展的同时，深化双方在科研、学术资源共享、人才交流等方面的合作。

基于以上不足，本专业将在学校、学院的帮助和支持下，重点抓好本科生教学、师资队伍、人才培养模式、教材体系、国际交流等方面的建设，继续团结一心、携手并进、抓住机遇、促进发展，为创建全国一流的缅甸语人才培养基地不断奋斗。

广东外语外贸大学老挝语专业内涵建设与发展报告

刘颖君*

摘　要： "一带一路"倡议的提出为老挝语专业人才培养带来了新的发展机遇。为适应新形势下国家对于老挝语人才的需求，结合广东外语外贸大学发展战略和目标，老挝语专业应从多个侧面进行改革和完善，寻求具有自身特色的内涵建设与发展。本文通过梳理10年来广外老挝语专业发展历程，对学科设置、招生培养以及师资队伍等现状进行分析；并在剖析所存在问题的基础上，提出可行性对策，重在找出问题、做出整改、谋求发展。

关键词： "一带一路"；老挝语；专业建设

习近平总书记强调："要大力培养掌握党和国家方针政策、具有全球视野、通晓国际规则、熟练运用外语、精通中外谈判和沟通的国际化人才，有针对性地培养'一带一路'等对外急需的懂外语的各类专业技术和管理人才。""推进教育现代化不能忘记初心，要健全全员育人、全过程育人、全方位育人的体制机制，不断培养一代又一代社会主义建设者和接班人。"① 语言作为联络和沟通的基本工具，是实现基础设施"硬联通"、规则标准"软联通"、共建国家人民"心联通"的基础。推动"一带一路"建设高质量发展，要求各大高校尤其是外语类院校更加重视、更加优化外语人才的储备和培养。

一、专业历史发展概况

老挝语专业在我国的发展呈现出起步较晚、范围较窄、程度较低的特点。自中华

---

　* 刘颖君，硕士，讲师，广东外语外贸大学东方语言文化学院老挝语系教师，主要研究方向为老挝语言文学、文化。

　① 习近平. 论党的宣传思想工作 ［M］. 北京：中央文献出版社，2020：343 – 352.

人民共和国成立后至世纪之交，全国开设老挝语专业的院校仅 5 所，分别是北京外国语大学、广西民族大学、中国人民解放军外国语学院（现为中国人民解放军战略支援部队信息工程大学）、解放军国际关系学院昆明分院和云南省西双版纳职业技术学院。[①]其中属北京外国语大学和广西民族大学创办较早，分别创办于 1961 年和 1965 年。2003 年，云南民族大学东南亚语言文化学院（现为东南亚南亚语言文化学院）正式开设老挝语专业。[②]自 2013 年"一带一路"倡议提出，作为"21 世纪海上丝绸之路"沿线国家之一的老挝也更多地进入中国的视野，至此开启了中老两国政治、经济、文化等各方面全面友好合作的新篇章。为顺应国家战略和社会发展需求，国内开设老挝语专业的院校呈较大幅度增长：2013 年，广东外语外贸大学（以下简称"广外"）正式获批开设老挝语专业；同年，云南师范大学老挝语专业开始招收首届本科生；2020 年，云南大学获批开设老挝语专业。此外，正式设立或开设有老挝语课程教学的本科及专职院校还包括国防科技大学国际关系学院、云南农业大学、贵州民族大学、红河学院、海南外国语职业学院、普洱学院、昆明冶金高等专科学校等，共计 23 所院校。[③]

广外东方语言文化学院老挝语专业于 2013 年获教育部批准设立，2014 年 9 月正式开始招生，系 2015 年省级专业综合改革试点（东南亚语种）覆盖专业之一，于 2021 年 11 月获批省级一流本科专业建设点。

二、人才培养

（一）人才培养目标及服务面向

广外老挝语专业依据国家"一带一路"倡议、区域市场需求和广东省国民经济发展特点，在大学定位的框架下，确定了本专业定位：以本科教育为主体，积极创造条件，开阔相关专业领域，着力为华南地区乃至全国培养优秀的适应市场需求的老挝语专业人才；不断提高学术水平和办学层次，实现教学科研型办学模式；不断增强本专业师资力量，努力建设一支结构合理、业务水平高的专业教师队伍，并组建致力于老挝语言文学文化研究、区域国别研究且具有区域性乃至全球化视野的专业团队。

围绕本科生培养，本专业培养既具备扎实的老挝语语言基础知识和熟练的听、说、读、写、译等技能，全面了解对象国的基本情况，又具有较强的英语基础知识与英语

---

① 韦健锋，董泽林. 我国老挝语翻译现状：困境与出路［C］//外语教育与翻译发展创新研究，2012：130－134.

② 数据来源：北京外国语大学、广西民族大学、云南民族大学官方网站。

③ 数据基于 2021 年 7 月"第一届全国高校老挝语教学研讨会"召开时的信息数据汇总。

交际能力，并掌握一定的科研方法，能在外事、经贸、文化、新闻出版、教育、科研、旅游等部门从事翻译、研究、教学、管理工作的高级老挝语专门人才。本专业重视培养学生的实践能力，开设"老挝语口语""老挝语视听""老挝语口译"等实践教学课。学生主修老挝语，辅修英语，选修跨学科微专业模块课程，采取双外语、应用型、国际化教学模式，使学生具备更高的老挝语、英语水平和更强的老挝语、英语实际应用能力，具有全球化视野和人文关怀。学生入校后前两年为专业基础学习阶段，主要进行语言基础知识的学习和巩固；入学第三年将前往老挝留学，接受全老挝语教学，学习对象国语言、历史、国情和文化知识；第四年的高级专业能力学习阶段中，学生将接受口笔译、写作等高级语言课程授课，进行高阶语言能力培训，同时，注重启发学生拓宽视野，培养其从区域性乃至全球化的高度观察、思考和分析问题的能力。

（二）历届学生人数及生源情况

广外老挝语专业历届学生人数及生源的情况见表1、表2。

表1　广外老挝语专业历届学生人数

（单位：人）

年级	学生总人数	男生人数	女生人数
2014 级	18	1	17
2015 级	17	4	13
2016 级	16	3	13
2018 级	10	3	7
2019 级	10	1	9
2020 级	11	2	9
2021 级	12	2	10
2022 级	10	2	8

表2　广外老挝语专业历届学生生源情况

（单位：人）

年级	生源地									班级总人数
	广东省	广西壮族自治区	贵州省	云南省	湖南省	安徽省	黑龙江省	江西省	重庆市	
2014 级	15	1	1	1						18
2015 级	14	1	1	1						17
2016 级	9	1	2	1	1	1			1	16
2018 级	5	1	1	1			1	1		10
2019 级	6	1	1	1	1					10
2020 级	5	1	1	1	1		1	1		11
2021 级	4	1	1	1	2		1	2		12
2022 级	1	2	1	1	2		1	2		10

（三）人才培养模式改革

2013 年 9 月，中国国家主席习近平出访哈萨克斯坦时提出了共建"丝绸之路经济带"的倡议；同年 10 月，在对东盟国家进行访问时又提出了共建"21 世纪海上丝绸之路"的倡议。2015 年 3 月，中华人民共和国国家发展和改革委员会、外交部、商务部联合发布《推动共建丝绸之路经济带和 21 世纪海上丝绸之路的愿景与行动》。这为我国未来 10 年的经济发展指明了新方向，同时也为我国高等教育中外语人才的培养提出了新任务。经过一年的筹备，2014 年广外老挝语专业正式成立，并于同年 9 月开始招收首届本科生，立志为国家尤其是"中国的南大门"——广东省的经济发展需求提供的老挝语专门人才支持。彼时的本科生培养单纯以语言技能为主，即注重学生的老挝语听、说、读、写、译技能的提升。专业知识教育模块（含必修和选修）占总学分的51.67%。同时，也强调学生的英语水平，英语课程在人才培养方案中所占学分比重大，占总学分的 24.44%。

2016 年，国家"一带一路"倡议的推进为我国各大高校非通用语种的发展带来了契机，各大外语专业相关高校开始寻求优化人才培养模式的新路子，包括老挝语专业在内的广外各非通用语种开启"非通用语＋外语"双外语应用型国际化人才培养模式，着力推进专业教学与外语教学深度融合，培养"双高"（思想素质高、专业水平高）、"两强"（跨文化交际能力强、实践创新能力强），具有国际视野，通晓国际规则，能直接参与国际合作与竞争、有社会责任感的国际化人才。[①] 在 2015 版广外老挝语专业人才培养方案中，充分体现了以上特点，课程设置中，专业课所占比重为 57.56%，较之 2013 版专业人才培养方案，其所占比重更大；英语课程占比 23%。突出学生实践创新能力的培养，每门专业课都严格规定了实践学分的所占比重。

在 2018 年 9 月 10 日召开的全国教育大会上，习近平总书记强调："培养什么人，是教育的首要问题。我国是中国共产党领导的社会主义国家，这就决定了我们的教育必须把培养社会主义建设者和接班人作为根本任务，培养一代又一代拥护中国共产党领导和我国社会主义制度、立志为中国特色社会主义事业奋斗终身的有用人才。这是教育工作的根本任务，也是教育现代化的方向目标。"[②] 强调"要在坚定理想信念上下功夫，教育引导学生树立共产主义远大理想和中国特色社会主义共同理想，增强学生的中国特色社会主义道路自信、理论自信、制度自信、文化自信，立志肩负起民族复兴的时代重任。要在厚植爱国主义情怀上下功夫，让爱国主义精神在学生心中牢牢扎根，教育引导学生热爱和拥护中国共产党，立志听党话、跟党走，立志扎根人民、奉献国家。要在加强品德修养上下功夫，教育引导学生培育和践行社会主义核心价值观，踏踏实实修好品德，成为有大爱大德大情怀的人。"[③]

人才的培养，绝不仅是技能方面的培养，注重其文化认同感、归属感的引导和塑造是重中之重，尤其是对于学习外语专业的学生而言，增强其中国特色社会主义道路自信、理论自信、制度自信、文化自信是基础。因此，立足 21 世纪 20 年代的新起点，本专业将从以下几方面入手优化人才培养模式：

第一，立德树人，在每门课程中尤其是各门专业课程中融入思政内容，将思想政治元素，包括思想政治教育的理论知识、价值理念、精神追求等融入各门课程中去。

第二，开设中文、国学、中国文化、中国历史等课程，夯实学生对本国文化的理解和认识，增强其民族自豪感、文化认同感和自信心。

第三，注重培养学生的国际视野或跨文化意识，引导其从区域化乃至全球化视角看待、思考和把握问题，而不是单单将目光局限在老挝、老挝语范围内。对此，从

---

① 刘颖君. 非通用语专业国际化人才培养模式研究与实践：以广东外语外贸大学为例 [J]. 开封教育学院学报，2016，36（7）：137–139.

② 习近平出席全国教育大会并发表重要讲话. [EB/OL]. (2018–09–10) [2023–03–04]. https://www.gov.cn/xinwen/2018–09/10/content_5320835.htm.

③ 习近平出席全国教育大会并发表重要讲话. [EB/OL]. (2018–09–10) [2023–03–04]. https://www.gov.cn/xinwen/2018–09/10/content_5320835.htm.

2020 年开始，学院增设"东方文化概论"课，该课程开设于第二学期，面向大一年级新生，在其对所学专业概况有一定的把握后开课，由学院 8 个语种专业教师轮流为学生讲授相应对象国国情文化。通过该课程的学习，各专业学生都能对东南亚各国有一定的了解，有助于区域化乃至全球化思维和视野的形成，因此该课程深受学生欢迎。2021 版专业人才培养方案中，增设了"跨学科微专业"课程，课程内容涵盖国际关系、法学、汉教、会计、经济贸易等五大模块，学生可结合未来就业或深造方向及自身兴趣选修任一模块课程。此外，结合老挝语与泰语极其相似、老泰两国文化多有共通的特点，两专业学生在第七学期（即大四上学期）互开老挝语/泰语入门课，使学生具备一定的老挝语/泰语基础，接受除自身专业和英语以外的第三门外语，此种做法不论对学生从事科学研究、撰写毕业论文或是日后的就业、深造都大有裨益。

（四）教学改革和课程建设情况

自本专业正式招收首届本科生以来，在近 10 年的教学实践过程中，以国家教育政策方针、时代对人才的需求，以及经济、科技等领域的不断革新发展为引领，各位专业教师结合自身教学特点与各届学生的不同特点，不断进行教学改革和完善，但由于本专业设立时间尚短，尚未成体系地进行教学改革，目前仅教学模式和教学过程等方面有所改善。

1. 创新教学模式

改革原有的传统课堂教学模式，开创"线上"+"线下"混合式教学模式。广外老挝语专业的教学模式分为两个阶段：①自 2014 年 9 月开始招收首届本科生至 2019 年末，专业课程多采用传统的课堂教学模式，面授式教学，仅个别课程，如"老挝语视听""老挝语口译"等，因课程性质需要适当结合互联网进行部分线上教学，但多应用于课前预习、课后作业等环节；②自 2020 年初新冠肺炎疫情暴发至今，为贯彻教育部"停课不停教、不停学"的政策，各专业课程全面采用线上教学模式，教与学的各个环节均通过互联网完成。总体而言，仍是以传统的课堂教学模式为主，辅之以适当的信息技术教学。

虽然尚未系统采用"线上"+"线下"混合式教学模式，但教师在教学的过程中也认真贯彻教育部关于"互联网＋教育"的教学理念，课堂上尽量结合互联网辅助教学，提高教学效率，提升教学效果，同时培养学生自主学习、独立思考的能力与创造性思维。具体包括：

（1）课堂上采用多媒体教学。几乎每门课程均采用多媒体设备辅助教学，主要形式包括制作和播放 PPT，播放与教学内容相关的视频、音频或文字，尤其是上网课期间，所有教学环节如签到、授课、讨论、测试、期末考试等，均通过线上完成。

（2）指导学生进行线上自主学习。第一，要求学生通过线上资源自主预习和学习，资源可以是教师自行制作或推荐的，也可以是学生自行搜索的；第二，要求学生做pre，如"基础老挝语""高级老挝语""老挝概况""老挝语视听""旅游老挝语"课程均有此环节，学生以小组为单位就某一主题通过网络或图书馆进行资料收集、整理和分析，课上轮流进行展示，课堂展示过程中需要运用多媒体设备辅助；第三，开发网络教学资源。本专业教师积极参与广外非通用语微课建设项目，截至目前已基本完成老挝语语音部分的微课录制，后续还将进行老挝语语法等内容的录制，此后该系列微课将正式投入使用。同时，坚持以项目促科研，本专业教师积极申报以语料库建设、课程思政建设为基础的教学改革项目，进一步开拓和建设线上资源并取得一定成效。

（3）指导部分学生团队进行老挝语短视频录制或字幕翻译，扩充本专业网络视频资源。该团队（账号名称"GiMeBanggone"，署名"广外菜叶子字幕组"）主要由本专业2015级学生组成，主要负责人为蔡志敏同学。团队选取老挝语原创作品或部分与老挝相关的英文、泰语原创作品，内容涉及新闻、影视、音乐、旅游、文化、老挝语学习及其他网络短视频等，翻译并配上中文字幕，采取短视频的形式发布至哔哩哔哩视频网，传播老挝文化，同时也能有效锻炼学生的翻译、视频制作、组织协调等多方面的能力，还为今后的老挝语教学尤其是低年级学生的自主学习提供了丰富的线上资源。2017年至今，团队累计发布小视频100余条，目前拥有粉丝千余人，引起了兄弟院校老挝语专业师生及社会各界老挝语爱好者的广泛关注，原创视频播放量最高近30万次。自2021年11月始，本系2019级、2020级、2021级12名学生共同创立微信公众号"云山之寮"，在本系专业教师的指导下，于每周四晚准时推送与本专业相关的推文，内容涵盖社会、经济、文化、政治、学术、就业、深造等7大模块。该公众号创立的宗旨，一是方便老挝语学子了解老挝相关信息，减少专业信息壁垒；二是打造广外老挝语学子学习、锻炼及表达自我的平台；更重要的是，为增进中老文化交流、构建牢不可破的中老命运共同体贡献自己的微薄之力。截至目前，该公众号已发表推文近百篇，其丰富生动的内容、恰到好处的翻译、精妙绝伦的排版，收获了一大批关注和点赞，成为广外老挝语专业的一大品牌。此外，在"老挝语口译""老挝语笔译"教学中，教师主要采用分专题教学模式，将教学内容划分为政治、经济、文化、旅游、社会、科技、教育等多个模块，进行专题性教学，同时搭建相关语料库。自教授首届本科生始，开课之初教师即要求学生分组分模块进行相关主题单词、短语、段落或文章的收集整理，并定期将阶段性成果形成电子版汇总后上交给任课老师，再由教师进行统一梳理、入库。通过此方法，不但能使学生在语料的收集整理阶段积累和掌握相应的知识，教师还会在分专题教学之前将前期创建的语料库资源分发给学生，以扩充其词汇量和知识面。伴随着翻译课教学，上述语料库还在持续扩充和完善中。另外，自2020年开始，本系指定专门的专业教师负责与学校信息学院合作，共建老挝语语料库。

2. 优化教学过程

传统的课堂教学模式以教师课堂讲授为主，该方法对于教师而言其主要任务是对知识的传授，对于学生而言是被动接收为主，教师一味灌输，学生则缺乏主动性、探索性学习，导致教学效果欠佳。自2016年以后学校开始实施学分制改革以来，本专业大力优化教学过程，注重以学生为主体，激发其自主学习的兴趣和能力，课堂由传统的以教师讲解为主转变为以学生自主性表达和实践为主。例如，基础课堂上多让学生进行课前分享、课后分组做pre、就某个疑难点问题进行分组讨论和陈述，等等；口译课堂分主题授课，每个主题都设计有学生分角色进行模拟交传的环节，之后让学生对模拟翻译进行充分的评价，且在学期末均设计有让学生进入同传模拟间分组、分角色进行口译同传模拟的课堂。以学生为中心，满足学生的求知欲，增强其学习动力。

（五）实践教学和实习基地建设

实习实践是教学活动中的一个重要环节，其目的是让学生在各种实践中提高运用语言的能力，锻炼实际工作能力，为学生就业开辟广阔的市场。本专业实践教学分为校内实践教学和校外实践实习两个部分，具体如下：

（1）校内实践教学：校内实验（实践）环节的教学方式形式多样，主要有课堂讨论、角色扮演、分组做pre、老挝国情资料搜集与分析、毕业论文撰写指导等。老挝语本科专业的多门课程，如"老挝语视听""老挝语口语""老挝语口译""老挝语笔译""旅游老挝语"等都设置有实践教学环节，并配备了完整的教学大纲、教学指导书等教学资料，在教学过程中，学生能按照要求完成课堂实践练习、课后实践性作业等，总体效果较好。

（2）校外实践实习：老挝语专业校外实践实习活动主要指毕业实习。一方面，老挝语专业学生在第五、六学期成建制前往老挝留学，根据所获得奖学金项目类型的不同，留学时间也长短不一，少则半年，长则一年。其在对象国学习的过程本身就是很好的语言实践机会，部分学生还进入老挝的中资企业、中老合资企业等实习、见习，这对学生的语言表达、文化理解、实际运用能力大有裨益，另一方面，在第七、八学期还将安排学生进行专业实习。

本专业的专业实习一般安排在第四学年的下学期，实习时间为1—2个月。目的是使本专业学生的语言学习能结合实际工作，在为对象国人士提供语言服务时，提高自己的老挝语口语表达能力、交际能力和翻译能力，为毕业后直接走上工作岗位打下基础。主要要求有：

①熟悉外交礼仪，熟悉老挝人的生活习惯，做到认真、大方、负责、诚恳、细心。

②严格按实习大纲要求，在教师和实习单位的指导下，做好实习工作。

③遵守实习单位的规章制度，虚心请教，注重树立自己及学校的良好形象。

④写好实习报告。

具体实习过程中，一方面是高年级学生在学校的统一安排下到与专业有关的"实习基地"参加社会实践工作，另一方面学生也可以自己找实习单位实习。实习期间由实习单位和学校老师共同负责这些实习生的实习、实践与安全教育。在各单位实习期间，学生必须遵守"东方语言文化学院学生实习的暂行规定"和实习单位规定的实习守则，服从学院、系和实习单位的安排。学生实习结束后，必须要求实习单位出具"实习鉴定"，对本人工作表现做出评价。该鉴定由实习单位用抬头信纸书写加盖单位公章，或者由接受学生实习服务的对象手写加其本人签名。

通过组织学生进行实践教学和专业实习，有效地提高了学生理论联系实际、实际运用语言的能力，巩固了专业知识，开阔了视野，学生还能学到专业外语以外的其他知识。

以学校、学院搭建的各大翻译实践教育基地为依托，学生在大四年级尤其是第八学期前往翻译实践基地实习，涉及本专业的翻译实践单位主要包括老挝驻广州总领事馆、老挝 ETL 有限公司、环球日报、广外翻译公司，等等。

（六）人才培养成效

截至 2023 年 6 月，广外老挝语专业已培养 5 届毕业生。总体而言，本专业就业呈现出就业率高、就业岗位形式多样、学生就业满意度较高的特点，此外，还有一大特点是升学率较高。

第一，就业率高。在已毕业的 5 届学生中，2014 级、2015 级就业率均达到 100%，2016 级、2018 级、2019 级受新冠肺炎疫情影响较大，但据统计就业率也达到 80%。

第二，就业岗位形式多样。已毕业的 5 届学生，其就业岗位涉及外交部、中联部、新华社、国家安全部门、省外事外侨办、高校、中国银行、中石油、老挝 ETL 有限公司、普华永道、安永、老中铁路有限公司等数十个不同的单位，毕业生对本专业就业满意度普遍较高。

第三，升学率较高。尤其是 2014 级和 2015 级，选择毕业后继续深造的学生人数占比较高。如 2014 级，3 人考取北京外国语大学，1 人考取香港理工大学，1 人考取广西民族大学，升学率为 28%；2015 级，1 人考取北京大学，2 人考取北京外国语大学，1 人考取广东外语外贸大学，1 人考取香港城市大学，升学率为 29%。

三、师资队伍建设与教学科研成果

本专业现有专任教师 4 名，均获得硕士学位且都具有海外留学经历，另有资深外籍教师 1 名。就目前而言，本专业教师团队从职称结构、年龄结构、性别结构、研究方向等方面来说较为合理，教师所开展研究之侧重点各有不同，涉及文学、文化、语言学、政治学、计算机语言等不同的领域，相互间能合理搭配、取长补短，不论从事教学还是科研，都有自己特定的方向。

如表 1 所示，目前，本专业有 2019 级、2020 级、2021 级、2022 级在校本科生，共计 43 人，生师比为 8.6∶1，能较好地满足教学要求。5 名教师结合所研究方向、自身条件等因素，所授具体课程不一。

除较高质量地完成教学任务外，教师也注重从事科学研究，主要表现为以个人或团队的形式申报科研项目，建系后的 10 年间，教师累计主持或参与各级科研、教改项目 10 余项；累计发表科研或教改类论文数篇；出版译著 2 部；编写出版教材方面，近年拟编写《老挝语视听说》《老挝语口译》《老挝语笔译》《旅游老挝语》等教材，以更好地适用于本校本专业人才培养。

同时，本专业教师注重社会服务。几年间，本专业教师先后多次承担党政机关、公司企业等单位同传、交传或笔译服务，业务能力受到各用人单位的广泛认可。

四、问题与对策

总体而言，通过近 10 年的摸索和努力，本专业在专业建设和发展方面取得了一定的成效，但同时也存在诸多问题与不足亟待解决，具体表现在以下方面：

（一）人才培养方案有待进一步完善，课程设置需要进一步优化

历年来的专业人才培养方案均根据实际情况在不同程度上进行了部分调整，内容逐步优化，然而结合专业人才培养目标、实际教学情况及学生生源结构等方面来看，还存在不少问题，如专业课课程架构、具体学分学时设置不尽合理；部分课程教学大纲具体内容滞后，未充分做到与时俱进；英语课在总学分中所占比例过高，等等。

因此，应切实根据国家战略、经济社会发展需求，参照本校其他老牌专业的课程设置，结合老挝语专业自身实际情况，对标本专业人才培养目标和方向，继续在教学内容与课程建设等方面进行改革创新。今后人才培养方案的修订，将进一步贯彻完全学分制改革思路，突出学生自主选择；加大精品课程建设力度，继续加大实践课程比重；在课程中融入思政内容，将学生的思想政治培养作为课程教学的目标放在首位；精简压缩英语课学分，开设可供学生结合自身兴趣和未来发展需要进行选择的系列课

程，以培养全面复合型人才为宗旨，不断完善课程体系，使学科建设取得新的明显进展。

（二）尚无自主编写的课程教材

教材是知识的载体，其编写内容须符合科学、严谨、适用和启发的原则。在全国范围而言，老挝语专业教材系列不齐全，没有新兴的全套教材；大部分教材内容陈旧，未能与时俱进。而对于我校老挝语专业而言，当前部分课程选用北京外国语大学、中国人民解放军战略支援部队信息工程大学、广西民族大学等高校出版的品质较为优良的教材，部分课程采用自编散页讲义，而自身尚未编写、出版正规课程教材。因此，加强教材建设极其重要。当务之急，应组织本专业青年教师与资深外教通力合作，编写一套符合学校教学实际，并涵盖政治、经济、文化、文学、历史等各领域知识的精良教材。尤其可从目前市面上较为缺乏的教材入手编写，如《老挝语阅读》《老挝语视听》《老挝语口译》《老挝语笔译》《旅游老挝语》等。同时，针对某些使用自编散页讲义的情况，应注重自编散页资料的收集整合，这将是编写、出版正规教材的基础。

与此相关的，目前市面上的老挝语相关工具书、电子词典等亦极为缺乏，版本少，且所涵盖内容都极为有限，无法完全满足相关专业人员的学习和研究需求，尤其是电子词典，可以说是尚未有之。因此，一方面，系内专任教师可组建专门的研究团队，加强对老挝语—汉语词条的积累，可寻求与其他兄弟院校教师合作，努力修订一册内容知识丰富、完整，准确度高的科学的中—老/老—中词典；另一方面，可寻求与学校信息学院等其他专业团队合作，建立针对老挝语专业的电子词典或语言数据库。

（三）师资队伍建设有待加强

师资队伍是学科建设的核心，承载着教书育人的重大责任。如前文所述，广外老挝语专业共有老挝语专任教师 4 名，长期聘请老挝语资深专家 1 名，师资队伍具有一定梯度，且 100% 具有海外出国留学深造的经历，却也存在诸多不足，具体表现为学历低、职称低、科研能力弱。因此，本专业需着力抓好师资队伍建设工作，逐步优化师资队伍结构。

（1）师德至上，教师首先应具有高尚的品德修养、严格的职业操守，做到严谨治学，从严执教，教书育人。

（2）鉴于目前国内高校具有副教授及以上职称的业内专家学者人数稀少、已取得博士学位者屈指可数，因此，想要引进此类人才较难实现，重点还是在于鼓励并扶持现有在职青年教师快速成长，鼓励和支持其继续攻读博士学位、打造合理的科研团队、积极申报各级项目、努力提升职称等；其间，离不开学院老牌专业有经验的专家教授的指导与带领。

（3）继续努力把教学和科研有机结合起来，以科研带动教学。

（四）科研成果较少，科研能力亟待提高

科研成果较少尤其表现在重大科研项目的申报方面，与此同时，对象国刊物发表难也是一大问题。截至目前，本专业教师成功申请的科研项目数量较少，且所申报科研项目多为校级项目，省级、市厅级项目仅各 1 项，国家级重大项目、省部级项目的申报目前仍为 0。而对象国刊物发表方面，目前老挝可谓并无正规的可供外国人发表的期刊，且刊物多无 ISBN 号。对此，应继续通过多种途径，如专家教授"传帮带"，定期举办学术沙龙、科研讲座，指导青年教师申报科研项目，鼓励青年教师参加国际或国内学术研讨会等，切实提高青年教师的科研能力。此外，还要注重鼓励外教参与相关科研项目的申报，鼓励其积极产出科研成果、努力申报高一级职称。

另外，教学改革未见实质性成果。如前文所述，一直以来，本专业致力于从教学模式、教学过程等方面入手进行教学改革，但都仍处于改革的初级阶段，缺乏理论指导，各级教改项目立项较少，教师在发表教改类论文方面表现欠积极。因而，在未来的专业建设过程中，各专业教师应积极申报各级教改项目，发表教改论文，以理论指导实践，真正使广外老挝语专业建设取得实质性成果。

（五）相关实习基地储备不足

到目前为止，本专业专门的学生实习基地数量尚少，不利于高年级学生专业实习、提高学生实践能力。因此，要创造条件加强本专业与国内兄弟院校、对象国高校、相关企事业单位等的联系，通过鼓励教师外出交流学习，扩大对本校本专业的宣传，寻求建立实习基地的机会，真正落实实践教学，为将来学生实践、综合能力提升打下良好的基础。

（六）图书资料不足

在学校图书馆的大力支持下，2019 年暑期本系专任教师连同图书馆负责教师一起专程赴老挝进行老挝相关图书资料的采购，经过一番努力，目前，综合学校图书馆及系办公室而言，老挝语专业相关图书资料已有近 2 000 册。然而其中部分外文原版书籍资料内容略显陈旧，图书资料涵盖范围仍相对较窄，不足以构成知识体系，历史方面相关史料典籍、学术资料等较为缺乏。因此可以说，现阶段藏书尚能满足基础老挝语学习者的需求，而之后，随着本专业学生数量的不断扩大、高年级学生（含研究生）撰写论文、教师从事教学科研等多方面的需要，现有的图书资料无法很好地满足需求。当然，这与老挝国情有着密不可分的关系。

因此，一方面必须继续在国内或从海外挖掘、购入有利于学生学习、教师教学与科研的相关图书资料及工具书等，保质保量，以建立涵盖多方面内容、专业性强、较为完整的图书资料体系为目标。另一方面也可充分利用老挝驻广州总领事馆、老挝国立大学等社会资源，争取其向本专业赠书。此外，要进一步开发、利用好网络电子资源。

总而言之，随着"一带一路"倡议的持续推进，特别是习近平总书记提出的加强政策沟通、设施联通、贸易畅通、资金融通和民心相通的美好愿景的贯彻落实，中国与东盟各国尤其是与同为社会主义国家的老挝在政治、经济、文化、贸易、交通等各领域的合作将越来越广泛和深入，特别地，随着构建中老命运共同体的加快推进以及中老铁路的顺利竣工通车，国内外对通晓汉语、老挝语乃至英语的复合型人才的需求将更为明显，优化我国老挝语专业建设、提升老挝语专业人才培养质量势在必行。因此，广外老挝语专业需把握这一难得的历史机遇，结合学校抢抓新一轮国家"双一流"和广东高水平大学建设发展机遇之目标，科学谋划，整合资源，在新文科建设的背景下，努力实现学科专业的转型升级，提升专业竞争力。

课程报告

马来语专业双语课程体系建设与实践研析[*]

李婉珺^{**}

摘　要： 近年来中国马来语专业发展势头迅猛，但对其专业内涵建设方面的讨论较少。马来语专业作为非通用语专业，其人文内涵建设整体落后于英语等通用语专业，亟待从事马来语教学研究的学者汲取其他专业的优秀经验，迎头赶上。广东外语外贸大学马来语专业在办学过程中，从马来语专业的人文性和专业性出发，以满足国家和社会对"一带一路"沿线马来语国家高层次马来语专业人才的需要为导向，用双语课程创新人才培养模式，成为该专业本科人才培养的突出特色。跨语言课程建设成为双语课程体系建设和实践的重要抓手。笔者在 2019 年 3 月至 2021 年 2 月期间对该专业毕业生和在校生进行了一次全面调查，了解学生对双语课程体系建设及教学实践的认知度、理解度、满意度等方面的意见，为马来语专业下一阶段双语课程的设计策略和建设目标提供参考。

关键词： 双语课程；马来语；课程建设

一、引语

（一）中国外语教育的人文内涵回归

中国外语教育发展至今，语言技能早已不再是外国文学专业人才培养的唯一目标。作为人文学科，外语专业的人文内涵正在重新得到重视，这与新时期社会与国家对高

---

　　* 本文是广东外语外贸大学教学改革项目"马来语专业双语课程体系的建设与实践"（106 – X5120123）成果。本文第一阶段调研结果曾于 2019 年 3 月发表在德国法兰克福大学举办的第二届马来语言、文化、教育国际学术研讨会上。特此感谢马来语系外籍教师扎伊顿·宾蒂·扎卡雅（Zaiton binti Zakarya）女士和钟戴雯同学在本文写作过程中提供的帮助。

　　** 李婉珺，博士、副教授，广东外语外贸大学东方语言文化学院马来语系主任。

端外语专业人才的需求是高度吻合的。

近 10 年来，通识型外语高端人才培养成为推动以英语专业牵头的外语类专业教学研究与改革的重要目标。① 究其原因，是英语界发现，若在教学过程中仅注重西方国家文化介绍，忽视中国本土文化以英语为载体的教学，使文化教育片面成为"目的语文化教育"，则作为交流一方的中国文化之英语表达将处于"忽视状态"，造成"中国文化失语症"。②

查明建教授认为，外语是技能，但外语专业不是技能。功利化、实用化、复合化的喧嚣和鼓噪，造成了自乱阵脚和进退失据。与小语种学生的零起点相比，英语专业是最有可能走专业化道路的，却"知其可为而不为"。英语专业改革应正本清源，回归人文学科的专业本位。以培养英语精通、人文知识结构完善的人文专业人才为目标。③英语专业的反思，是在经历了从热门专业到红牌专业的困境后的教训。对正在快速发展的中国马来语专业而言，虽然在可见的未来内出现超大规模发展仍难以想象，但类似的困境其实同样存在，只是马来语学生是零起点，因而语言技能培训被长期置于中心地位，甚至盖过了专业性和人文性，加上马来语界规模有限，未曾就此进行过全面深入的学术研讨。

（二）中国马来语教育的人文内涵

2017 年国务院学位办公布了《学位授权审核申请基本条件（试行）》，将外国语言文学一级学科的二级学科调整为外国文学、外国语言学及应用语言学、翻译学、比较文学与跨文化研究、国别与区域研究五大学科方向。这五大方向扩大了外语学科的知识体系和学术研究边界，同时也对外语学科人才培养方向提出了新的要求。马来语专业和其他外语专业一样，无法置身事外。

马来语属马来—波利尼西亚语系印度尼西亚语族，是马来西亚、文莱、新加坡的国语。马来语历史悠久，是东南亚主要语种之一，通用地区包括马来西亚、文莱、新加坡、印度尼西亚、泰国南部和菲律宾南部等。中国与马来语国家有悠久的交往史，1 500 年来从未断绝。在"一带一路"倡议背景下，中国与马来语国家和地区在政治、经济、社会、人文交流方面都迎来了新的历史机遇。

马来语在中国作为一门外语本科专业，其发展史可上溯至 1961 年，最早开设马来语专业的是北京外国语大学，至 2021 年已走过 60 年。20 世纪 90 年代，中国开设马来

① 孙有中，刘建达，韩宝成，等. 创新英语专业测评体系，引领学生思辨能力发展："英语测评与思辨能力培养"笔谈 [J]. 中国外语，2013，10（1）：4-9.

② 从丛. "中国文化失语"：我国英语教学的缺陷 [N]. 光明日报，2000-10-19.

③ 查明建. 英语专业的困境与出路 [J]. 当代外语研究，2018（6）：10-15.

语专业的高等教育院校呈现快速增加态势，2011 年以来更是以前所未有的速度遍地开花。年轻的中国马来语专业群的出现，从侧面说明了当前国家和社会对马来语专业本科毕业生的需求正在快速增长。至 2021 年 3 月，中国已有 13 所院校开设了马来语专业，包括 11 所大学和 2 所高等专科学校。

无须讳言，在中国和马来语国家交往日益紧密的今天，虽然马来语专业毕业生就业率和就业满意度双双走高，市场现状和前景看好，但作为非通用语种，马来语在中国社会的认知度偏低，探索适应中国发展需要、具有鲜明国际化特色、符合各高校所在地区定位、提升专业社会认可度的人才培养模式，是确保马来语专业健康可持续发展的"基本功"。

本文认为，要练好"基本功"，就不能被眼前的高就业率和高起薪点等社会经济周期性现象所迷惑，而应全面汲取英语专业的教训，回归马来语专业的本位，坚守学科性质，坚定专业信念，加强专业内涵建设，实现人文性和专业性的统一。

人文性，对于所有外语专业而言都是相通的，即挖掘和拓展语言课程教学的人文内涵，注重语言与文化、语言与思想的关系。① 对马来语专业而言，就是要在马来语专业课程体系中，建立专业知识体系，体现人文学科的知识内涵要求。

马来世界是世界上文化多样性最突出的地区之一，儒道释文化、伊斯兰文化、基督教文化共冶一炉。如果只是学习马来语，而不接受马来语专业训练，不了解语言现象背后丰富的人文历史内涵，显然是不符合人文学科基本定位的。钱锺书先生指出："人文学科的各个对象彼此系连，交互渗透，不但跨越国界，衔接时代，而且贯串着不同的学科。"② 马来语言背后丰富的人文内涵，令马来语专业课程体系吸收其他学科的养分和成果成为必然的选择。因此，马来语专业课程体系必然需要融入马来世界、中国、东南亚乃至世界的人文知识，培养能够说好中国故事、促进"民心相通"的马来语专业人才。

专业性，主要通过专业课程来体现。若只是培训学生的基础语言技能，学会如何输出正确词句显然是无法满足日新月异的社会经济需求的，同时也是不符合专业人才培养目标的。作为人文学科的马来语专业课程体系，需要对马来西亚、新加坡、文莱、印度尼西亚等通用马来语国家和地区的语言、文化、历史、思想进行介绍，同时也要提供"东南亚概况""世界历史""中国历史""中国文化概论"等选修课或系列讲座。

马来世界语言文化由古至今的一个突出特征，是多语杂糅现象。对当代马来世界而言，主要指马来语、英语、华语在国家治理、学术研究和社会生活各种层面的混用。

① 查明建. 英语专业的困境与出路 [J]. 当代外语研究，2018（6）：10 – 15.
② 钱锺书. 七级集 [M]. 上海：上海古籍出版社，1994：133.

新一代中国马来语专业教师的三语能力，尤其是马来语和英语能力，在一定程度上决定了其能否开设反映马来世界这一人文特征的课程。因此，在基础语言课程以外，开设概况、历史、文学、报刊、口译等双语课程，开阔学生的人文学科视野，丰富其基本知识背景和知识结构，为日后的职业生涯积累后劲，是马来语专业专业性建设的方向。

基于上述目标，为对当前广东外语外贸大学（以下简称"广外"）马来语专业双语课程体系建设和实践的现状进行"把脉"，笔者进行了本项调查研究。

二、研究目的

广外建于1964年，是一所具有鲜明国际化特色的广东省属重点大学。广外马来语专业于2012年开始筹建，2014年获教育部批准开设。同年12月，该专业获马来西亚教育部官方认证，成为首批马来西亚政府承认的马来语专业海外发展机构。2015年开始招生。广外东方语言文化学院马来语系是目前广东省唯一的马来语专业学士学位授予点。截至2021年3月，该系共有中国籍教师3人，包括教授、副教授、讲师各1人，外籍教师1人，累计毕业生38人，在校生共33人，实行小班精英化教学。

2021年2月26日，根据《教育部办公厅关于公布2020年度国家级和省级一流本科专业建设点名单的通知》（教高厅函〔2021〕7号），广外马来语专业入选2020年度国家级一流本科专业建设点名单，成为东方语言文化学院最年轻的国家级一流本科专业建设点。这是对过去五年该专业的努力和成绩的一次肯定。

目前，广外马来语专业的人才培养目标是：培养既有扎实马来语语言基础知识和熟练的听、说、读、写、译等技能，全面了解对象国的基本情况，又掌握英语的基础知识和技能，并有一定的科研方法，能在外事、经贸、文化、新闻出版、教育、科研、旅游等部门从事翻译、研究、教学、管理工作的高级马来语专门人才。为达到上述培养目标，马来语专业采取"3.5+0.5"办学模式和"马来语+英语"双语教学。双语教学模式的基础是双语课程体系的建设和实践，此外，需要具备双语教学资格的师资，还需要能鼓励和促进学生双语学习顺利开展的制度保障。

自2015年9月至2021年，广外马来语系一直致力于双语课程体系的建设与实践，现已初步建成覆盖全学程的双语课程体系。目前已开设的双语课程包括："马来西亚概况（2）""马来西亚历史""马来西亚报刊选读（2）""马来语口译（1）""马来语口译（2）"等。

2018年9月，李婉珺老师申请的"马来语专业双语课程体系的建设与实践"获得广外教学改革项目立项，2020年底项目通过结项验收。至此，马来语专业双语课程体系建设已取得阶段性成果。

本文是对马来语系全体毕业生和在校生展开的双语课程问卷调查所得数据的统计和分析，目的是为日后进一步优化双语课程体系和提升双语课程教学质量提供科学依据。

三、理论依据

在中国马来语专业 50 多年的发展历程中，可供各院校进行教学改革的历史机遇并不算多，这在一定程度上造成了中国马来语教学改革及研究领域的滞后。中国马来语专业学生皆为零起点成年人，母语因素影响大，但因传统中国马来语专业课程设计始终以语言技能为中心，其中又以读、写、笔译技能为重，听、说、口译及文化常识课程占比较低，国别和区域研究所需的基本学术技能训练更是无从谈起，结果就是造成马来语专业学生主要面临如下挑战：一是听说和口译能力相对较弱；二是缺乏对马来语国家文化、国情的知识积累；三是未能适应新时期国家和社会对国别和区域研究人才的需求。[①]

有应用语言学研究发现，随着科技在跨文化交际中的普及，"地道不地道"的分界线日益模糊。以英语为例，英语母语者所拥有的影响力已大不如前，然而非母语者仍然面临复杂且庞大的机遇和挑战。能够使用多种语言的师资和课程成为亚洲教室的新潮流。[②] 上述新潮流在中国马来语教学领域同样显著。2000 年以后的中国马来语专业本科毕业生和在校生以及年龄在 40 岁以下的中国马来语专业教师绝大部分已经接受过至少 12 年的英语教育作为第二外语教育。因此，马来语是他们的第三外语，多语师生所组成的课堂已经成为常态。然而，汉语作为母语因素在马来语教学过程中的作用和影响尚有待研究。

有学者曾对英语在菲律宾多语学生群体中发挥的作用做过研究，其中包含马来语学生群体。该研究结果表明，多语语境中的英语使用权由多语群体的需要决定。在菲律宾的多语课堂上，英语充当的角色受到母语因素影响，主要是附加语或媒介语。与菲律宾相比，英语在中国马来语课堂扮演的角色主要是附加语，基本不存在媒介语的情况。为多语学生群体所设计的多语课程体系不仅以提升两种或以上语言能力为目的，

---

① ZHANG X. Mempelajari dan menggunakan bahasa melayu sebagai penutur asing dan cabarannya: pengalaman di beijing foreign studies university dan china radio international [C] // Kertas kerja yang dibentangkan di Seminar Bahasa Melayu, UPM, 2015: 25 – 34.

② SHAIFIAN F, JAMARANI M, HUA Z, et al. Language and intercultural communication in the New Era [M]. London: Routledge, 2012: 28 – 53.

即语码转换（code switching）和翻译能力，同时也为学习者提供在教育体系中达到满足学术能力培养目标的社会文化知识。①

马来西亚语言学学者曾对在沙巴大学修读马来语课程的39名中国留学生的课堂汇报情况进行过研究，结果发现这些学生的大部分错误都发生在使用英语发音来读马来语单词。② 该研究结果表明，英语已经被中国留学生用来辅助学习马来语，且较为普遍，但同时也造成了第二外语对第三外语的迁移。

加西亚及其同事的研究指出，一个民族只说一种语言的传统观念已经过时，"动态双语教育"更为合理。他们通过对美国高中生的调查和访谈得出结论，全球化时代要求师生不仅需要具备多语能力，而且需要具备使用不同语言来进行思考和合作的能力。这一目标需要通过"跨语言"（translanguaging）来实现。③ 其他研究更是在斯皮瓦克（Spivak）翻译思想的基础上提出"跨语言课程"（translanguage curriculum）概念，指出该概念在课程建设上的运用，是学生语言实践和文化反应的结果，"跨语言课程"折射的是课堂权力和权利的变化。④

"跨语言课程"的建设是以学生已经具备语码转换和翻译能力为前提的，而课程目标应以鼓励学生使用不同语言来思考和合作为手段，从而习得培养目标所指向的社会文化知识。马来语专业的培养目标应该适应"一带一路"倡议提出后的新时期国家和社会的需要，服务国家战略，为"民心相通"助力。广外马来语专业立足广东，放眼全国，走向世界，人才培养计划以培养熟练掌握马来语和英语听、说、读、写、译技能，同时掌握马来语国家基本国情及人文社科常识，能够开展一般的国别和区域基础研究的高层次国别和区域人才为基本目标。

四、研究方法

本文主要采取文献研究法和问卷调查。

文献研究法先行。从广外马来语专业创立至今，笔者查阅了国内外文献，且全程参与了历次人才培养计划调整及课程体系建设，主持双语课程体系建设相关项目，掌

① KIRKPATRICK A. English in multilingual settings：features，roles and implications ［C］//MARTIN I，eds. Reconceptualizing English education in a multilingual society：English language education，vol 13. Singapore：Springer，2018：268 – 282.

② ALICE A. Bahasa melayu sebagai bahasa asing：kajian kes pelajar china di universiti malay sabah ［J］. Journal kajian pendidikan，2015，5（2）：157 – 168.

③ GARCIA O，SYLVAN C，WITT D. Special issue：toward a multilingual approach in the study of multilingualism in school contexts ［J］. Modern language journal，2011，95（3）：385 – 400.

④ GILMETDINOVA A，BURDICK J. Many mansions：conceptualizing translingual curriculum ［J］. International multilingual research journal，2016，10（2）：77 – 88.

握了相关一手资料。

问卷调查方面，通过发放问卷，对广外马来语专业的 2015 级、2016 级、2018 级、2019 级和 2020 级的毕业生和在校生进行调查，从而了解学生对双语课程体系的认知、评价及期望。问卷调查分为两轮，毕业生问卷在 2018 年 11 月至 2019 年 1 月发放，在校生问卷在 2021 年 2 月至 2021 年 3 月发放。毕业生问卷共回收 38 份，在校生问卷共回收 33 份，问卷回收率 100%，有效率 100%，实现了研究对象全覆盖，结论较为可信。

五、研究结果

（一）双语课程体系建设及实践现状

按照现行广外马来语专业人才培养计划，广外马来语专业现有双语课程体系建设及实践现状大致如表 1 所示：

表 1　广外马来语专业双语课程体系建设现状

序号	状态	分类	课程名称	学分/学时	学期	先修课程
1	建设中	专业课	马来西亚概况（1）	2/32	1	无
2	已建成	专业课	马来西亚概况（2）	2/32	3	马来西亚概况（1）
3	已建成	专业课	马来西亚历史	2/32	5～8 中任一学期	马来西亚概况（2）
4	建设中	专业课	马来西亚报刊选读（1）	2/32	5～8 中任一学期	基础马来语（4）
5	已建成	专业课	马来西亚报刊选读（2）	2/32	5～8 中任一学期	马来西亚报刊选读（1）
6	建设中	专业课	高级马来语（1）	2/32	5	基础马来语（4）
7	建设中	专业课	高级马来语（2）	2/32	6	高级马来语（1）
8	已建成	专业课	马来语口译（1）	2/32	7 或 8	马来语视听（3）
9	已建成	专业课	马来语口译（2）	2/32	7 或 8	马来语口译（1）
10	已建成	通识课	东南亚概况	2/32	1～8 中任一学期	无
11	已建成	公共课	大学英语	40/640	1～7	无

由表 1 可知，在 2021 年收集数据时，2015 级和 2016 级（分别已于 2019 年和 2020 年毕业）完成了全部双语课程，2018 级、2019 级、2020 级（分别为在校三年级、二年级和一年级）正处于双语课程体系进程中间阶段，因此数据统计及分析将分开进行。下文将用"毕业生"来统称已毕业的前两个年级，用"在校生"来统称仍然在校的三个年级。

2021—2022 学年广外开始实施新的本科人才培养方案，表 1 显示"建设中"的马来语专业双语课程体系进入新一轮建设周期，加入双语课程序列，相关情况将在下一轮调查进行研究，暂不列入本文考察范围。

（二）课程目标认知度

本次问卷调查从课程目标认知度、教学方式学生评价、双语课程建设及实践认可度、专业课程体系评价以及通过五个开放性问题对毕业生和在校生进行数据收集，下文逐一介绍统计结果并进行分析。

本次调查针对课程目标认知度共设计了 11 个问题，数据统计结果见表 2：

表 2　广外马来语专业学生课程目标认知度调查结果

（单位：分）

序号	问题	毕业生	在校生	平均分
1	我知道"基础马来语"（1）（2）（3）（4）的课程目标。	4.9	4.5	4.7
2	我知道"马来语口语"（1）（2）的课程目标。	4.8	4.2	4.5
3	我知道"马来语听力"（1）（2）的课程目标。	4.7	4.1	4.4
4	我知道"马来语阅读"（1）（2）的课程目标。	4.7	3.9	4.3
5	我知道"马来语笔译"（1）（2）的课程目标。	4.7	3.2	4.0
6	我知道"马来语口译"（1）（2）的课程目标。	4.9	4.0	4.5
7	我知道"高级马来语"（1）（2）的课程目标。	4.8	3.6	4.2
8	我知道"马来西亚概况"（1）（2）的课程目标。	4.9	4.6	4.8
9	我知道"马来西亚历史"的课程目标。	4.9	3.6	4.3
10	我知道通识课"东南亚概况"的课程目标。	4.5	4.6	4.6
11	我知道"大学英语"的课程目标。	4.4	4.1	4.3

毕业生问卷数据统计结果显示，学生对4门"基础马来语"、2门"马来语口译"、2门"马来西亚概况"及"马来西亚历史"共计9门课程的认知度较高，均达到4.9分（满分5分，下同），即98%；对2门"马来语口语"和2门"高级马来语"共计4门课程目标的认知度也相当高，平均分为4.8分，即96%；对2门"马来语听力"、2门"马来语阅读"、2门"马来语笔译"共计6门课程的认知度也达到了4.7分，即94%。成功选修通识课"东南亚概况"的人数远少于专业课人数，但课程目标认知度也达到了4.5分，即90%。相比之下，对"大学英语"的认知度较前两个类别低，达到了4.4分，即88%。上述分数说明，毕业生对专业课程的课程目标认知度较高，对专业基础课程目标认知尤为清晰，但同时也有12%的学生即便已经毕业仍不明确"大学英语"的课程目标。

在校生问卷数据统计结果显示，大部分学生对中高阶课程，如"马来语阅读""马来语笔译""高级马来语""马来西亚历史"的课程目标认知度普遍低于低阶课程，如"基础马来语""马来西亚概况"等，连对通识课"东南亚概况"的课程目标认知都比高阶课程高。对"大学英语"课程目标的认知度也只有4.1分，即82%。上述数据说明，在校生对自身人才培养计划内的课程目标关注度属于中上水平，尤其是对高阶课程关注度个体差异较大，部分学生学习心态较为被动。其实，每年的新生专业教育期间，马来语系都有就人才培养计划的内涵、特色、阶段等进行专门介绍，但此类形式似未能引起学生在专业学习过程中主动感知特定课程在课程体系中的地位，因此有待在下一步探索中改进方案。

整体而言，马来语专业学生对课程目标的认知度还是比较高的，平均得分皆达到4分（80%）以上。在之后的课程建设实践中，需要提升低年级学生对中高阶专业课程和"大学英语"课程目标的认知。

（三）教学方式学生评价

本次调查针对教学方式评价一共设计了12个问题（表3），毕业生数据显示，双语课程任课教师使用汉、英、马三语作为教学语言（第4题），有助于学生更好地理解教学内容，得分达4.9，即98%；毕业生对三语阅读材料的满意度也相对较高（第7题），得分为4.7，即94%；双语教学方式和课堂活动对马、英双语语言能力的提高（第2题）次之，得分为4.6，即92%。

数据还显示，绝大多数毕业生对双语课程教学方式和课堂活动感兴趣（第1题），认为双语教材和参考书，尤其是英语类教参有助于扩大知识面（第3、5题），因为能够有机会学习新领域的知识（第8题），双语课程中使用的多语种文本和多媒体材料也受到欢迎（第9题），得分皆为4.5，即90%，但投入课堂活动有一定难度（第6题），得分为4.4，即88%，说明有12%的学生认为无法轻松投入，日后教学需要因应学生语言能力和兴趣做适当调整。

表3 广外马来语专业双语课程教学方式学生评价调查结果

（单位：分）

序号	问题	毕业生	在校生	平均分
1	我对马来语系双语课程的教学方式和课堂活动感兴趣。	4.5	4.4	4.4
2	马来语系双语课程的教学方式和课堂活动有助于提升我的马来语和英语语言能力。	4.6	4.5	4.6
3	双语课程教师使用的教材和参考书有助于扩大我的知识面。	4.5	4.5	4.5
4	双语课程任课教师使用汉语、英语、马来语来完成教学，能够帮助我更好地理解教学内容。	4.9	4.3	4.6
5	英语教科书或参考书有助于开阔我的眼界。	4.5	4.3	4.4
6	我能够顺利投入双语课程的课堂活动之中。	4.4	4.4	4.4
7	课堂上的三语（马、汉、英）阅读材料有助于我提升语言技能和积累国情知识。	4.7	4.4	4.6
8	我对马来语系的双语课程有兴趣，因为能够有机会学习新领域的知识。	4.5	4.4	4.5
9	我喜欢在"马来西亚概况""马来语口译"等课程中用到的多语种文本和多媒体材料。	4.5	4.0	4.3
10	我对"大学英语"课程设置感到满意。	3.8	3.4	3.6
11	我对"大学英语"教学方式感到满意。	3.3	3.3	3.3
12	我对"大学英语"教学内容感到满意。	3.4	3.3	3.4

总体而言，在校生数据与毕业生数据整体特征相近，但可能是由于并未完成整个双语课程体系的学习，在校生对于双语教学方式体验少，故各细项评分整体满意度略低于毕业生，说明完整的双语课程体系学习经历对学生评价双语教学方式有整体性影响。

此外，毕业生对"大学英语"的课程设置、教学方式和教学内容满意度都不高（第10、11、12题），平均分只有3.8（76%）、3.3（66%）和3.4（68%）。说明有24%~34%的毕业生对"大学英语"的课程设置、教学方式和教学内容有不同程度的不满，课程设置与学生需求匹配度有待提高。

教学方式学生评价的调查结果显示，马来语专业毕业生和在校生基本都对马来语专业的双语课程教学方式感到满意，双语课程体系完成度对整体评价有一定影响，但对大学英语的教学方式存在一定程度的不满。

（四）双语课程建设与教学实践

本次调查针对双语课程建设与教学实践一共设计了8个问题，数据统计结果见表4：

表4　广外马来语专业双语课程建设及教学实践评价

（单位：分）

序号	问题	毕业生	在校生	平均分
1	我认为我的马、英双语技能在就读马来语专业后逐步提升。	4.3	4.2	4.3
2	我认为到马来西亚留学或与马来西亚青年人在线交流有助于提升我对马来语言文化的理解。	4.8	4.5	4.7
3	我的学术研究能力随着语言技能和国情知识的积累得到逐步提升。	4.1	4.3	4.2
4	双语课程的训练和学习任务需要我付出更多的努力才能完成。	5.0	4.6	4.8
5	我有足够多的机会向任课老师提问和讨论问题。	4.2	4.5	4.4
6	双语课程上用到的多媒体资料能够提升我对课程内容的理解。	4.6	4.6	4.6
7	"马来西亚概况"课程有助于增加我对马来西亚和马来世界的了解。	4.8	4.4	4.6
8	"马来西亚历史"和"马来语报刊选读"有助于提升我的马、汉、英三语能力。	4.3	3.9	4.1

毕业生数据显示，首先，全体毕业生都对双语课程需要付出更多努力有清晰认知（第4题），这是本次调查唯一获满分5分的一题（100%）。其次，得到4.8分（96%）

的有两题,即到马来西亚留学或与当地青年人交流(第2题)以及对"马来西亚概况"课程的评价(第7题)。留学经历是马来语专业自创立以来坚持的"3.5+0.5"人才培养方案的重要组成部分,此经历给毕业生沉浸式体验马来语言文化的机会,同时也成为让学生理解双语能力在马来西亚学习生活重要性的最直观理据。"马来西亚概况"课程得到较高评价的根本原因是,"马来西亚概况(1)"课程内容紧密围绕马来西亚基本国情展开,单元主题分布合理,内容全面,难度得当。"马来西亚概况(2)"围绕马来西亚、新加坡、文莱通史展开,以任课教师相关专著为依托,提供准确、完整、可信的古代、近代、现代三大时段的历史陈述。同时以史为据,观照现实。切合当今马来西亚政治、经济、社会、教育、文化等领域,通过"翻转课堂"等方式,引导学生以小组为单位进行研究型学习。

在校生数据显示,由于大部分在校生仍未完成或尚未修读双语课程,整体评分较毕业生略低,显示出学生态度相对保守。因马来西亚入境政策收紧,2020年和2021年的马来西亚留学皆无法实现,这些不可控因素成为影响学生评价双语课程体系的外力。部分学生对尚未完成的课程能否提升三语能力持观望态度(第8题),从侧面说明学生对国内课程体系能否弥补无法留学的训练缺口关注度增加。有趣的是,在校生对双语课程提升学术能力的意识较毕业生略高(第3题),对师生互动的满意度也更高(第5题),说明在校生对双语课程的教学效果满意度正在持续上升。

(五)课程体系评价

鉴于毕业生和在校生的课程完成度不同,本次调查的课程体系评价对部分问题进行了分别设计,共用问题3个;毕业生用问题5个,主要针对整个马来语专业课程体系;在校生用问题4个,主要针对双语课程和人文通识课程体系。统计结果见表5:

表5 广外马来语专业课程体系评价

(单位:分)

序号	问题	毕业生	在校生	平均分
1	我对马来语专业的双语课程设置感到满意。	4.1	4.5	4.3
2	马来语专业的课程体系增加了我对马来西亚基本国情的了解。	4.2	4.8	4.5
3	马来语专业的课程体系增加了我对马来世界其他国家乃至整个东南亚的了解。	3.8	4.5	4.2

（续上表）

序号	问题	毕业生	在校生	平均分
4	我对马来语专业课程体系的口语训练设计及实施感到满意。	3.8		
5	我对马来语专业课程体系的听力训练设计及实施感到满意。	3.9		
6	我对马来语专业课程体系的阅读训练设计及实施感到满意。	3.9		3.8
7	我对马来语专业课程体系的写作训练设计及实施感到满意。	3.7		
8	我对马来语专业课程体系的翻译训练设计及实施感到满意。	3.8		
9	我认为马来语专业有必要建设双语课程体系。		4.9	
10	我认为马来语专业的双语训练对我未来的就业/深造有帮助。		4.7	
11	我对马来语专业双语课程体系的语言技能训练设计及实施感到满意。		4.5	4.6
12	马来语系教师承担的通识课"东南亚概况"增加了我对东南亚的了解。		4.2	

在前三题中，在校生的评分明显高于毕业生，说明2018年后入学的学生对马来语专业双语课程体系以及人文通识课程体系的满意度显著提升。毕业生其他方面的数据显示，大部分学生对自身口语、听力、阅读、写作、翻译五方面语言技能的培训基本满意，但仍有不少提升空间。其原因十分复杂，既有教师的，也有学生的，可能还有大环境的，篇幅所限，在此不展开。在校生其他方面的数据显示，学生对双语课程体系的必要性、现实价值、技能训练以及相关通识课的开设都有比较清晰的认知。其中必要性（第9题）得分高达4.9（98%），意味着几乎全体学生都认为有必要建设双语课程体系，而且有94%的学生（第10题）认为双语训练对就业/深造有帮助，反映出学生对双语技能现实价值的判断。

（六）开放性问题

除上述四大方面外，本次调查还准备了5个开放性问题，以便更准确且全面地了解学生对现有课程体系的评价。问题及作答情况总结如下：

问题一：你对已经完成的课程是否满意？为什么？

合计毕业生和在校生共 71 份问卷，回答满意的比例达到 99%。唯一表示"一般"的学生，其原因表述为："感觉听说能力较弱。"另外，大约有 70% 的学生都提到"大学英语"未能达到学生提升英语能力的期望值。现将部分回答摘抄如下：

学生 1："我对目前已经完成的课程总体来说感到满意。因为我通过各科课程尤其是专业课程，大大地提升了马来语听说读写的能力，但是英语类课程对于提升英语能力有所欠缺，还需要改进。"

学生 2："满意。马来语课程体系的满意度比英语课程的要高，专业课程课时安排较为合理，学到的东西也较多。英语课程体系课时太多，老师备课更新不及时。"

学生 3："满意。除了综英的课着实有点'水'。满意是因为大多数任课老师都很负责，我学到的也很多，而综英课感觉在教学内容和教学方式上可以设置得再深入和生动一些，提高同学们的参与积极性。"

学生 4："满意。已修习的课程加深了我对马来西亚乃至整个东南亚的认识，拓宽了我的眼界，也了解了其他国家的不同的文化。"

就这个问题的回答来看，毕业生和在校生对马来语专业课程都是比较满意的，对大学英语课程则普遍存在不满。

问题二：你知道马来语专业的课程分为语言技能类课程和人文通识类课程吗？如果知道，你认为迄今哪一门课程对你的学业帮助最大？请简要说明理由。如果不知道，请选出所有课程中对你帮助最大的课程，并简要说明理由。

回答"知道"的共计 65 人，约占 92%；回答"不知道"或"不清楚"等的共计 6 人，约占 8%，说明大多数学生都清楚这一分类。

关于哪一门课程对学业帮助最大时，共有 69 个有效答案，主要集中在以下 4 门课："基础马来语"，共 35 人，约占 51%；"马来西亚概况"，共 28 人，约占 41%；"高级马来语"和"马来语视听说"各 3 人，各约占 4%。可见，学生对于基础语言技能课的重要性是有充分认知的，同时也有近三分之一的学生认为"马来西亚概况"能够提升扩大知识面，提升对对象国的认识。现将部分回答摘抄如下：

学生 1："知道。我认为'基础马来语'对我帮助最大，几乎所有的马来语都是通过这一课程学的。"

学生 2："知道。我认为'基础马来语'和'马来西亚概况'二者（技能课程与人文课程）都对我很有帮助，技能课程必不可少，人文课程能让我们了解当地风土人情，更好地运用语言技能，二者相辅相成。"

学生 3：“知道。我认为‘马来西亚概况’对我帮助最大。课程用到的中、马、英三语材料很大程度上拓展了我的知识面。”

学生 4：“知道。我认为‘马来西亚概况（2）’对我帮助最大。学习马来西亚史纲的时候，预习英文材料和马来语材料，能够同时锻炼两门外语。”

学生 5：“知道。我认为‘马来西亚概况’对我帮助最大。理由：系统学习到很多关于马来西亚的知识，并从准备 pre 的过程中对中马关系有了更加深入的了解与分析，感觉到语言学习的人文学习一点也不枯燥，同样也能让自己去调查分析一个有趣的问题。”

学生 6：“知道。我认为‘马来语视听’这门课程对我帮助最大。因为这门课程最能拓宽我的知识面，增加我对马来西亚本地的了解，同时锻炼我的口语和听力能力。”

学生 7：“不太清楚。帮助最大的是‘高级马来语（1）’，老师备课挺充分的，中、马、英三语补充材料较多，且更新快，有利于我们了解最新情况，至少我觉得自己对马来西亚的了解更广了。”

学生 8：“不知道。我认为‘马来西亚概况’对我帮助最大。这门课程拓展了我的知识面。”

不难发现，即便是不知道语言技能和人文通识这一分类的学生，其实也已经意识到不同类型的课程对其语言技能和知识面拓展的作用。因此，在新生专业导航、课程导航中都可以强调当前课程在整个双语课程体系中的定位，以确认学生了解自己正处于哪一个阶段。

问题三：你认为马来语专业目前课程体系的优势是什么？

此题的答案较为多样化，回答“双语教学”的有 28 人，约占 39%；回答“师资优秀”的有 21 人，约占 30%；回答“覆盖全面”的有 14 人，约占 20%；回答“小班教学”的有 5 人，约占 7%；回答“简单易学”“紧凑合理”等的有 3 人，约占 4%。现将部分回答摘抄如下：

学生 1：“马来语专业的课程体系使用的是双语教学，四个学年课程难度由浅入深，循序渐进，且具有优秀的师资力量。”

学生 2：“双语课程。我认为其好处在于学习新的语言的同时不会荒废英语。”

学生 3：“涵盖听说读写全方面，且课时安排较为合理。”

学生 4：“优势在于我们拥有较强的师资能力，4 位教师的教学能力强，懂得因材施教，能提供给学生较为适当的教育和帮助，课程体系建设较为良好，在学生专业的听说读写等方面的课程较为丰富。”

学生 5：“小班教学可以更有针对性地学习，‘3.5＋0.5’出国留学增长见识，双语教学就业优势更大。"

可见，学生对于双语教学作为马来语专业优势的认可度较高，其次是对师资质量、技能覆盖面、小班教学等。上述优势应继续保持并发扬光大。

问题四：你认为马来语专业目前课程体系的劣势是什么？

此题的回答主要集中在实践输出机会少（约占22%）、教师人数少（约占20%）、教材老旧或存在错误等问题（12%）、大学英语课程质量不高（8%）四方面。其他学生则填了"没有劣势"（约占20%），或"不知道"（约占18%）。现将部分回答摘抄如下：

学生1："我认为目前的课程体系的弱势是不够综合和全面，语言的输入较多，但是对于语言的应用相对而言较少，虽然上课时以及课外会阅读，但是对于马来语的实际应用还未有成效。"

学生2："弱势在于建系时间较短，教师数量有限，暂时无法为学生提供更为多样性的专业课'选修类'课程，可供学生选修的课程较为有限。"

学生3："有些资源其实已经过时了，存在许多不明显的错误，对大一基础还不牢的学生造成一定程度的（学习）疑惑。"

学生4："对于大学英语课程的意见，我谨代表我个人，希望英语课程能够更加充实且紧密，甚至能够开设英语＋马来语的双学位模式。"

学生5："英语课程含金量不高，要真正提升英语水平很难。"

实际上，课程内实践已经占到目前总体学时的50%或以上，但学生仍然感觉实践输出机会少。可见，学生并不满足于课内实践，希望增加课外实践机会。此外，部分教材老旧问题本系已经在着力解决，接下来会陆续出版新教材。具体效果有待下一阶段调研后确认。

问题五：你对马来语专业未来课程体系的完善有何建议？

此题的答案主要集中在增加课外实践或模拟场景练习（约占45%）、丰富专业选修课课程门数（约占25%）、增加教学资源（约占15%）、辅修其他学科课程机会（10%）、其他（5%）等。现将部分回答摘抄如下：

学生1："我的建议是建设（有）和马来语实际运用（相关）的课程，能够让我们在学习马来语后有机会练习。不断持续地进行语言的实际输入与输出。例如，模拟课程，让学生们模拟场景对话，在课堂上即兴拟定场景，这样既可以锻炼学生们的反应能力，同时也能锻炼学生们的语言表达与运用能力。除此之外，如果能有一些辅助性的课程如'国际法律'或者与外贸相关的课程会更好，人才培养会更全面。"

学生2："课外实践活动可以增加。"

学生3："增加其他方面马来语知识的学习，如商业、法律等。"

学生4："希望马来语专业未来的课程体系可以更加丰富，多开设课程，激发学生的学习积极性和创造性，激发'教学互长'的内生动力。"

总体而言，学生对马来语未来课程体系完善的建议相对集中。关于针对增加课外实践和模拟场景练习，实际上已经在部分课程中加入了类似环节。关于丰富专业选修课课程门数和增加教学资源方面，由于目前广外马来语系师资确实人手不足，难以在现有基础上再加开新的选修课，只能待日后教师人数增加了再做出调整。2020—2021学年，马来语专业将会增加微专业模块，届时学生可以选择10个学分的其他专业课程，这将为学生提供辅修其他学科课程的机会。

（七）结语

综上所述，本次针对广外马来语专业双语课程建设与实践的调查结果可总结为以下四个方面：

第一，双语课程体系建设和实践已取得阶段性成果。目前已建成5门双语专业课程、1门双语通选课程和大学英语课程。学生对双语课程目标的认知度、课程必要性的认可度、课程教学要求的理解度、课程教学方式的接受度、教学内容的难度和方式等方面的满意度整体在90%以上。

第二，双语课程体系建设和实践目前所存在的问题主要来自内部和外部两方面。内部问题主要包括：学生对课程体系认知度仍有不足、双语课程与非双语课程之间的内容衔接不够紧密、课外实践与课内实践比重分配不够合理等方面；外部问题主要包括大学英语课程质量未能达到学生预期、师资偏少、教材更新不及时等。

第三，双语课程体系建设与马来语专业课程体系建设需同步推进，相辅相成，不可偏废。问卷所反映出来的大学英语课程质量等问题已经超出马来语专业课程体系范围，但对马来语专业人才培养，尤其是双语人才培养有影响，因此需通过大学层面的教学改革，才有可能助力马来语专业课程体系建设。2021—2022年的人才培养方案调整在一定程度上为此做出了努力，下一阶段的调研将着重关注这方面内容。

第四，关于双语课程的"中国故事"相关内容设计及反馈本次调查尚未进行详细研究。双语课程体系课程序列的进一步扩大将与下一阶段双语课程体系教材建设工作同步进行，相关研究将继续展开。

东盟语种专业口译课程目标定位和课程建设刍议

——以泰语专业为例

廖宇夫[*]

摘　要： 本文从目前全国高校泰语专业口译教学存在的问题入手，探讨泰语专业人才培养过程中口译课程建设与时俱进的必要性，结合高校泰语口译教学的特点，提出泰语专业口译课程的目标定位须符合口译人员的市场需求，突破人才培养方案的局限性以及促进自身学科的发展。在课程建设上，要以培养学生具备专业口译技能、口译思维以及掌握一定的同传技巧为核心目标，并从口译教师培养、课程内容选择、口译教材编写以及改进口译教学方法这四方面提出相应的课程建设对策。

关键词： 口译；目标定位；课程建设；东盟语种

一、引言

口译课程是高年级阶段语言学习的必修课，也是所有语言学习者所必须经过的一道关卡。由于涉及母语与译语之间的相互转换以及口译技巧，故而是语言学习高级阶段的一个难点。

与英语口译教学之规模、层次以及研究的深度和广度相比，全国各高等院校东盟语种的口译教学与研究领域还处在起步阶段，其口译教学主要是在笔译理论和实践的基础上开展，教学方法还沿用早期的以"口语＋语法训练"为主的模式，语言实验室、同传模拟会议室等口译训练辅助设施还未广泛采用。泰语，作为东盟语种中的一员，口译教学同样存在着许多客观和主观的局限性。从国内外泰语口译教学的现状以及发展趋势来看，如何定位口译课程和开展口译教学来提高泰语口译人员的专业素质是一个急需解决的问题。

＊　廖宇夫，广东外语外贸大学东方语言文化学院泰语系副教授，主要研究方向为泰国语言文学。

二、口译课程目标定位

课程的目标定位决定了课程内容和教学的方式。因而，合理的课程定位对于课程建设的重要性不言而喻。就目前来看，包含泰语在内的东盟各语种专业口译课程目标定位依然是侧重学生的双语转换能力，专题词汇、表述式的学习，导致口译教学和笔译教学以及精读课的教学界限模糊。从东盟语种专业的自身属性和发展趋势来看，需要从如下三个方面来定位：

（一）符合口译人员的市场需求

口译人员的培养目标应该是根据口译人才的市场需求来定位的。在相当长的一段时期里，高校所培养的东盟语种专业毕业生传统的口译职场就是各部委和各使领馆以及政府对外部门。此类用人单位一般要求毕业生具有扎实的相关外语功底并且具有良好的双语转换能力。高校优秀毕业生在毕业后基本上都能满足用人单位的需求，所从事的口译性质多为交替传译和外事、旅游等联络口译。但随着中国—东盟自由贸易区的建立，中国—东盟之间在经贸、文化、教育、体育、安全和卫生等领域的大量交往需要通过更多专业的译员来完成。甚至有不少的会议，如研讨会、洽谈交流会和产品推介会等需要同传译员。一年一度的中国—东盟博览会以及随之而来的各种峰会、论坛，更是催生了东盟语种高端口译市场的需求，因而中国—东盟口译人才市场对口译人员的素质提出了更高的要求。

（二）突破培养方案的局限性

东盟语种口译人才市场出现了新的需求。这个需求既是量的增加，更是质的提升。然而，不像英语口译人才的培养，除了各部委、使领馆、政府对外部门和高校，还有大量培训机构，东盟口译员的培养机构主要在高校。因而，高校的口译教学遇到了新的挑战，需要调整口译教学大纲的目标、内容和方法。

东盟语种专业本科阶段口译教学目标若仅是参照口译课程已成体系的同等程度的英语口译教学，差别似乎不大，其毕业生同样可以到外交部等国家部委从事翻译工作。但必须指出的是，英语专业的学生一般在三年级就开始分专业。若是高级翻译专业的学生，其在三四年级所接受的口译训练是全面而大量的，东盟语种专业的学生所接受的口译训练与之相比相去甚远。以广东外语外贸大学（以下简称"广外"）英文学院高级翻译专业与泰语专业的口译课学时为例，两相比较便可一目了然（见表1）。

表1　广外英文学院高级翻译方向口译课学时与东语学院泰语专业口译课学时对照一览表

专业	口译相关课程	周课时	课程安排
英语	连传技巧	4	三年级第一学期
	专题口译（1）	2	三年级第二学期
	英汉汉英口译	2	三年级第二学期
	专题口译（2）	2	四年级第一学期
	同声传译	2	四年级第二学期
泰语	泰语口译（1）	2	三年级第二学期
	泰语口译（2）	2	四年级第一学期

但这是东盟语种专业的教学体制所决定的。在高校提倡削减学分留出更多的时间让学生自主学习以及增加跨学科学分学习的趋势下，增加学分和课时显然是不可行的。同时，这种课程设置对于要培养一个专业的口译人员还相距甚远。以泰语为例，目前全国有多所高校招收泰语专业的硕士研究生，但只有北京外国语大学高级翻译学院已在2011年招收泰语本科的学生攻读复语同声传译方向的硕士生，但这个方向是完全独立于该校的泰语专业之外的。从理论上讲，泰语专业的学生要想成为一个具有专业素质的国际会议口译员，虽然也可以攻读高级翻译学院的复语同声传译方向，但除了技能方向的训练，其语言方面的训练很难保证。这就意味着，泰语专业的本科生需要具备比较高的水平来应对市场的需要。

如何在有限的课程设置中尽量让学生具备口译人员的素质是一个迫在眉睫的问题。这就需要解决本科学生口译课程的目标定位问题。上述泰语口译教学所面临的问题表明，传统口译教学目标——了解口译的性质、过程，具有双语思维能力以及掌握基本口译技巧和方法，具有一定的双语反应能力和口译能力，需要再进一步明确和扩充。鉴于泰语口译市场的需求以及进一步提高泰语专业学生自主学习和攻读口译方向专业硕士的能力，有必要培养学生具备专业的口译技能以及掌握一定的同传技巧。

（三）满足学科自身发展的需求

相比东盟语种语言教学历史之长，东盟语种相关语言文学学科的发展较为滞缓，这导致与学科发展相匹配的课程体系落后。广外东盟语种专业的建设已经有相当长的历史。早在20世纪60年代，广外的前身——广州外国语学院成立之初，就设立了泰语、印尼语、越南语专业，并于2013年和2015年获教育部批准分别成立老挝语、柬埔寨语、缅甸语和马来西亚语专业。广外东盟语种历史最长的三个专业，即泰语、印尼语和越南语专业，从创办以来，其毕业生就业率将近100%。其中，在各对象国驻中国各使领馆、中国各对外部门以及各对外贸易单位从事口译工作的毕业生约占了每一届毕业生的20%。随着中国—东盟关系的不断深入，这一比重有逐渐扩大的倾向。为了适应新形势下对口译人才培养的需求，广外非通用语种教学与研究中心于2014年底成立了翻译教学研究团队，主要是引领东盟语种专业教师开展相关翻译的研究以及打造口译教学团队，培养具有专业素质的口译人才。

长期以来，广外东盟语种各专业在人才培养模式上有很多共同优势。譬如"专业+英语+辅修"的人才培养模式、"3.5+0.5"中外合作办学模式等，为提升广外的东盟语种教学起到了重要作用。在口译人才培养模式上，也存在相同的问题，主要表现在口译教学的培养目标、课程内容和教学方式明显滞后，这些都是下述三个原因造成的。

首先，教学对象的客观局限性。东盟语种专业的学生为"零起点"，经过三年的专业学习后，具有基本的语言功底，在第6和第7学期开设的口译课程中往往因要解决语言表达问题而忽略口译技能的训练。

其次，教学目标与口译行业标准相距甚远。东盟语种作为非通用语种，口译课程仅是高年级阶段的一门提高课，并不是作为一种专业方向来进行培养和加强。加之许多大型的国际会议皆使用英语作为工作语言，因而对东盟语种口译人才的需求较为有限，学生缺乏实际的操练和经验积累。这些原因使得东盟语种的口译人员的专业素质普遍不高，在许多正式会谈、专业性较强的研讨会中口译方面比较吃力。另外，许多教师还将口译课视作口语课，只是采用简单的语言转换操练来进行会话练习，忽视了对口译员素质的培养，譬如译员的语音、仪态、职业规范等。

最后，教学手段单一。东盟语种各专业教师队伍普遍没有受过专业的口译训练，加之普遍缺少可用的口译教材，可掌握的各种会议、会谈的真实资料较少，可观摩的视听资料极度匮乏，这些因素都不利于口译教学的全面开展。甚至很多高校的口译课还是教师一人演独角戏，既扮演说话者，又充当评论者，导致学生不能在一节课的时间里有效地进行口译训练。

随着中国—东盟各方面交流的日益深化，对东盟语种口译人才的需求日益迫切。国内多所开设了东盟语种专业的高校开始摸索开设高级口译课程，并进行相关的教材和教学模式的探索。但其开设的课程内容比较单一，多侧重政治外交和经贸方面的口译，强调实用性。在教学方法和手段上，和其他课程的教学方法没有太大的区别，因而与培养专业口译人员的目标相差甚远。

当前，广外正朝着外国语言文学学科"冲一流"方向努力，急需寻找新的增长点，确定学科发展方向。东盟语种专业应该勇于探索和担当,坚守文学研究的学科立足点,将文学研究体系化。同时应该尝试在翻译学科上有所开拓,以目前存在的问题为导向,加快口译课程体系构建,为我校翻译学科开拓新的领域。

三、口译课程的建设内涵

口译课程建设包括课程内容建设、师资队伍建设两大部分内容。其中课程内容建设可细分为课程目标、教学内容和教材、教学方法和手段、实践条件建设、课程评估和管理建设。在课程内容体系中我们强调三个方面的教学训练:一是外语能力的强化提高,外语语言的精练是口译课程中的教学重点;二是母语驾驭能力的强化提高,在外语加强提高的同时,母语表达能力,尤其是表达质量、内涵的强化和提高也应该是重要的环节;三是跨学科专业领域知识的吸收和积累。要成为一名合格优秀的口译员,除了具备娴熟的双语驾驭能力之外,还应该掌握并拥有丰富的背景知识,这些都离不开口译课程的模式构建。目前国内具有代表性的口译课程模式是在 1999 年出版的《新编英语口译教程·教师用书》中正式提出的厦大模式,如图 1 所示[①]:

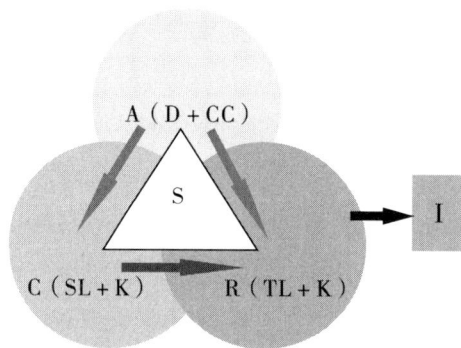

图 1 厦门大学口译训练模式

该模式经过不断实践和论证,于 2008 年形成了厦大口译训练模式的拓展版,添加了"口译准备"和"质量监控"两大模块,使口译训练过程更加科学化和系统化,但基本的核心内容依然不变。I 即 interpreting,指口译结果;原来的 S(skills)拓展为"S + P"即"skills + professional standard",指口译过程中口译人员应用的口译技巧与遵守的职业准则;"A(D + CC)"即"Analysis(discourse + cross-cultural communication)",指对语篇与跨文化交际成分的分析;"C(SL + K)"即"Comprehension(source

---

① 陈菁,肖晓燕. 口译教学:从理论到课堂[M]. 上海:上海外语教育出版社,2014:Ⅶ.

language + knowledge）"，指对原语及原语外知识的理解； "R（TL＋K）"即
"Reconstruction（target language + knowledge）"，指对原语的信息用目的语进行重组。在
强调口译技巧的同时，加入对口译人员应遵守的职业准则的思考，并以此为中心，综
合语篇分析、跨文化交际成分分析、原语及原语外知识的理解、目的语重组等获得满
意的口译教学效果。① 我们可以借鉴这一具有代表性的口译课程模式，从口译课程目标
定位出发，设定科学合理的课程体系。

另外，广外于 2016 年在首届全国高校口译教学研讨会上提出的"口译教学广外模
式"也为东盟语种口译课程的构建提供了可供参考的模式。"广外模式"的基本思想是
将完整的口译教学分为口译技能分解、技能强化和技能整合三大部分，最终实现口译
能力培养。其中，教师首先通过一定的课程教学内容，将口译的整套技能组合按照工
作原理细分为诸如原语听辨、信息加工、逻辑重组等具体环节，一一予以说明和练习。
然后，教师根据具体的语言组合所涉及的语言特定性问题和口译活动所涉及的内容主
题，从专题和语言两个方面入手，通过大量有的放矢的练习来强化学员的技能运用。②

上述两个模式都表明，口译过程最核心的理解和语言重组过程是可以也必须通过
一定技能训练才可以达成的。里面涉及的各项技巧，如听力理解、记忆、意义结构的
分析、信息处理、意义结构重组、笔记、注意力的分配等是构成口译课程的内容核心。
因而，东盟语种专业口译课程建设应围绕这个核心进行构建，题材和主题是为技能训
练服务的。只有当学生掌握了这些技能，才能很快地适应任何场合和主题的口译实践。

四、口译课程的建设途径

面对市场不断提高的要求和教学发展的需要，东盟语种专业口译课程要改进口译
课程设置，创新教学手段和方法，培养高素质的口译人才。东盟语种专业口译课程应
通过课程体系、实践环节、教学运行和管理机制、教学组织形式等多方面进行人才培
养模式的综合改革，培养应用型东盟语种专业口译人才。其中，最为迫切和重要的是
如下四个方面：

（一）口译课教师的自我提升

教师是课程建设的核心。尽管随着翻译学科的不断发展和完善，翻译学以及口译
理论的研究也日趋丰富和完善，但是最需要的研究、教学、实务兼备的教师目前依然

---

① 陈菁，肖晓燕．口译教学：从理论到课堂［M］．上海：上海外语教育出版社，2014：Ⅶ．
② 詹成．口译教学的"广外模式"：首届全国高校口译教学研讨会综述［J］．广东外语外贸大学学报，2016，27（4）：81．

凤毛麟角，这是口译人才培养领域需要共同面对的显著问题。由于东盟语种专业本身的局限性，口译实践的机会较少，相应地具有一定口译研究和丰富实践经验的教师则是少之又少。东盟语种专业口译课程教师应积极加强自身的理论学习，结合自身的翻译实践，摸索出培养专业口译人员的切实可行的训练模式、方法和内容，并且要接受进一步的口译教学培训，以适应教学的需要。此外，任课教师还要注意不要全盘照搬英语口译训练模式和内容，因语言存在差异，训练的重点则不完全相同。

（二）以"口译技能＋专题训练"为核心选择课程内容

口译技能是口译课的核心，也是口译课的最终目标。在专业的口译课程内容设置中，口译技能是贯穿整个课程的主线。以技能训练为主线，而不是以课文内容的主题来组织课堂教学，是初级口译教学的一个基本原则。口译技能是根本，掌握之后可以应用于任何主题的翻译。但由于东盟语种专业学生所掌握的语言知识和能力还不足以满足教学目标的需要，因而，有必要在学习掌握口译综合技能的前提下，选择适当专题来进行语言训练，或者是将口译技能糅合在专题训练中讲解。所选择的专题材料除了要有时效性，还要求题材既广泛又有针对性，以满足口译实践的需要。

另外，许多翻译专业人士认为翻译专业本科不应该设立同声传译方向，因为本科阶段学生在双语驾驭能力上还不够娴熟，同时因为本科学生年龄尚小，不具备相应的阅历和知识结构，这是就翻译专业本科的层面而言。目前全国东盟语种专业的本科教学并没有方向的划分，如高级翻译方向、文学、文化传播方向等，没有相应的教学体系承托翻译方向的教学，更不用说离我们更为遥远的翻译学硕士口译方向，然而市场已经产生了这部分的需求。在10—15年前，或许很多东盟语种专业教师都没有进入过同传箱，也不懂该如何去操作这些设备。时至今日，相信我们有不少东盟语种专业口译教师已经积累了一定的经验，这种需求还在增加。所以，笔者认为，由于东盟语种的特殊性和市场的需要，加之一些同传技巧如影子跟读，同样也可以用作交替传译的训练，我们可以在开设口译课的第二个学期适当地给学生传授一些同声传译的基本技巧、自我训练方法以及模拟东盟峰会等专题会议口译，至少让东盟语种专业的学生在毕业后不会因为从来没有接触过同传设备、不知道该如何做好会议同传而贻笑大方。

（三）口译教材的编写

许多高校翻译院系的主干课程中最为通用的教材是以翻译实务素材为核心，以自编或参考教材为辅助。由于口译课程的特殊性，尤其是口译实务中信息更新交替的速度之快决定了口译教学素材具有明显的时效性和时限性，所以更增加了教师编写教材的难度。

常见的口译教材大致可以归类为技能型、素材型和理论型三类，技能、素材、理论兼而有之的教材非常鲜见，更不用说东盟语种口译教材，东盟语种专业口译课教师常常苦于没有合适的教材而不知道该如何开展课堂教学。对于教材，可以一分为二地看：一方面，有了教材提供的教学资料，虽然方便些，但是也有许多局限性；另一方面，口译教材的编写还是应该侧重教学方法，而不是单纯提供素材。如果掌握了口译教学的基本原则、内容和方法，针对具体技能的训练去搜寻教学资料倒也不是件难事。[①] 可见，在教材的编写上，资料是围绕口译技能的训练来整理的。

（四）改进口译教学方法，由课堂延伸至课外，"内外"结合

传统的口译教学已经不能满足教学的需要，应该充分利用语言实验室、同传实验室以及 VR 虚拟仿真实验室等让学生来进行角色演练，模拟国际会议，以及创造机会让学生承担一些他们能胜任的口译实践。东盟语种的口译教学往往受到成年人学习外语方式的影响，即通过大量学习词汇、句型、语法到完整意思的顺利表达，导致学生形成偏重于语言表层结构的固定的语法理解模式，也就是无法脱离原语的外壳，做不到意思的真正表达。因而在教学方法上要侧重培养学生口译思维，尽量少讲理论，课堂上以学生训练为主，同时要注重课外的拓展训练。口译技能的训练与外语技能的训练十分相似，都是一个实践性很强的过程。口译的一些基本技能，如短期记忆、词汇反应速度、断句理解等，仅通过课堂教学是培养不起来的。因此，学生课外练习应成为口译训练的一个有机组成部分，应该有指导、监测甚至评估。[②] 东盟语种专业口译课程往往课时少，将课内和课外训练结合起来可以有效地完成课程的教学目标，激发学生的自我训练热情，也可以帮助他们尽快形成口译思维。

五、结语

总而言之，东盟语种专业口译教学虽然起步较晚，但依托广外在口译教学方面的成熟经验和配套的基础设施，完全能为东盟语种专业口译课程体系建设提供强有力的支撑，主要表现在：①有广外英语口译教学团队编撰的口译系列教材，为东盟语种口译教学提供教学咨询、支持以及课程设置指导，让东盟语种专业口译课程更加合理、系统化，为今后学科发展奠定基础；②有先进的多媒体语言实验室和同声传译实验室，可以让学生模拟操练；③有一定的教学和口译实践经验都具备的师资队伍，可以承担

---

① 鲍川运. 大学本科口译教学的定位及教学 [J]. 中国翻译，2004，25（5）：31.
② 鲍川运. 再议大学本科口译教学 [J]. 外语教育，2008，8（0）：6.

起课程建设的重任。

当前口译人才培养日趋专业化、职业化，构建科学合理的口译课程体系对于东盟语种口译专业人才的培养尤其具有重要意义。广外东盟语种专业应充分发挥专业优势，立足广东，面向全国，率先改革口译课程设置、优化教学内容、改进教学手段与教学方法，特别是口译课程中增加实践内容，实现从"注入式"教学向应用型教学的飞跃。同时与相关对外部门开展各种教学实践实习活动，锻炼学生的口译应用能力，开辟应用型口译人才培养的新路子。

泰语专业一流课程建设的探索与实践

——以广外"基础泰语"为例

罗奕原[*]

摘　要： 本文以"基础泰语"为例，从师资队伍建设、课程创新与课程考核评价三个方面探讨广外泰语专业一流本科课程建设的路径：加强师资队伍建设，打造一流课程团队；突出课程创新，强化以学生为中心，加强课程思政建设，真正实现线上线下混合式教学；完善考核评价体系，细化考核评价标准。

关键词： 泰语专业；一流课程；课程建设；"基础泰语"

一、引言

2019 年印发的《教育部关于一流本科课程建设的实施意见》（教高〔2019〕8 号）[①]，明确指出一流本科课程建设总的指导思想是"落实立德树人根本任务，把立德树人成效作为检验高校一切工作的根本标准，深入挖掘各类课程和教学方式中蕴含的思想政治教育元素，建设适应新时代要求的一流本科课程，让课程优起来、教师强起来、学生忙起来、管理严起来、效果实起来，形成中国特色、世界水平的一流本科课程体系，构建更高水平人才培养体系"，并提出了一流本科课程建设应遵循"两性一度"的基本原则，即高阶性、创新性、挑战度，强调"课程是人才培养的核心要素，课程质量直接决定人才培养质量"。

广东外语外贸大学（以下简称"广外"）泰语专业成立于 1970 年，是教育部非通用语种本科人才培养基地、教育部第一批高等学校特色专业建设点、广东省高等学校特色专业、广东省质量工程专业综合改革试点的主要专业之一，入选教育部"双万计

---

[*] 罗奕原，广东外语外贸大学副教授，研究方向为泰国语言文学。

① 教育部关于一流本科课程建设的实施意见 ［EB/OL］. (2019 – 10 – 27). http://www.moe.gov.cn/srcsite/A08/s7056/201910/t20191031_406269.html.

划"首批国家级一流本科专业建设点。"基础泰语"系列课程是广外泰语专业核心课程，授课时限为两年，强调将语言基础知识与语言实际运用能力有机结合，使学生掌握泰语语言基础知识，掌握常用的词汇量，较好地了解泰国社会与文化，具有较强的语言技能与沟通交流能力和学习思辨能力，对于学生整体能力的培养和专业一流课程的体系构建极为重要。该系列课程经过近二十年的实践，在国内同类高校泰语教学界拥有较高的知名度与较大的影响力，获评 2021 年度广东省课程思政示范课程、广外首批校级"三进"课程思政示范课程、2021 年省级课程思政课程优秀案例。

笔者总结"基础泰语"课程的具体实践，进一步探讨广外泰语专业打造一流课程的建设路径。

二、"基础泰语"课程建设的具体实践

该系列课程采用"以学生为中心"、全人教育的教学理念，积极践行价值塑造、能力培养、知识传授三位一体的教学目标体系，坚持立德树人，在课程讲授中系统融入习近平新时代中国特色社会主义思想，为培养具有家国情怀、全球视野、创新能力、过硬本领、担当精神的中译泰高素质人才打下坚实的基础。

（一）采用团队教学模式

该系列课程由校级"基础泰语课程教学团队"负责授课，秉持"两性一度"理念，做好课程思政设计，突显教师的育德素养，找准思政切入点，进行凝练精讲拓展，在立德树人方面获得了学生的一致肯定，目前已是国内外有一定声誉、教研能力较强、年龄职称知识结构合理、教学效果优良的"基础泰语课程教学团队"，2014 年通过校级第一批教学团队的验收，2021 年度被认定为校级本科基层教学组织优秀案例，2022年被评为校级课程思政教学团队。本团队重视梯队培养，目前已形成年龄结构、知识结构、职称结构合理的教学团队，保证课程教学顺利开展。本课程每个阶段保证两人合上，建立集体备课制度，统一制定教学计划与授课进度，统一相关教学内容与教案，统一考核评价标准，共同完善课程教学过程档案，保证了教学过程的规范化、系统化；教学效果显著，课堂测评成绩一直名列前茅，多位教师连续多年获得校级教学优秀奖项。

（二）重视课程教材建设与网络课程资源开发

该系列课程的教学团队编撰出版了"基础泰语"系列教材及配套的《泰语书写练习册》，获评我校"十二五"规划教材、教育部第一批特色专业建设点系列教材，以及中国非通用语种教学研究会优秀成果教材类奖项。该套教材自出版以来，因其内容充实、难度适中、情景生动、编排新颖、发音专业、易学易懂而受到国内外的一致好评，

其国内外销量居同类教材榜首，累计近40万册，为国内80%开设泰语专业院校的首选教材，也是中泰两国泰语自学者和泰语培训机构的首选教材。同时，本课程与世界图书出版广东有限公司共同开发了丰富的网络课程资源，包括《基础泰语》（1～4）有声点读书、配套音频，《基础泰语》（1～2）在线视频教程，在世界图书出版广东有限公司官方App"世图粤读"和"非通在线"上公开发布，其中《基础泰语》（1～4）配套音频还进驻喜马拉雅官方指定"多语种之家FM"，《基础泰语》（1）在线视频教程在"学习强国"上推出，累计使用达254万人次。最新出版的"纸质教程＋在线视频"配套《泰语多媒体情景口语》，使得教学内容更加丰富，使教材、音频、微课、视频实现一体化，充分融合了线上教学和线下教学的需要，实现了课程教学资源的共享，与课程教学高度融合。

（三）注重实践能力的培养

该系列课程教学环节分为理论教学和课内实践两部分，其中课内实践占课程总学时的20%。在教学过程中吸收翻转课堂教学理念，强化学生的主体地位，采用启发、互动等方式激发学生学习、反应、交际的主动性，提倡学生团队合作，引导学生利用"互联网＋"进行探究式学习，积极参与课堂讨论、课堂展示等课内实践，培养学生自主学习、独立思考和综合运用知识的能力。同时，结合教学内容，搭建了多维立体的实践教学体系：指导学生开展各级大学生创新创业训练和创业实践项目，运营微信公众号"小火柴在广外"和"迪迪马爱唠嗑"；指导学生第二课堂活动，包括语音语调比赛、朗诵比赛、征文比赛、演讲比赛、影视剧配音比赛等泰语技能大赛，泰国文化系列活动，泰国传统节庆活动等。课内外实践与课堂教学内容相辅相成，有效促进学生的学习积极性，提高学生的语言实际运用能力，培养学生的创新意识和创业能力，增强学生的创新精神和实践能力。

（四）注重课程思政的融入

该系列课程对基础知识的传授固然重要，但是对于刚进入大学阶段的学生而言，帮助学生塑造正确的世界观、人生观、价值观，提升综合能力，培养独立思考能力，了解泰国社会与文化，增强文化自信，培养思辨能力更是首要任务。在知识与技能方面，注重培养学生的专业技能，提高其理论与实践相结合的能力；在情感态度与价值观方面，重视培养学生主动学习的兴趣和人际沟通能力。同时，还注重培养学生的团队合作精神和良好的心理素质。课程思政融入的要点和重心体现在教学大纲、教学内容和教学方法上。

1. 注重课程思政设计，强调育人目标

（1）开展教研活动，提升育德素养。组织教师专题学习习近平新时代中国特色社会主义思想，增强理论素养；组织课程教学研讨，多维度推动"基础泰语"课程"三进"工作，采取"传帮带"、集体备课、团队授课等方式提高团队教师的思想水平与业务能力，在教学过程中充分发挥价值引导、情感传递和道德示范的作用。

（2）精选思政元素，设计思政切入点。从知识点中挖掘思政元素和对教材内容进行拓展，设计各阶段思政教育的重点，结合时政热点进一步延展思政教育；同时选取中国优秀传统文化等方面内容作为语言知识点案例，增加学生对新时代中国的理解与认同，深入了解中华文化的历史魅力和时代价值，增强文化自信，为正确传播中国文化树立意识导向。如语音阶段培养学生对专业的热爱；学习《泰国水灯节》《泰国宋干节》《从东北到东北》等课文，提高对泰国文化的认识；学习《中国的外交政策》《东盟》《联合国》等课文，增强制度自信，提高辨识能力和社会责任意识。

（3）整合价值模块，凝练精讲拓展。在知识传授中融入价值引领，将社会主义核心价值观中的和谐、爱国，以及继承优秀文化传统等方面的内容与课文内容无缝衔接，创新教学方法，精讲拓展，在潜移默化中让学生吸收知识、接受思政教育，是完成专业教学和思政教育的最佳结合。

2. 注重开展实践教学，强化实践育人

注重课堂教学和实践活动的综合配套训练，拓展形式多样的课程思政模式。

（1）以赛促学，赛中见思政。结合党史学习教育活动，组织"译心向党"中译泰竞赛和译文朗诵大赛、"泰语红色经典配音大赛"、红歌翻译合唱大赛等，将党史学习与专业教育融促结合，用泰语讲好中国故事，培养爱党、爱国、爱校情怀。

（2）以项目育人，知行合一。通过大创项目运营微信公众号，打造课程思政实践平台，成为对外宣传中国，对内传播泰国语言与文化艺术的窗口。

（3）开辟行走课堂，讲好中国故事。带领学生走出课堂，课内课外、线上线下相结合，懂国情，探民生，深入了解岭南文化，培养人文素养与爱国情怀。

（4）强化第二课堂，显性引导与隐性融入双轨并行。通过丰富多彩的泰国文化活动增强对语言对象国的了解，提升跨文化能力。

三、泰语专业一流课程建设的路径

课程建设要有一流的教师队伍、一流的教材、一流的教学方法、一流的教学管理等。笔者结合"基础泰语"课程，从师资队伍建设、课程创新和考核评价三个方面探讨泰语专业一流课程的建设路径。

（一）加强师资队伍建设

教育部"四个回归"要求中"回归本分"就是要引导教师热爱教学、倾心教学、研究教学，潜心教书育人。而引导学生"回归常识、回归初心、回归梦想"具体的实践者也是教师。因此，建设教师队伍，组建一流的课程教学团队，是开展一流课程建设的关键。

（1）加强团队协作。注重教学团队建设，强化课程团队教学，重视"传帮带"工作，完善集体备课制度。课程教学团队由具有高水平、高素质、基础理论扎实、教学经验丰富、教研能力强、教学效果好的教师负责，带动其他教师一起组成，通过"传帮带"，开展团队教学，根据课程类型决定团队成员人数。一些课程除了所在专业教师教授外，也可以由相近专业的教师组成跨专业教学团队，统一制定教学计划与授课进度，统一相关主题的教学内容与教案，统一考核评价标准，共同完善课程教学过程档案。

（2）具备扎实的专业知识、较强的语言能力、较好的人文素养，尤其是应具备课程思政的引领能力。课程思政的关键在教师，在教学中教师应具备将传授专业知识、训练外语技能和培养学生的理想信念有机结合起来的能力，完成专业人才培养的总体目标。和其他非通用语专业一样，泰语专业教师人数有限，教师的课程思政引导能力更为凸显。本专业实施"3＋1"或"3.5＋0.5"的中泰联合培养模式，学生在大三期间将成建制赴泰国留学一学期或一学年，所以课程教学中思政教育的作用尤为重要。教育者必先接受思政教育，专业教师首先要不断提升自己的理论素养和思想水平，才能通过引导、启发、讨论等方式激发学生主动思考和探索，实现对学生的思政引领。

（3）具备实践教学的能力。一是应具备课堂实践环节的主导能力。这就要求教师具备对课堂教学的把控能力，即对动态的、生成性课堂互动的调度与驾驭能力。二是应具备课外实践活动的指导能力。第二课堂活动和大创项目是课堂教学的延伸，应结合专业特点与课程内容，训练学生的创新精神、实践能力与综合分析能力。三是应具备对学生赴国外学习与校外实习实践的指导能力，锻炼学生的语言实际运用能力。

（4）提升开发课程教学资源的能力。整体提升教学团队开发利用网络资源、网络教学的技术技能，以适应课程内容的需要。重视网络课程开发，不断开发课件，制作出集视、听、讲为一体的富有本课程特色的高质量的教学课件；对现有的网络资源加以维护并及时更新，充实、完善网络教学资源，充分发挥网络优势，实现课程的网络辅助性教学，开发高水平高质量微课及在线开放课程，丰富并共享优质课程资源。重视教材建设，修订现有"基础泰语"系列教材，既保留一些有知识传承性的传统的内容，更要增加一些前沿性、时代性强的内容，尤其是分类型、分层次、分专题融入《习近平谈治国理政》泰文版内容。

（二）突出课程创新

以课程内容为依托，注重学生的专业素养与语言运用能力的培养；注重课程教学由课内向课外延伸；强调以知识带动技能，语言输出与语言输入能力培养相结合，注重拓展辅助性课程教学，改进教学方法与手段，强化师生互动、生生交流，注重因材施教，启发学生积极参与课堂讨论。

1. 强化以学生为中心

即以学生发展为中心，关注学生的需求与特点，采用适合他们的教学方法与手段，根据科学合理的教学设计，让学生积极参与互动、主动学习，完成教学目标要求。与"基础泰语"课程一样，其他课程应遵循非通用语教学的规律，教师在课堂教学中依然起着主导作用，即以教师为主导、学生为主体，积极引导学生主动参与课堂，充分发挥学生在教学过程中的主体作用。在教学中有意识地增加课程的挑战度，如精读课、概况课、文学课、报刊选读课，教师可通过设计与课程内容相关的问题，让学生主动探求知识，借此发现新的知识、信息和问题；也可通过设计更多以学生为主导的实践环节来激发学生的学习兴趣，采用启发式教学，让学生以主体的地位在发现和探究中完成学习。

以学生为中心可提升学生的学习积极性，锻炼自主学习能力，有助于学生更好地理解教师传授的知识点，并通过发散思维进行拓展。以学生为中心这一理念对教师和学生的要求愈发严格。一是教师和课堂的角色在一定程度上发生了改变。教师是课堂教学中的指导者和组织者，起到引导、指导与督促学生学习的作用。课前教师有针对性地进行教学设计和提供教学内容相关的补充材料，课堂上引发学生讨论，引导学生根据具体教学内容开展形式多样的课堂实践。教师角色的转变将以教师讲授为主的课堂活动形式逐渐转向课堂展示、答疑解惑、合作探究等，教师在互动中了解学生的问题，给予有效的辅导，有助于加强课堂互动，使课堂成为师生之间、学生之间交流互动的场所。在整个教学过程中，教师应适当把控课堂节奏，使课堂各个环节有难有易、衔接紧密，并进行针对性的点评，帮助学生不断改进。二是锻炼学生的自主学习、探究学习和合作学习的能力。在教学中参与课堂讨论、进行课堂展示，锻炼学生的表达能力、语言综合运用能力和团队合作能力。如"基础泰语"课堂教学中课前纠音、听写、讲述、演讲等活动由学生在教师指导下自主完成，课内实践环节让学生根据具体教学内容在教师引导下开展形式多样的课堂汇报。课前任务考验学生的自觉性和主动性，学生须充分做好准备；课堂上的汇报发言与互动交流有效地提高了学生的口语表达能力；课外学生还可通过线上资源自我掌控学习节奏，从而调动学习积极性。

以学生为中心，即要明确"学生要学什么，要学生学什么，学生要怎么学，怎么让学生学"的问题，并将课堂讲授、课堂讨论、课堂展示、课外实践结合起来。针对泰语专业师资有限的特点，一些课程可以采用"主讲教师＋泰国教师＋校外教师＋线上资源"共同授课的半翻转、开放式教学模式来丰富课堂内容和教学形式。此外，在课堂上要特别注重引导学生把自己的学习与国家需求如"一带一路"建设、"粤港澳大湾区建设发展规划"等结合起来，注重跨学科的交叉融合，让学生认识到自身的使命与担当，调动学生学习的积极性和主动性。

2. 加强课程思政建设

进一步完善价值塑造、能力培养、知识传授三位一体的教学目标，加强教学设计。坚持立德树人，"以学生为中心"，培养具有中国情怀和国际视野、掌握中泰两国语言文化知识、具有良好跨文化交流能力和基本国际传播能力的汉泰翻译人才，更好地服务国家外交战略和"走出去"战略。

在所有课程、各个教学阶段应融入思政教育元素，加强理想信念教育，厚植爱国主义情怀，实现思政教育与知识体系教育的有机统一，实现思政教育的全过程引领。泰语专业课程同样肩负着培养学生语言能力与思想引导、价值观塑造的重任，应进一步挖掘专业课程体系中蕴含的思政教育元素，合理设计课程思政教学，建设更多课程思政示范课程，提高人才培养质量，培养政治思想素养过硬的综合型泰语人才，在中泰交流合作中站稳中国立场、服务好国家战略。根据不同阶段不同课型选择相应的导入方式。如低年级阶段通过"基础泰语""泰国概况""泰语视听""泰语阅读"等，侧重培养学生对专业学习的热爱、对泰国文化的认识、对中国文化的自信、对中泰文化冲击的思辨能力，使得学生在大三上学期出国留学时具备"免疫力"。高年级阶段尤其是学生留学归来，主要开设"高级泰语""泰国文学作品选读""泰语笔译""泰语口译""泰国报刊选读""旅游泰语"等课程，每门课程均制定了与人才培养目标相一致的课程教学目标，旨在有效全面地提升学生的听、说、读、写、译五方面技能，同时加深其对泰国社会、文化、文学的理解，具备初步的研究和探索技能，培养其语言综合应用能力、中外文化对比研究能力和跨文化能力，并结合课程内容引导学生如何讲述中国故事，传播中国声音，增强学生的文化自信，培养学生的高级思辨能力。

进一步完善实践教学体系，学思结合，知行合一，增强学生善于解决问题的实践能力。深入开展课堂之外多种形式的教学实践，拓展课程思政实践平台，加强本专业微信公众号在课程思政建设中的作用，既能提高学生的泰语水平，更能锻炼他们的综合实践能力。

进一步创新联动协同育人机制。以语言实践为主，辅以专业领域实践，培养能直接"对话"泰国各领域、懂得中国话语和叙事体系、深谙对外话语体系、掌握传播艺术的高端泰语人才。

总之，课程思政是对专业课内容的重新认识、梳理和挖掘，发掘专业课程中的思政元素。关键要把握好思政目标与专业课程融合的"标准"，不能生搬硬套，应有机融入，有效促进学生对知识点的理解、掌握、拓展与深化。即"要像盐溶于汤中；要产生化学反应，不要物理焊接，更不要堆砌"。[①]

3. 加强线上线下相结合

疫情防控期间的线上教学促使教师不断提升运用信息技术的能力，包括各种平台的使用、资料的搜索与整理、资源的发布与共享、教学方法的运用、考核方式的变化，等等。从长远来看，在线教学不仅是非常规教育手段，还将成为今后线上教学的新常态，"互联网＋"多媒体技术的教学手段变得更加普及，线上线下混合式教学已然是大势所趋，更是一流课程建设的重中之重。新形势下泰语专业更需推动运用信息技术手段与课程的融合，应重视网络课程开发，对现有的多媒体课件加以完善，对现有的网络资源加以维护并及时更新，建设更多高水平高质量微课、慕课资源，开发在线开放课程，丰富并共享优质课程资源。教师应调整教学内容和创新教学方法，评估与考核也应随之重新调整与设计，真正实现"互联网＋"背景下线上线下、课内课外相结合的教学模式，在教师的引导下，让学生进行自主学习和合作探究。如"基础泰语"课程调整了教学计划，增加每学期线上学时，充分使用课程线上教学资源，通过原有三个平台（即广外非通用语在线学习平台、世界图书出版广东有限公司官方 App "世图粤读"和"非通在线"）和新开发的慕课 SPOC 平台，将课前、课中、课后三阶段贯穿为一个教学整体，让学生能随时随地、反复地观看，能够培养学生的自主学习能力，拓展了学生学习的时间和空间，大大提高了课程的教学效率和效果。

（三）完善课程考核体系

课程建设中应针对教学目标、教学内容、教学组织实施来构建能力考核与知识考核并重的多元化评价方式。课程类型不同，其考核内容和考核方式应相应调整。考核内容除了检查学生对知识点的掌握情况，还应反映学生在该课程学习中能力和素养的水平，更要测试学生应用所学知识解决问题的能力。考核方式方法既要看重学习结果，也要注重学习过程。应注意过程性考核与结果性考核有机结合，重视过程性考核在评价中所占的比重，细化每一次考核评价的具体要求，强调过程性评价的科学性、可测量性，加强对学生课堂内外、线上线下学习的评价，加强课堂分组报告、课后作文等作业评价方式，加强同伴互评与教师评分相结合的综合性评价，制定具体考核与评价标准，不断提升课程学习的广度、深度和挑战性。评价过程是完全可以追溯的，应进行课程考试质量评估，更好地把握和评价学生的学习情况，有效地评价学生是否达到

---

① 张黎生. 专业课程融入思政工作的教学设计理念与方法［Z］. 上海建桥学院交流，2018－12－13.

专业人才培养目标所具备的素质要求、知识要求和能力要求。

本专业根据如"基础泰语"系列课程制定了具体的考核评价标准，成绩分布由平时成绩和期末考试成绩组成，其中平时成绩占60%，期末成绩占40%。期末成绩又分为笔试成绩和口试成绩，其中笔试成绩占期末成绩70%，口试成绩占期末成绩30%。平时成绩包括参与课堂讨论、课堂展示、课外作业、期中考试、出勤以及线上学习反馈等。所有环节的评分均由两位老师共同完成，且有完整的课程考核记录与课程考试质量评估。

四、结语

总而言之，面对新文科背景下一流课程建设的新形势，泰语专业课程建设的目标应围绕人才培养的核心任务，针对不同的课程制定具体、可操性强的课程目标，满足新文科形势下泰语本科人才培养的需求。课程建设中应充分体现"两性一度"的基本原则，在高阶性方面，使学生达到基本素质要求、知识要求和能力要求；在课程创新性方面，强化以学生为中心，在"互联网+"背景下充分运用现代信息技术实现线上线下相结合、课内课外相结合的互动与探究式教学，注重课程思政元素的融入；在难度性方面，加大创新性、综合性的内容，加强线下、课外的自主学习与团队合作，强化课堂实践环节，注重过程性考核。同时，在一流课程建设时应正视泰语作为非通用语种的特殊性，既要借鉴大语种的经验，也要遵循非通用语种自身的教学规律，经过不断的积累和研究打磨，提升课程质量和人才培养质量。

马来语专业课程思政探索与实践

——以"马来语阅读（2）"为例

侯燕妮[*]

摘　要： 习近平总书记在全国高校思想政治工作会议上强调，要坚持把立德树人作为中心环节，把思想政治工作贯穿教育教学全过程，实现全程育人、全方位育人。广外马来语专业以立德树人、润物无声为目标，以"马来语阅读（2）"为试点，积极进行专业课程思政探索与实践。通过专题式教育、拓展启发式教育和运用式教育相结合的教学实践，取得了一定成绩。今后，将以此为出发点，以点带面，建设马来语专业课程思政体系。

关键词： 课程思政；立德树人；马来语阅读

习近平总书记在 2016 年的全国高校思想政治工作会议上强调："要用好课堂教学这个主渠道，思想政治理论课要坚持在改进中加强，提升思想政治教育亲和力和针对性，满足学生成长发展需求和期待，其他各门课程都要守好一段渠、种好责任田，使各类课程与思想政治理论课同向同行，形成协同效应。"① 长期以来，高校思想政治理论课与其他各类通识教育课及专业课犹如楚河汉界一般，平行而存，互不交织。这显然与习近平总书记所要求的"同向同行""协同效应"是背道而驰的。从"思政课程"到"课程思政"的转化无疑是解决这一问题的有效途径。

所谓"课程思政"，指的是学校所有教学科目和教育活动，以课程为载体，以立德树人为根本，充分挖掘蕴含在专业知识中的德育元素，实现通识课、专业课与德育的有机融合，将德育渗透、贯穿教育和教学的全过程，助力学生的全面发展。② 课程思政作为一种更为柔性、隐性的教育方法，在对学生进行思想培养与价值引领方面有着思

---

* 侯燕妮，博士，广东外语外贸大学马来语系讲师，主要研究方向为马来西亚文学、历史。

① 习近平谈治国理政：第二卷［M］. 北京：外文出版社，2017：378.

② 吴月齐. 试论高校推进"课程思政"的三个着力点［J］. 学校党建与思想教育，2018（1）：67.

政课程无法比拟的优势。广东外语外贸大学（以下简称"广外"）马来语专业作为国家级一流专业建设点，积极响应号召，以立德树人为总体目标，在进行知识传授的同时，也注重对学生的价值塑造和引领。其中，"马来语阅读（2）"课程为本专业课程思政建设的试点及代表性课程，被评为广东省 2020 年度课程思政建设改革示范项目。

一、总体目标与思路

"才为德之资，德为才之帅。"立德树人是大学的立身之本，是对人才培养的根本要求。我们党历来重视高校德育工作和思想政治工作。中共中央、国务院在 1999 年 6 月作出的《关于深化教育改革，全面推进素质教育的决定》指出："实施素质教育，就是全面贯彻党的教育方针，以提高国民素质为根本宗旨，以培养学生的创新精神和实践能力为重点，造就'有理想、有道德、有文化、有纪律'的、德智体美等全面发展的社会主义事业建设者和接班人。"[1] 德智体美全面发展，德为第一。党的十八大提出"立德树人"教育方针。2018 年 9 月 10 日，习近平总书记在全国教育大会上提出，"培养德智体美劳全面发展的社会主义建设者和接班人，加快推进教育现代化、建设教育强国、办好人民满意的教育"[2]。

大学之道，在明明德。立德树人、润物无声是"马来语阅读（2）"课程的总体目标，知识传授与价值引领协同并进是本课程的基本思路与核心要求。具体来讲，即在该目标与思路的引领下，着重培养学生对各领域、各层次马来语文章的阅读、理解及运用能力，同时树立正确的思想政治理念，怀抱共产主义远大理想和中国特色社会主义共同理想，增强学生的中国特色社会主义道路自信、理论自信、制度自信和文化自信。通过这一过程，为新时代的中国培养具有较强跨文化交际能力、具有中国立场、立志肩负起民族复兴的时代重任的外语人才，真正让"小语种、新战略、大作为"发挥其应有的作用。

对于外语学习者来说，掌握良好的听说读写译技能是基本要求。外语教师在传授知识的过程中，应充分利用不同课程的特点，提升学生的外语水平。与视听、笔译、口译等具有明确训练目标的课程相比，阅读课则更需要从多方面入手，培养学生的综合能力。鉴于此，对于"马来语阅读（2）"这门课程来说，由于其授课对象为马来语

---

① 中共中央 国务院关于深化教育改革，全面推进素质教育的决定（1999 年 6 月 13 日）[EB/OL].（2008 - 05 - 29）[2021 - 02 - 24]. http://jw. beijing. gov. cn/tmc/tongzhi/201706/t20170626_1466471. html.

② 习近平：坚持中国特色社会主义教育发展道路 培养德智体美劳全面发展的社会主义建设者和接班人 [EB/OL].（2018 - 09 - 10）[2021 - 02 - 24]. http://www. xinhuanet. com/politics/leaders/2018 - 09/10/c_1123408400. htm.

本科二年级学生，教师经过一学期的知识传授，其教学目标即在学期末使学生能达到以下水平：

第一，能读懂中等难度的原文材料及文章，要求速度达到每分钟80个词，了解主要内容和情节，并能根据所读材料进行推理和分析，通过上下文和构词知识能够猜测和判断词义。

第二，能在3—4分钟内速读1 000个词左右的中等难度的文章，了解大意。

第三，能够熟练使用词典，初步学会查阅参考书，独立解决大部分语言难点和背景知识。

课程思政并非在已有课程基础上新开一门课程，也不是在课堂上单独辟出一段独立时间专门进行思想政治教育，而是将思想政治教育和价值引领融入课堂教学的每一个环节，达到润物无声的效果。"马来语阅读（2）"的价值引领即在知识传授的过程中，有机融入思政元素，达到培养学生家国情怀、社会责任、科学精神、职业操守、历史文化等素养的目的。具体体现在以下三个方面：

第一，增强学生的社会责任感和求真务实的科学精神。主要通过学习对象国政治、经济、文化、科技等方面的知识，运用外语跨文化交际的教学方法，加强学生对"一带一路"倡议、粤港澳大湾区建设计划的了解，提升学生对外交往所需的社会责任感和职业荣誉感。

第二，增强学生的文化自信，提升民族自豪感和国家荣誉感。主要通过利用马来语语料来学习中国传统文化、了解中马两国在历史上面对西方列强及日本侵略者的屈辱历史、介绍中国著名城市和景点以及中马两国双边交流情况等手段来实现。

第三，增强学生对新时期我国治国理政理念的了解。通过对现代环保、科技、金融、管理等国际性话题材料的学习，引入我国新时期治国理政理念，如"绿水青山就是金山银山"、科技兴国、科技强国、构建人类命运共同体等。

二、具体实践——三大教学模式齐头并进

马来语专业的开设在我国高校已经有超过50年的历史。近年来，随着我国"一带一路"倡议的实施以及与东盟国家关系的不断提升，中马两国在政治、经贸、文化、旅游等领域的交流进一步增加，由此带动了马来语专业在国内的新一轮发展。为适应专业发展及中马双边交往的需要，真正将立德树人、润物无声的理念融入专业课堂教学，与学校开设的思政课程这类德育显性课程相得益彰，达到双管齐下之功，真正培养出符合社会主义核心价值观的外语人才，马来语阅读课程作为专业主干必修课程之一必须具有全新的设计思路和思政理念。

在教学内容选取方面，该课程以本专业负责人谈笑教授编写出版的国家级教学成果一等奖系列教材——《马来语阅读教程（2）》作为主干教材，所有文章均选自当代马来语最新报刊和图书，文章体裁多样，题材广泛，涉及政治、经济、文化、历史、科技、金融、环保等多个领域。所选文章语言规范，难度适中，对学生阅读理解能力的提升以及世界观、人生观、价值观的培养均大有裨益。

在教学设计和教学方法上，以学生阅读理解、做练习为主，教师讲解为辅。该课程摒弃以往"填鸭式""满堂灌"式教学，注重研讨性教学，充分调动学生的自主性，通过形式多样的练习，引导学生深入思考。在思考的过程中，将思政元素有机融入其中，培养学生的家国情怀、社会责任、科学精神、职业操守以及历史文化等素养。具体来说，本课程主要通过以下三种教学模式开展课程思政探索与实践。

（一）专题式教学

对于外语学习者来说，阅读课程既是对外语综合技能的运用，也是对外语综合能力的考验，原因之一即在于阅读材料的丰富性与多样性，需要外语学习者同时调动单词、语法、句法以及相关背景知识储备，将其综合运用，以达到迅速、准确理解文章的目的。随着互联网的不断发展，不同类型的阅读材料相对更容易获得。面对浩如烟海的阅读材料，如何甄别、选择是对阅读课教师的第一个考验。课程思政的提出与践行，正好为阅读课教师提供了一种选择思路。以马克思主义为指导，按照立足中国、借鉴国外，挖掘历史、把握当代，关怀人类、面向未来的思路①，对阅读材料加以甄别选择，以专题形式开展阅读课程教学，真正帮助学生树立中国特色社会主义道路自信、理论自信、制度自信和文化自信。而这正是本专业"马来语阅读（2）"课程思政探索的思路之一。

"马来语阅读（2）"共2个学分，32个学时，其教学内容分属16个教学周完成，每周1次课，每次2个学时。该门课程以专题的形式展开，每周一个专题，共16个专题，内容涉及政治、经济、文化、历史、艺术、科技、环保等。通过专题的形式，一方面让学生在有限的教学周内尽可能对中国、马来西亚各领域知识有所了解，另一方面借不同专题将不同思政内容融入其中，让学生在学习专业知识和技能的同时，形成较为完整的思想价值观念，促进学生全面发展。教育部前部长陈宝生曾指出："要认真研究党的理论创新成果与各学科专业理论知识的融合方式，既不能做'披萨饼'，也不能做'三明治''肉夹馍'，要做成'佛跳墙''大烩菜'，真正将习近平新时代中国特

① 刘承功. 高校深入推进"课程思政"的若干思考 [J]. 思想理论教育，2018（6）：66-67.

色社会主义思想融入教材之中。"① 表1即"马来语阅读（2）"所分专题情况及不同专题思政点的融入方式和预期成效。

表1　《马来语阅读（2）》思政点

专题序号	知识单元	课程思政点	融入方式	思政育人预期成效
1	黑洞	科技兴国、科技强国	从科技知识点和专业词汇切入科技兴国、科技强国的重要性	增强学生的社会责任感和求真务实的科学精神
2	围魏救赵	中国传统文化与哲学思想、家国情怀	从中国成语故事切入中国传统文化、哲学思想	增强学生的文化自信，提升民族自豪感和国家荣誉感
3	亚特兰蒂斯	求真务实的科学探索精神	从对自然之谜的探索培养求真务实的科学探索精神	增强学生的社会责任感和求真务实的科学精神
4	水危机何时休	"绿水青山就是金山银山"的习近平新时代治国理念	从环保话题切入如何构建生态文明以及"绿水青山就是金山银山"的习近平新时代治国理念	增强学生的环保意识和对新时期我国治国理政理念的了解
5	清真寺建筑艺术：传统与外来影响之间	文明互鉴、民心相通及构建人类命运共同体	从建筑艺术的发展变化切入传统文化和外来文化"文明互鉴"的意义	增强学生的文化自信，提升民族自豪感和国家荣誉感
6	巴迪布：马来西亚优质手工艺品	珍视民族文化传统，弘扬祖国非物质文化遗产	从对传统手工艺品的介绍切入对祖国优秀非物质文化遗产的保护和传承发扬问题	增强学生的文化自信，提升民族自豪感和国家荣誉感
7	证券交易所的商业活动	提高职业素养，加强职业操守	从现代金融业、证券业的发展态势及对我国的影响切入如何提高素养，加强职业操守	增强学生的社会责任感和求真务实的科学精神

---

① 及时把习近平新时代中国特色社会主义思想落实到教材中　教育部全面修订96种马工程重点教材［EB/OL］.（2018－02－13）［2022－02－25］. http://www.moe.gov.cn/jyb_xwfb/gzdt_gzdt/moe_1485/201802/t20180213_327362. html.

（续上表）

专题序号	知识单元	课程思政点	融入方式	思政育人预期成效
8	李显龙：世界第一高薪	反腐倡廉	从新加坡"高薪养廉"公务员制度切入我国当前反腐倡廉的主题	增强学生对新时期我国治国理政理念的了解，提升社会责任感
9	马来亚早期历史	保护文物古迹和古代文献	从马来亚地区的早期历史切入对文物古迹及历史文献的保护问题	增强学生的文化自信，提升民族自豪感和国家荣誉感
10	绿化吉隆坡	构建生态文明以及"绿水青山就是金山银山"的习近平新时代治国理念	从环保话题切入如何构建生态文明以及"绿水青山就是金山银山"的习近平新时代治国理念	增强学生对新时期我国治国理政理念的了解
11	英巴峡谷：自然宝库	构建生态文明以及"绿水青山就是金山银山"的习近平新时代治国理念	从环保话题切入如何构建生态文明以及"绿水青山就是金山银山"的习近平新时代治国理念	增强学生对新时期我国治国理政理念的了解
12	南京：珍惜和平，欣赏艺术	"勿忘国耻，振兴中华"的理念和珍视传统文化的家国情怀	从外国人游南京的感受切入"勿忘国耻，振兴中华"的理念和珍视传统文化的家国情怀	增强学生的文化自信，提升民族自豪感和国家荣誉感，培养家国情怀
13	麦木娜！哦，麦木娜！	当代大学生修身、立业、交友问题	从青少年学习生活话题切入当代大学生修身立业的规划问题	增强学生的社会责任感，提升待人处事的能力，加强修身立业规划
14	体育是团结国民的工具	振奋民族精神，培养家国情怀	从体育对马来西亚国民的团结作用切入发展我国体育事业、振奋民族精神的主题	增强学生的文化自信，提升民族自豪感和国家荣誉感，培养家国情怀

（续上表）

专题序号	知识单元	课程思政点	融入方式	思政育人预期成效
15	感受 F1 车队的工作方式	提升科学治理能力	从现代体育管理模式切入如何提升科学治理能力的问题	增强学生的社会责任感和求真务实的科学精神
16	语言独立，思想独立	对祖国传统语言文化的珍视和热爱	从语言对国家民族的意义切入保护祖国传统语言文化的重要性	增强学生的文化自信，提升民族自豪感和国家荣誉感，培养家国情怀

对于大部分学生来说，高校思政课程被视为大学学习生涯的"精神痛苦"，其重要原因之一即理论脱离实际，学生难以产生共鸣。专题式教育内容丰富、重点突出、贴近实际，以大量鲜活的现实问题为切入点，因势利导，让学生学会思考，将理论运用到实际，从实际中提取思想财富，才能称得上是润物无声。

（二）拓展启发式教学

相对于互联网所涵盖的丰富材料来说，《马来语阅读教程（2）》所囊括的 16 个专题内容可谓冰山一角，倘若仅仅将教学活动局限于这 16 篇文章，教学效果必将大打折扣。因此，从传授知识的角度来说，拓展式教学是非常必要的。但想要达到知识传授与价值引领协同并进的效果，光有拓展式教学是不够的。在拓展教学的同时，还必须引入启发式教学，二者合二为一，在拓展的同时对学生加以引导、启发，才能更好地发挥课程思政的效果。拓展启发式教学即"马来语阅读（2）"在课程思政建设方面的又一探索。

拓展式教学贯穿"马来语阅读（2）"课程始终，主要通过两种形式实现：一是对相关主题背景知识、关联知识的介绍，二是以视频、图片等形式进行课前导入。以"水危机何时休"专题为例，课文主要对马来西亚水污染现状及其对未来发展的影响进行了详细介绍。教师在进行该专题的讲解之前，将新加坡—马来西亚供水风波的来龙去脉进行了详细梳理，在拓宽学生知识面的同时，也进一步凸显了水资源对国计民生的重要性。在此基础上，运用启发式教学，引导学生思考中国的水资源状况及中国在水资源保护方面做出了哪些努力，我们在保护水资源方面能做出何种贡献。通过循序渐进的启发式提问，引导学生不断思考，以此切入如何构建生态文明以及"绿水青山就是金山银山"的习近平新时代治国理念，增强学生的环保意识和对新时期我国治国理政理念的了解。

"马来语阅读（2）"拓展启发式教学的另一重要形式即视频、图片式课前导入。正如诗歌创作讲究起兴一样，阅读课的课前导入同样有其不可替代之处。以"南京：珍惜和平，欣赏艺术"专题为例，通过课前导入介绍南京的视频，吸引学生的注意力，提升学生的学习兴趣。该视频时长约六分钟，配音为英文，因为英文在马来西亚也是一门极其重要的语言，所以教师在马来语课程当中经常穿插英文内容，以培养学生熟练的马、中、英三语转换能力。

在播放视频之前，教师将对学生提出具体要求，包括视频中提到了哪些景点，南京这座城市具有什么特点，一些专有名词用英语、马来语如何表达。通过课前导入，让学生对南京这座历史名城有初步了解，再与教材内容相结合，引导学生进一步思考：南京大屠杀遇难同胞纪念馆建在什么地方？这座纪念馆有何功能？1942—1945 年马来亚的情况如何？明孝陵和中山陵的建筑各有什么特点？为何在古代云锦的价格如此昂贵？江南贡院在中国古代起到了什么作用？

在这一过程中，教师运用拓展材料，通过今昔对比、中外对照，结合"外国人眼中的中国历史名城"这一主题，激发学生"勿忘国耻"的家国情怀和珍视本民族传统文化遗产的民族自豪感及爱国热情。

（三）运用式教学

大部分高校思政课程给学生留下枯燥、乏味的印象，其重要原因在于学生单纯吸收理论知识，而无法以理论知识解决现实问题。为避免专业课程思政教育陷入同样的困境，广外马来语专业在进行课程思政建设时，注重培养学生的知识转化能力，让学生学会举一反三。教师通过运用式教学，增加学生在教学活动中的参与度，做到现学现用，在巩固语言知识点的同时，进一步强化思政教育内容。

"马来语阅读（2）"运用式教学模式主要通过三种形式开展。第一种形式即通过完成课后练习加强学生对所学内容的理解与掌握。课后习题分为回答问题、填空、写反义词和翻译句子四道大题，第一、第四大题作为课后作业，第二、第三大题当堂完成，帮助学生进一步加深对课文内容的理解和对词汇的掌握。

第二种形式即根据不同专题所设置的课后思考，这一形式要求学生通过课后查阅资料和深入思考来完成。例如，"清真寺建筑艺术：传统与外来影响之间"这一专题的课后思考问题为：介绍一处中国传统建筑，突出中外文明互鉴的作用和效果。为完成这一问题，学生不仅需要深入了解中国传统建筑艺术，同时也需要对中外文明互鉴的含义了然于心。

第三种形式即根据每周所学专题内容，以课堂为出发点，选取相关主题，以小组形式做延伸性学习和探究，并完成课堂展示。这一形式与第二种形式在一定程度上有相似之处，都需要学生课后查阅资料、深入思考，都可以对语言知识和思政内容起到巩固强化的作用。但其不同点在于，第二种形式更多是锻炼学生的口头组织能力，而第三种形式在锻炼学生口头表达能力的同时，也是对团队协作精神的培养。例如，通过对"李显龙：世界第一高薪"专题的学习，鼓励学生举一反三，探究、思考马来西亚的反腐倡廉制度及措施，或将马来西亚、新加坡和中国的反腐倡廉措施进行对比，培养学生独立思考的能力，激发学生服务人民、廉洁自爱的意识以及为实现中华民族伟大复兴的中国梦而努力的社会责任感。

三、未来课程思政建设方向及着力点

从"思政课程"到"课程思政"的转变符合时代发展的需要，是新时代思想政治教育发展的重要方向。思想政治教育不再只是思想政治理论课教师的事情，而是所有教师都应共同努力的方向。经过专业教师的努力，广外马来语专业以"马来语阅读（2）"课程为试点，开展专业课程思政建设探索与实践，已取得一定成绩，但依然存在明显不足。为此，本专业拟在今后的课程思政建设中，从以下三点着手，打造真正符合时代需要的马来语专业课程思政建设体系。

第一，以"马来语阅读（2）"为点，结合课程特色，以点带面，先挖"富矿"，再挖"贫矿"，陆续形成马来语专业课程思政建设体系。广外马来语专业培养目标即培养既有扎实的马来语语言基础知识和熟练的听、说、读、写、译等技能，全面了解对象国基本情况，又掌握英语基础知识和技能，并有一定的科研方法，能在外事、经贸、文化、新闻出版、教育、科研、旅游等部门从事翻译、研究、教学、管理工作的高级马来语专门人才。为实现这一目标，本专业开设了包括"基础马来语""高级马来语""马来西亚概况""马来西亚历史""马来语阅读""马来语口语""马来语视听""马来语语法""马来语写作"等在内的多门专业必修课程和选修课程。不同课程有不同特点和教学侧重点，所蕴含的思政点也不尽相同。因此，要真正建成马来语专业课程思政体系，需要专业教师具体问题具体分析，找准着力点，深入挖掘不同课程所含思政元素，先从思政元素较多的课程如阅读课、历史课、概况课等入手，循序渐进，逐步深入，多点成面，最终形成马来语专业课程思政建设体系。

第二，调动专业教师的积极性，提升专业教师的课程思政意识和能力。专业课程教师是实施课程思政的主体，是课堂教学的第一责任人，他们的思政意识、思政素养和思政能力对于课程思政教学改革的成果至关重要。[①] 专业课程思政与思政课程不同，其思政元素需要专业教师自己挖掘。专业教师能否真正挖掘出专业课程所含的思政元素，与教师自身思政意识和思政能力密切相关。因此，提高专业教师对课程思政的认同感和使命感是本专业今后建设课程思政的首要任务。

不可否认的是，探索专业课程思政，光有一身使命感与认同感是不够的，专业教师自身的思政能力也不可或缺。专业教师自身思政能力有待提升是本专业教师目前面临的较为迫切的问题。为此，在今后的课程思政建设过程中，专业教师应积极学习党的先进思想理论以及路线方针政策，深入挖掘《习近平谈治国理政》所蕴含的宝藏，真正做到习近平总书记所强调的"学高为师，德高为范"。

第三，将课堂思政与实践思政相结合，充分发挥社会实践活动的德育作用，让学生在实践中成长。本专业重视培养学生的实践能力，开设了"马来语口语""马来语视听""旅游马来语""马来语口译"等实践教学课。实践教学课并非必须局限于教室，充分利用广州作为"千年商都"和华南第一城的历史、人文底蕴，将学生带出教室，走进各大博物馆和历史遗迹，如广东省博物馆、西汉南越王博物馆、广东华侨博物馆、广东革命历史博物馆、辛亥革命纪念馆、粤海关博物馆、黄埔古港等，将课堂思政与实践思政相结合，激发学生的爱国热情、文化自信和民族自豪感。

四、结语

习近平总书记在全国高校思想政治工作会议上强调，要坚持把立德树人作为中心环节，把思想政治工作贯穿教育教学全过程，实现全程育人、全方位育人。[②] 这是对新时代高校人才培养工作方向的明确指导，是对高校培养什么样的人、如何培养人以及为谁培养人的科学回答。广外马来语专业以立德树人、润物无声为目标，以知识传授与价值引领协同并进为思路，积极开展专业课程思政探索与实践，取得了一定成绩。在今后的发展过程中，应进一步统一思想、增强意识、提高思政能力，形成具有广外马来语特色的专业课程思政建设体系。

---

① 成桂英. 推动"课程思政"教学改革的三个着力点 [J]. 思想理论教育导刊，2018（9）：67.
② 习近平：把思想政治工作贯穿教育教学全过程 [EB/OL]. (2016 – 12 – 08) [2022 – 02 – 26]. http://www.xinhuanet. com//politics/2016 – 12/08/c_1120082577. htm.

"基础柬埔寨语"课程思政建设探究

苏华才[*]

摘 要： "基础柬埔寨语"课程思政建设应以"基础柬埔寨语"课程为载体，将思想政治教育贯穿"基础柬埔寨语"课程教学全过程。在推进的过程中，结合"基础柬埔寨语"课程的实际情况，从育人目标、教师的育人意识和能力、课堂教学、考核评价等方面有效推进，不断提升育人实效，切实提高柬埔寨语专业人才培养质量。

关键词： 基础柬埔寨语；课程思政；建设

课程思政是将高校思想政治教育融入课程教学和改革的各个环节、各个方面，实现立德树人润物无声。[①] 新时代新形势，党和国家高度重视高校课程思政建设。2014年，上海市委、市政府在推进上海市教育综合改革过程中率先提出"课程思政"。2017年，中共教育部党组印发《高校思想政治工作质量提升工程实施纲要》，首次以全国性教育文件形式提出"课程思政"[②]，并将其纳入育人体系。2019年，中共中央办公厅、国务院办公厅印发《关于深化新时代学校思想政治理论课改革创新的若干意见》，首次以中央文件形式提出"整体推进高校课程思政"[③]。2020年，教育部印发了《高等学校课程思政建设指导纲要》，并强调"全面推进高校课程思政建设，发挥好每门课程的育

---

* 苏华才，讲师，广东外语外贸大学东方语言文化学院柬埔寨语系教师，主要研究方向为柬埔寨语言文化。

① 高德毅，宗爱东. 课程思政：有效发挥课堂育人主渠道作用的必然选择［J］. 思想理论教育导刊，2017（1）：33.

② 中共教育部党组关于印发《高校思想政治工作质量提升工程实施纲要》的通知（教党〔2017〕62号）［EB/OL］.（2017 - 12 - 05）［2021 - 03 - 06］. http：//www. moe. gov. cn/srcsite/A12/s7060/201712/t20171206_320698. html.

③ 中共中央办公厅 国务院办公厅印发《关于深化新时代学校思想政治理论课改革创新的若干意见》［EB/OL］.（2019 - 08 - 14）［2021 - 03 - 06］. http：//www. xinhuanet. com/politics/2019 - 08/14/c_1124876294. htm.

人作用，提高高校人才培养质量"①。课程思政建设的重要性不言而喻。那么，"基础柬埔寨语"课程思政建设应如何开展，才能实现立德树人，达到润物无声的育人效果？本文将根据"基础柬埔寨语"的课程特点，从育人目标、教师的育人意识和能力、课堂教学、考核评价等方面来探究该课程的课程思政建设。

一、明确立德树人的育人目标

育人目标具有导向性，可以为课程思政建设指明方向。"基础柬埔寨语"课程思政的育人目标应如何设立呢？在推进"基础柬埔寨语"课程思政建设时，应从我国教育的基本情况出发，结合"基础柬埔寨语"课程的实际情况，从而明确该课程的立德树人这一育人目标。

立德树人是教育之本。随着社会的发展，党的教育方针越来越突出立德树人。党的十八大首次提出"把立德树人作为教育的根本任务"②。党的十九大明确指出"要全面贯彻党的教育方针，落实立德树人根本任务"③。《高校思想政治工作质量提升工程实施纲要》《关于深化新时代学校思想政治理论课改革创新的若干意见》等多份纲领性文件亦强调以立德树人为根本。与此同时，习近平总书记也多次强调立德树人：立德树人是高校立身之本④；"要把立德树人的成效作为检验学校一切工作的根本标准"⑤；要把立德树人融入思想道德教育、文化知识教育等环节，贯穿高等教育等领域，教师要围绕这个目标来教，学生要围绕这个目标来学⑥。可见，立德树人在教育中的地位和作用越来越突出。那么，立德树人需要立什么样的德、树什么样的人？新时代，立德最根本的是明大德、守公德、严私德，而树人归根结底要培养德智体美劳全面发展的社

---

① 教育部关于印发《高等学校课程思政建设指导纲要》的通知（教高〔2020〕3号）[EB/OL].（2020 – 06 – 01）[2021 – 03 – 06]. http://www.moe.gov.cn/srcsite/A08/s7056/202006/t20200603_462437.html.

② 胡锦涛在中国共产党第十八次全国代表大会上的报告 [EB/OL].（2012 – 11 – 18）[2021 – 03 – 06]. http://cpc.people.com.cn/n/2012/1118/c64094 – 19612151 – 7.html.

③ 习近平在中国共产党第十九次全国代表大会上的报告 [EB/OL].（2017 – 10 – 28）[2021 – 03 – 06]. http://cpc.people.com.cn/n1/2017/1028/c64094 – 29613660 – 10.html.

④ 习近平在全国高校思想政治工作会议上强调：把思想政治工作贯穿教育教学全过程 开创我国高等教育事业发展新局面 [N]. 人民日报，2016 – 12 – 09.

⑤ 习近平在北京大学师生座谈会上的讲话 [N]. 光明日报，2018 – 05 – 03.

⑥ 习近平出席全国教育大会并发表重要讲话 [EB/OL].（2018 – 09 – 10）[2021 – 03 – 06]. http://www.gov.cn/xinwen/2018 – 09/10/content_5320835.htm.

会主义建设者和接班人，勇担民族复兴大任。① 有鉴于此，把立德树人作为"基础柬埔寨语"课程思政的育人目标，这既符合当前教育新形势，也符合新时代中国特色社会主义高等教育发展的要求。

立德树人是人才培养的核心。以广东外语外贸大学（以下简称"广外"）为例，"基础柬埔寨语"是柬埔寨语专业的核心课程，也是课程思政建设的主阵地。在推进"基础柬埔寨语"课程思政建设过程中，落实立德树人是重中之重。只有把立德和树人有机结合起来，将立德树人融入"基础柬埔寨语"课程思政建设中，着力于学生的全面发展，才能有效达成"基础柬埔寨语"的课程目标，从而更好实现柬埔寨语专业的人才培养目标，达到《外国语言文学类教学质量国家标准》的要求，把学生培养成"具备良好的专业知识与能力，并具有正确的世界观、人生观和价值观，良好的道德品质，中国情怀和国际视野，社会责任感，人文与科学素养，合作精神，创新精神以及学科基本素养"② 的人才。与此同时，只有坚定不移地践行立德树人，才能把柬埔寨语专业的学生培养成"思想素质高、专业水平高、跨文化交际能力强、实践创新能力强，具有家国情怀、全球视野、创新能力、担当精神的高素质国际化人才"③，从而实现广外的人才培养目标。因此，只有坚持立德树人，才能培养出新时代的高素质外语人才。

基于当前的教育背景，以立德树人为育人目标，并把立德树人内化到"基础柬埔寨语"课程思政建设各个环节、各个方面，以立德为根本、以树人为核心，引导学生坚定理想信念，自觉培育和践行社会主义核心价值观，坚持正确的价值追求，不断提升学生的思想道德素质和科学文化素质，促进学生德智体美劳全面发展，从而培养能够担当民族复兴大任的时代新人。

二、提高教师的育人意识和能力

师者，传道受业解惑也。教师不仅承担着传播知识、传播思想的使命，也肩负着塑造灵魂的重任。专业课教师是课程思政的实施主体，在课程思政建设中发挥着重要作用。专业课教师的育人意识和育人能力是决定课程思政育人成效的关键因素。如何

---

① 白显良，崔建西. 新时代立德树人的价值定位、时代内涵与实践要旨 [J]. 思想理论教育，2018（11）：4-9；习近平：坚持中国特色社会主义教育发展道路 培养德智体美劳全面发展的社会主义建设者和接班人 [EB/OL]. (2018-09-10) [2021-03-06]. http://www.xinhuanet.com/politics/leaders/2018-09/10/c_1123408400.htm；习近平：思政课是落实立德树人根本任务的关键课程 [EB/OL]. (2020-08-31) [2021-03-06]. http://www.gov.cn/xinwen/2020-08/31/content_5538760.htm.

② 教育部高等学校教学指导委员会. 普通高等学校本科专业类教学质量国家标准：上 [M]. 北京：高等教育出版社，2018：92.

③ 广东外语外贸大学简介 [EB/OL]. [2021-03-06]. https://www.gdufs.edu.cn/About%20GDUFS/General_Information.htm.

提高专业课教师的育人意识和育人能力，这是"基础柬埔寨语"课程思政建设亟待解决的问题。

增强教师的育人意识，强化教师的责任担当。随着高校课程思政建设的推进，课程思政建设存在的问题也逐渐凸显，特别是专业课教师的育人意识。有些专业课教师的育人意识较为薄弱，对课程思政重要性的认识还不够到位，有的专业课教师甚至认为搞课程思政建设就是"种了别人的地，荒了自己的田"。广外柬埔寨语专业的部分任课教师也存在类似的问题。鉴于此，"基础柬埔寨语"任课教师要深刻认识到"基础柬埔寨语"课程所承载的育人功能，并树立主体意识，积极主动作为，自觉投身到课程思政的建设中，把课程思政贯彻落实到该课程教学各环节，化被动为主动，让育人意识在教师的内心深处扎根。任课教师在提高育人意识的同时，还应强化责任担当。因此，"基础柬埔寨语"任课教师应自觉站在培养德智体美劳全面发展的社会主义建设者和接班人的高度，主动承担起育人责任，做到育人自觉，认真负责，"守好一段渠、种好责任田"，在进行课程教学的同时应及时跟进学生的思想动态，并根据学生的身心发展特点，探索符合学生的成长规律和发展需求的育人方法，担起学生健康成长指导者和引路人的责任，[①] 切实担起培养中国特色社会主义事业建设者和接班人的责任。

提升教师的育人能力。教育者先受教育，专业课教师只有不断提高自身综合素质，才能更好发挥育人作用。良好的综合素质是育人的基础，综合素质越高，育人的基本功打得越扎实，育人的能力才能得到提升。课程思政的育人效果也随着育人能力的提升而变得更加显著。那么，"基础柬埔寨语"任课教师应如何提高自身的综合素质？"基础柬埔寨语"任课教师应主动学习马克思主义理论、习近平新时代中国特色社会主义思想等相关思想政治理论知识，夯实理论功底，提升理论水平，切实提高自身的思想政治素养。任课教师在加强思想政治理论学习的同时也应努力学习本学科的专业知识和其他科学文化知识，不断提高自身的业务能力，提升自己的知识素养。与此同时，"基础柬埔寨语"任课教师还应严格要求自己，力争达到"政治强、情怀深、思维新、视野广、自律严、人格正"[②] 的基本要求，全面提升自身的修养。这就要求任课教师要坚定对马克思主义的信仰和对中国特色社会主义的信念，对所讲的内容高度认同，要有家国情怀和传道情怀，对课程思政建设有执着追求，同时，具有宽广的知识视野和国际视野，做到课上课下一致，用高尚的人格和学识魅力感染学生，正确引导学生，

① 习近平在全国高校思想政治工作会议上强调：把思想政治工作贯穿教育教学全过程　开创我国高等教育事业发展新局面［N］. 人民日报，2016－12－09.

② 习近平：思政课是落实立德树人根本任务的关键课程［EB/OL］.（2020－08－31）［2021－03－06］. http://www.gov.cn/xinwen/2020－08/31/content_5538760.htm.

做为学为人的表率。此外，学校、学院的相关部门应为专业课教师开展课程思政建设创造条件。譬如，组织和开展与教师育人能力相关的培训、研修班、讲座和主题座谈会，搭建课程思政的交流平台，组织专业课教师考察调研等，通过多种形式帮助专业课教师提升其育人能力。

课程思政建设的关键在教师。专业课教师是铸魂育人的重要力量。"基础柬埔寨语"课程思政建设应抓住专业课教师这个关键。专业课教师应牢固树立课程思政育人意识，肩负育人之责，勇于担当。与此同时，还应提高自身的综合素质，以提升其育人能力。专业课教师应充分发挥教师课程育人的主体作用，在育人的过程中始终坚持教书和育人的统一，从而提高"基础柬埔寨语"课程思政育人的实效性。

三、用好课堂教学主渠道

课堂教学是高校教育教学的基本组织形式，是传授知识的基本途径，也是育人的主渠道。课堂教学在育人方面发挥着重要的作用，直接影响着课程育人效果。如何利用课堂教学这个主渠道实现课程思政育人效果，这是"基础柬埔寨语"课程思政建设的重点。

用好课堂教学主渠道，对开展"基础柬埔寨语"课程思政建设尤为重要。习近平总书记在全国高校思想政治工作会议上强调，"做好高校思想政治工作，要用好课堂教学这个主渠道"[①]。这一重要论述对于发挥课堂教学在育人中的主渠道作用和提高思政育人实效具有重要的指导意义。《高校思想政治工作质量提升工程实施纲要》在课程育人质量提升体系中明确提出，"大力推动以'课程思政'为目标的课堂教学改革，梳理各门专业课程所蕴含的思想政治教育元素和所承载的思想政治教育功能，融入课堂教学各环节"[②]。由此可见，课堂教学在育人中的地位和作用越来越突显。因此，课程思政的建设须牢牢抓住课堂教学这一主渠道，"基础柬埔寨语"课程思政的建设亦是如此。以广外为例，"基础柬埔寨语"是一门专业核心课程，也是一门必修课。根据该校2020版的《柬埔寨语专业人才培养方案》，可知"基础柬埔寨语"分为四个学期授课，每学期的总课时均为160课时。该课程的授课课时在柬埔寨语专业课（包括专业必修课和专业选修课）总课时中占比为40%，其中，在专业必修课课时中的占比为

① 习近平在全国高校思想政治工作会议上强调：把思想政治工作贯穿教育教学全过程　开创我国高等教育事业发展新局面［N］. 人民日报，2016－12－09.
② 中共教育部党组关于印发《高校思想政治工作质量提升工程实施纲要》的通知（教党〔2017〕62号）［EB/OL］.（2017－12－05）［2021－03－06］. http://www.moe.gov.cn/srcsite/A12/s7060/201712/t20171206_320698.html.

53.3%。基于此，紧抓"基础柬埔寨语"的课堂教学，发挥其课堂育人作用，对学生的影响最为直接和深刻。这对"基础柬埔寨语"课程思政建设至关重要。

用好课堂教学主渠道，充分发挥课堂育人的作用，应深入挖掘"基础柬埔寨语"课程中所蕴含的思想政治教育元素，并将其融入课堂教学。在遵循思想政治工作规律、教书育人规律和学生成长规律的基础上，结合学生的思想特点和发展需求，巧妙地将习近平新时代中国特色社会主义思想、社会主义核心价值观的精髓要义等思想政治教育内容融入课堂教学中，引导学生坚定理想信念，培养学生的爱国情怀、奋斗精神和社会责任感，让学生在学习专业知识的过程中自觉加强自身修养，不断提高自身的道德品质、思想水平、政治觉悟和文化素养，以提升其综合素质，争做社会主义合格建设者和可靠接班人。例如，在教授"基础柬埔寨语（2）"中《我们的大学》这一课时，通过互动式教学，教育学生珍惜大学四年的学习时光，学好专业知识和其他科学文化知识，不断求知问学，丰富学识，增长见闻，并引导学生树立崇高的理想信念，增强使命担当，为中柬交流做贡献。与此同时，结合本专业的特点，恰如其分地将思想政治教育元素与专业知识点相融合。譬如，在讲授"基础柬埔寨语（1）"时，通过探究式教学，让学生运用马克思主义唯物辩证法分析学习中存在的问题，培养学生的思辨能力。"基础柬埔寨语（1）"是柬埔寨语的入门课程，以语音知识为主，《高棉词典》（1967）中的单词注音通常被当作该词的标准读音，但在实际生活中，个别词汇的读音发生了变化，与词典所标注的读音存在出入，这是因为语音会随着社会的发展而发生变化。因此，在讲授语音知识过程中应引导学生用发展的观点看问题。同样，也应引导学生辩证地看待涉及柬埔寨经济、社会等方面的内容，坚持用全面的观点看问题。总之，应尽可能采用多种教学方式，增强课堂教学的生动性、感染力和吸引力，不断提高课堂教学质量。

"基础柬埔寨语"课程思政建设应用好课堂教学这一主渠道。深入挖掘课程思政元素，融入"基础柬埔寨语"教学，在知识传授和能力培养中加强对学生思想价值的引领，将价值塑造、能力培养和知识传授融为一体，把学生培养成德才兼备、全面发展的人才，从而实现思政教育与知识教育的有机统一，实现育人与育才的统一。

四、完善课程考核评价

考核评价是"基础柬埔寨语"课程思政建设的一个重要环节，对"基础柬埔寨语"课程思政建设起着诊断、调节、监督等作用。科学合理的考核评价对"基础柬埔寨语"课程思政建设有促进作用。那么，在推进"基础柬埔寨语"课程思政建设中，应如何完善该课程的考核评价，使之更加合理呢？

首先，完善考核评价内容。人才培养效果是课程思政建设评价的首要标准。[①] 因此，应把课程思政育人效果纳入"基础柬埔寨语"课程考评内容，并适当增加课程思政育人效果的评价比重，以考察课程思政建设情况和育人效果。其次，用好课堂教学评价这一评价形式，充分发挥课堂教学评价的作用。以学生自评和学生对教师评价的形式，分阶段对"基础柬埔寨语"课堂教学的育人效果进行评价，如期中评价、期末评价等，以考查学生纵向的自我发展、对课堂教学的认同度和获得感以及对教师的认可度等。基于对学生评价的分析，教师对该门课程的课堂育人方面进行反思，特别是在学生的发展方面，以便发现育人的不足，促进教师以评促改，逐渐提升课堂育人的质量。此外，学校、学院的管理部门还应优化教学管理，从多个评价角度、多个评价主体来考评，提高评价结果的信度和效度，形成一份客观合理的综合性评价。譬如，相关管理部门可以选派专业课程的管理人员，如教学督导等，到任课教师的课堂上听课并评课，考察教师的专业教学能力的同时，也考察教师的思想政治素养和课程思政育人能力，让督导既督教学，又督育人，充分发挥其监督的作用。除了督导评课之外，相关管理部门还可以调动专业课教师等评价主体来参与评价，如同行互评等，所形成的评价结果作为课程考核评价的参考。

"基础柬埔寨语"课程思政建设应用好考核评价这根指挥棒，根据课程思政建设的实际情况和课程思政育人成效，不断调整和完善考核评价，形成科学、客观、全面的考核评价，最终又通过考核评价来促进"基础柬埔寨语"课程思政建设，从而形成一个良性循环。

五、小结

课程思政重在育人，其育人的主要载体是专业课程。"基础柬埔寨语"是柬埔寨语专业的核心课程，在课程体系中所占比重最大，发挥育人的作用最为显著。只有深入推进"基础柬埔寨语"课程思政建设，充分发挥该课程的育人功能，实现课程育人效果最大化，才能不断提高柬埔寨语专业人才培养质量。

"基础柬埔寨语"课程思政建设应从育人目标、教师的育人意识和能力、课堂教学、考核评价等方面着力。首先，明确立德树人的育人目标，以立德为根本、以树人为核心，将立德树人贯彻于"基础柬埔寨语"课程思政建设全过程，促进学生德智体美劳全面发展。其次，强化任课教师的课程思政意识与责任担当，从思想政治素养、知识素养等方面不断提高育人能力，充分发挥教师在育人中的主体作用。再次，用好

---

① 教育部关于印发《高等学校课程思政建设指导纲要》的通知（教高〔2020〕3 号）［EB/OL］.（2020 - 06 - 01）［2021 - 03 - 06］. http://www. moe. gov. cn/srcsite/A08/s7056/202006/t20200603_462437. html.

课堂教学主渠道，充分挖掘"基础柬埔寨语"的思想政治教育元素，有机融入"基础柬埔寨语"教学，最大限度发挥课堂育人主渠道功能，不断提升学生综合素质。最后，还应不断完善课程考核评价，以育人效果为导向，充分发挥评价的作用，以此改进课程思政的实施。

在推进"基础柬埔寨语"课程思政建设的过程中，始终将思想政治教育贯穿于"基础柬埔寨语"教学全过程，突出对学生的思想引领与价值引导，将其寓于知识传授和能力培养之中，通过这种润物无声的方式影响学生，让学生形成正确的世界观、人生观和价值观，促进学生的全面发展，把学生培养成拥护中国共产党的领导和社会主义制度、立志为中国特色社会主义事业奋斗终身的柬埔寨语人才。

"印尼文学选读"课程的教学探索与思考

摘　要："印尼文学选读"课程教学目的的核心在于让学生能体会并欣赏到印尼语的语言之美。在了解印尼文学的发展现状和类型特点的基础上，有必要对该课程开展一些积极有益的教学探索与思考。如将印尼文学和文学史的内容分开，文学欣赏着重短篇小说，同时也兼顾一些长篇小说以及班顿诗歌等文学体裁，平时练习和考核设计紧紧围绕文学欣赏展开。此外，"印尼文学选读"课程也面临一些问题与挑战，如一些学生存在忽略本国语言和文化学习的情况、存在隐形的文化优越心理和语言观念上的厚此薄彼等问题，需进一步加以关注和反思。

关键词："印尼文学选读"课程；教学探索与思考；问题与挑战

一、引言

过去，受制于时代条件，"印尼文学选读"课程只能取材于纸质媒体，摘选印尼文学各大流派的作品，如图书编译局作家、"新作家"、"45年派"以及50年代后各流派的作品。摘选内容以印尼多部长篇小说的精彩片段为主，再辅以一些印尼诗歌及短篇小说。教学方式以课堂教学为主，以自学和讨论为辅。在讲解各时代流派作品的同时，穿插介绍印尼文学史的内容。该课程共6学分，分两学期（2+4）进行。其教学目的和要求是"使学生了解印度尼西亚文学的发展与变化；培养学生理解原著的能力及流畅地表达复杂思想情感的能力；引导学生发挥想象力，提高学生的文学欣赏能力；巩固及提高学生总体印度尼西亚语水平和综合文化素质，为日后所从事的工作打下一定的基础"①。

---

* 袁海广，广东外语外贸大学东方语言文化学院讲师，研究方向为印尼国情与文化。
① 广外东语学院. 东语学院2013版人才培养方案［Z］. 内部资料，2013：91－92.

这种教学模式的优点是较为系统全面，学生可对印尼文学作品和印尼文学史有一个大致了解。但由于篇幅所限，课程所选文段基本都是长篇小说的节选片段，既无故事梗概也无背景介绍，且文本全为印尼语，并无单词注释。虽然教师有要求学生课前预习，但学生读起来却是毫无头绪、难度较大，故普遍缺乏热情、反应消极，最终文学课上成了翻译课，教学效果也大打折扣。因此，在了解印尼文学的发展现状和类型特点的基础上，有必要对该门课程开展一些积极有益的教学探索与思考。

二、印尼文学的发展现状及类型特点

（一）印尼文学概念的区分与界定

什么是印尼文学？对这一概念的界定，国内外学者众说纷纭，莫衷一是。有国内学者认为，印尼文学是"产生在印尼领域内的从古至今的所有文学，是由过去的各族语文学（其中以爪哇古典文学和马来古典文学最发达和最有代表性）和现代的印尼文学所组成，是从长期分散的各族文学于 20 世纪民族觉醒后走向统一民族语的文学"[1]。有印尼学者认为，印尼文学是指起源于 20 世纪之初发展至今的用印尼语书写的文学，迄今为止已有 100 多年的历史，最初的文学作品散见于殖民政府或私人出版的报刊书籍等。[2] 需要指出的是，印尼这个概念最初是在 1928 年"青年誓言"中提出，随后印尼这个国家方才顺理成章地于 1945 年宣告成立。换句话说，在进入现代阶段以前，在这片土地上，只有群岛的历史，并无印尼的历史；现代阶段之后，才开始出现统一的国家（印尼）、统一的民族（印尼民族）和统一的语言（印尼语）。故本文采取后一种说法。

（二）印尼文学的发展现状及其特点

在 20 世纪之初，即印尼文学发展初期，印尼群岛还处于荷兰殖民统治之下。为了最大化地攫取经济利益，同时也为了防止印尼民族意识的产生，荷兰在印尼采取"分而治之"的殖民策略。成立的图书编译局出版发行了一些官方指定的、使用"高级马来语"书写的小说以及爪哇语、马来语等地方民族语[3]杂志，编辑部专门雇佣苏门答腊的马来文人对语言进行统一修改。这一便利条件为苏门答腊尤其是米南加保地区的文人所利用，形成了印尼文学发展初期独特的景象——苏门答腊作家一枝独秀。印尼独立之后，尤其是进入 20 世纪 70 年代以来，随着印尼政局的稳定和经济的发展，印尼

① 梁立基. 印度尼西亚文学史［M］. 广州：世界图书出版广东有限公司，2014：7.

② Yudiono K S. Pengantar Sejarah Sastra Indonesia［M］. Jakarta：Penerbit PT Grasindo，2007：12.

③ 有关印尼地方民族语的概念可参见：孔远志. 印度尼西亚语发展史［M］. 北京：北京大学出版社，1992：80-81.

文坛涌现了许多新的流派，比如荒诞派、反思派、乡土派以及异军突起的女性文学和通俗小说。印尼文学也出现了一个新的现象，即涌现了一大批以爪哇文化为创作背景的爪哇作家，梁立基教授称之为"印尼文学的爪哇化"①，而这也标志着印尼文学的中心由苏门答腊转向爪哇。

人口占全国41%的爪哇族是印尼第一大族，在印尼文化和政治制度中均占主导地位，是维系国家统一的主要力量。与此同时爪哇岛的人口也最为稠密，约三分之二的印尼人居住在只占全国面积6.7%的爪哇岛。印尼的爪哇文化、马来文化、巽他文化和巴厘文化最为发达，而这当中印尼爪哇文化影响最大。② 爪哇化在文学作品中体现为四个方面，即充满爪哇神秘主义色彩、体现爪哇传统伦理价值观、刻画爪哇传统社会的独特阶层以及审视爪哇传统文化和现代化之间的关系。③ 1998年苏哈托下台后，印尼进入改革时期，印尼文坛出现了励志小说、民族志小说等新型小说流派。

相比英法俄等欧洲诸国，印尼文学相对"年轻"，底蕴较薄，还处于"贫文学"的状态。这主要从以下两方面来看：政府扶持力度和文学作品产出。苏加诺时期，印尼先是和企图卷土重来的荷兰打仗，其后国内局势动荡不安，这段时期突出的时代洪流是独立和政治，文学只能靠边站。苏哈托上台后，印尼政局开始稳定，政府大搞经济建设，人文领域包括文学都被搁置一旁，为物质建设让步。即使印尼作家获得国际荣誉，仍被印尼政府忽视。新秩序时期这一管治思维模式延续至今。进入改革时期，东盟一体化的策略使印尼本土作家在本国市场还要面临东盟其他国家文学作品的竞争。④

有学者统计，1922—1982年出版的印尼语杂志上的文学作品，有16 507首诗，10 389篇散文，182部戏剧，共计27 078部作品，分别由5 506位作者创作。另一学者于2001年统计了466部小说，348部短篇小说集，315本戏剧以及810部诗集。⑤ 相较于印尼广袤的国土（约191万平方公里的陆地面积）、众多的人口（约2.7亿人）和丰富的多样性资源，这一数量与之并不相称，与印尼计划在2040年建成多样性文化之上的幸福印尼的发展规划也不匹配。国际上，迄今为止，印尼籍作家只获得过1次诺贝尔文学奖提名。有印尼学者认为，受限于国内外环境，尽管印尼作者数量众多，但很

---

① 梁立基. 印度尼西亚文学史 [M]. 广州：世界图书出版广东有限公司，2014：436.

② 袁海广. 2019年印度尼西亚文化发展报告 [M] //刘志强，谈笑. 东盟文化蓝皮书：东盟文化发展报告（2020）. 北京：社会科学文献出版社，2020：85 – 86.

③ 唐慧. 印度尼西亚文学的"爪哇化"现象研究 [M] //钟智翔，程彤，高洋. 中国外语非通用语教学研究（第7辑）. 广州：世界图书出版广东有限公司，2020：137 – 151.

④ Yudiono K S. Pengantar Sejarah Sastra Indonesia [M]. Jakarta：Penerbit PT Grasindo，2007：6 – 8.

⑤ Yudiono K S. Pengantar Sejarah Sastra Indonesia [M]. Jakarta：Penerbit PT Grasindo，2007：2.

多人都是昙花一现，真正坚持下来并且高产的作者寥寥无几。

（三）印尼长篇小说的缺陷

在外国（如美国和澳大利亚）长期教授印尼文学的印尼教师常被外国学生问到这样一个问题：相对于西方文学作品而言，为何印尼的长篇小说不太好看？这具体表现在冲突不够剧烈、人物角色不够鲜明。印尼著名作家布迪·达尔玛（Budi Darma）认为这与印尼的文化有关。

历史上，受外来的印度文化、本土的王宫文化的影响，群岛人民的等级观念和等级意识非常强烈，强调上下有序、服从权威。爪哇人的传统宇宙观是"天人合一"，他们把"顺受"（nerimo）、"认命"（nerimopandum）、"无争"（pasrah）、"情愿"（ridlo）和"听从"（sumarah）当作做人的基本准则。[①] 表现在日常生活中就是要遵守各种风俗习惯和礼仪礼节，待人接物要求细腻委婉，尽量使用礼貌用语（sopan santun berbahasa）。这一思想意识甚至渗透到其语言当中，如印尼语中被动句的大量使用和爪哇语的语境变体。也因此，印尼人往往对冲突采取回避的态度，强调耐心和自我克制。美国文化人类学家克利福德·格尔茨论述爪哇人的精神气质时说，在爪哇，"情绪平静、情感平淡、心若止水都是受到称赞的心理状态，是真正高尚的性格的标志……宗教与伦理道德都指向相同的目标：一种用以避免来自内心与外部干扰的超脱的平静"。举例来说，爪哇的葬礼"没有悲痛欲绝的气氛，没有失控的哭泣，甚至都没有对死者弃世的礼节性的悲哭"[②]。

（四）印尼短篇小说的发展历史和特色

自 20 世纪初以来，印尼的短篇小说传承不断，陆续出现。到 20 世纪 50 年代，以《故事》（Kisah）杂志的发行为标志，印尼的短篇小说曾短暂出现了一个高光阶段，维持了将近 5 年。该杂志是印尼第一本以刊登短篇小说为主的文学类杂志，编委会阵容强大，集结了很多当时印尼文学界的精英人士。其中之一正是大名鼎鼎的哈·贝·贾辛（H. B. Jassin），他被称为印尼文学批评界的"教皇"。这段时期，该杂志成为印尼文学界衡量和评价作者创作才能的重要平台和试金石。正因为该杂志的存在，印尼文坛新星开始崭露头角，其中著名的有恩哈·蒂妮（Nh. Dini）、阿吉朴·罗西迪（Ajip Rosidi）等。到了 20 世纪七八十年代，随着经济的腾飞，印尼的中产阶级开始壮大，"通俗文学"（sastra populer）应运而生，印尼的很多报纸纷纷开设周末特刊刊载短篇小说。进入 20 世纪 90 年代，印尼最大的报纸《罗盘报》于 1992 年开始，将该年度在该

---

① 梁立基. 印度尼西亚文学史［M］. 广州：世界图书出版广东有限公司，2014：436.
② 克利福德·格尔茨. 文化的解释［M］. 韩莉，译. 北京：译林出版社，2002：166 – 167，186.

报刊登的短篇小说精挑细选之后结集出版，之后每年出版一本年度短篇小说集，直至今日仍然如此，成为印尼文坛的一大盛事。

一般来讲，短篇小说内容紧凑、短小精悍，相比长篇小说来说，其作者付出的心力较少，在角色刻画、逻辑把控上更易驾驭，情节设计也更为精巧，语言也更加精心雕琢。相对来说，印尼的短篇小说比长篇小说数量更多、题材更广泛、类型也更加多样化。在众多的短篇小说中，印尼的海洋文化特色体现得非常鲜明；爪哇、巴厘岛等地方文化氛围异常浓郁，小说中体现得淋漓尽致；语言优美，隐喻等修辞手法的运用也非常出色。

三、"印尼文学选读"课程的教学探索与思考

（一）"印尼文学选读"课程教学目的的确定

众所周知，语言有两大属性，即工具属性和人文属性。文学语言更强调人文属性，它是最贴近生活的书面语言。诚如木心所言："文字与语言关联，又有非语言的因素，不能颁布法律来规定语言，靠语言学家也整理不好，只有天才特高的文学家，他为自己而使用文字，一经应用，文字生机勃勃。中国的白话文，用得最好的不是胡适他们，而是曹雪芹。"①

对于中国学生而言，要上好这门课，首先要想好达到一个什么样的教学目的，为此展开教学准备，最后才能谈得上取得一个什么样的教学效果。也就是说，教学过程是围绕教学目的来展开的，教学目的是教学过程的起始与核心。那么，"印尼文学选读"课程的教学目的是什么呢？笔者认为，这门课程教学目的的核心是——让学生能体会并欣赏到印尼语的语言之美。毕竟我们学的是外语，是完全有别于我们母语的陌生语言，而且学生上大学之前大都是零基础。在学生能体会并欣赏到印尼语的语言之美之后，方能再谈提高学生的文学欣赏能力、理解原著和流畅表达的能力以及提高学生的印尼语水平和综合文化素质。无此基础，后面的几项等同于空中楼阁，无从谈起。笔者认为，以前的"印尼文学选读"课程的教学目的定得有些宽泛，太过全面以至于没有抓住重点。

围绕该门课程的教学目的，相应地，课程的名称也可与之相匹配。过去，这门课程叫"印尼文学作品选读"，后又改为"印尼文学选读"。如今，笔者认为改成"印尼文学欣赏"可能更贴切实际，也更为合适。

---

① 木心. 文学回忆录［M］. 桂林：广西师范大学出版社，2013：629.

（二）"印尼文学选读"课程的教学探索

教学目的确定之后，就可对其进行相应的教学设计与教学准备。如前所述，印尼文学课程共6学分，分两学期（2＋4）进行。在总体学分和阶段教学不变的情况下，笔者对该门课程的教学设计如下：

第一，将印尼文学史与印尼文学欣赏的内容分开，不再穿插杂糅在一起。具体做法就是上一个学期专门讲授印尼文学史、印尼班顿诗歌和现代诗歌（2学分），使学生对印尼文学史的内容有一个基本了解；下一个学期进行印尼文学欣赏的教学（4学分），提高学生对印尼文学的欣赏能力。其中，上学期除了讲印尼文学史和诗歌之外，再顺带介绍一下印尼现当代文学的发展状况，以及具体讲一讲印尼几个最具代表性的作家和作品，比如普拉姆迪亚·阿南塔·杜尔（Pramoedya Ananta Toer）、莫合塔尔·卢比斯（Mochtar Lubis）、恩哈·蒂妮（Nh. Dini）等。这样一来，在大致了解印尼文学史的同时，学生还能够对印尼现当代文学的发展与变化有个清晰的脉络，并能熟知印尼文学的代表人物及代表作。

第二，印尼文学欣赏课不再聚焦于长篇小说，而是着重于短篇小说。得益于网络信息化时代的便利，通过订阅印尼报纸的电子版，可以很方便地同步阅读印尼报纸最新刊登的短篇小说，不存在信息滞后的问题。且印尼现在的短篇小说数量众多，教师可以从容挑选，一般是从《罗盘报》年度短篇小说集中进行选择。《罗盘报》作为印尼第一大报纸，其小说质量有保障，入选的小说大都出于印尼名家之手，情节精彩，语言优美。如前面提到的印尼著名作家布迪·达尔玛（Budi Darma），还有布杜·威查雅（Putu Wijaya）、诗人乔科·皮努尔博（Joko Pinurbo）、以《爪哇舞姬》三部曲闻名于世的艾哈迈德·多哈里（Ahmad Tohari）等。短篇小说一般2 000字左右，加上老师出的题目，一般也就4页A4纸；若小说篇幅再长一点，总页数也不会超过6页，篇幅长度非常适合上课时用。短篇小说有头有尾，加之情节设计精巧，故事引人入胜，能极大激发学生的阅读兴趣。通常的做法是提前选好一篇，然后对小说中较难或生僻的单词做一下简单注释，之后出题。打印出来交给学生后，要求他们课前阅读，做好题目，上课的时候再具体讲解。

以短篇小说为主，但不意味着完全放弃长篇小说。对学生要求一学期至少阅读一部印尼长篇小说，围绕其内容做一个PPT（提供往届学生的模板），作为平时作业并在期末交给老师。为防止学生偷懒，教师要对PPT内容提出明确要求，对各部分内容进行限定。比如，在介绍小说故事梗概的时候，要求学生用自己的语言对小说每一章节进行概括，这样可以避免学生直接从网络上搜索后复制印尼人的语言。此外，还会要求学生尽量阅读印尼近现代的文学作品，尤其是20世纪70—80年代及之后的作品。

70—80 年代之前的作品不推荐，因之前的小说距离现代太远，一来有时代隔阂，主题及思想都有局限性，比如图书编译局时期的小说，由于规定不得包含反对荷兰殖民政府，也不能有伤害某社会群体的情感以及民众宗教情感的内容，只能转向反封建包办婚姻、抗议限制个性解放的陈规陋习等主题，加上小说语言经编辑修改后千篇一律，学生阅读的代入感比较差，阅读体验不好；二来由于年代久远，语言风格与现在差异极大，使用的词汇、语法甚至拼写也与现在大有差别，学生若辨别能力一般就会无所适从，不仅没学到什么东西还有可能将自身语言弄乱。

第三，关于平时练习及考核设计，前一个学期主要考核文学史及诗歌的内容，要求学生必须掌握印尼文学史常识性的内容，诗歌的翻译要求语言准确优美；重中之重是后一个学期文学欣赏的考核。它的平时练习及考核考察设计都要紧紧围绕教学目的的核心而展开，题型也要尽量保持一致。现行做法是先让学生用印尼语写出该短篇小说的故事梗概以及反映的主题，考察其语言归纳的能力；随后翻译文中选定段落，考察他们的印尼语理解能力及中文表达能力；最后要求指出小说中写得出彩和语言优美的句子或句群，让他们用中文说出妙在何处，这是考察他们印尼语的欣赏能力。之所以要求用中文说出，是因为涉及专业的文学类词汇，对普通本科生而言不用做太高要求。文学欣赏的期末试卷一般是选取 2 篇短篇小说作为考试材料，学期之初就明确告诉学生，期末考试会从平时上课的小说中摘取 1~2 篇，这样学生会自觉或不自觉地认真听老师讲课，提高专注度，不至于左耳进右耳出、听过就忘。广东外语外贸大学学生总评成绩的算法是平时成绩和期末成绩两者相加，前者占 60%，后者 40%；平时成绩虽然占比较大，但学校也规定，一旦期末成绩考核不及格则总评考核一律不及格。故学生会保持警醒，平时也会认真听课。

这当中笔者也进行过一些教学尝试与探索，有成功的，也有失败的。比如曾试过让学生分小组（2~3 人一组）各自阅读一部长篇小说，小组成员分工合作制作一个 PPT，然后让他们一起做课堂展示，让其他小组成员听完后提问并讨论，最后老师做总结。但最终呈现出来的教学效果不太好，一来学生选择的小说若较偏门，有可能老师都没读过，或者时间太紧来不及阅读，最后总结就显得尴尬，顶多只能对其 PPT 内容缺陷和展示技巧做一些点评；二来其他小组成员听展示的时候兴致不高，对提问及讨论环节也缺乏参与的热情。

四、"印尼文学选读"课程面临的一些问题与挑战

至此，"印尼文学选读"课程的大致框架是确定下来了，然而，这并不意味着后续发展就一帆风顺、畅通无阻。这几年在上课过程中，笔者仍然发现一些问题与挑战，

有些还比较突出，需要我们注意并且进一步反思和纠正。主要体现在以下三个方面：

第一，一些学生自身汉语水平较低，且存在忽略本国语言和文化的学习的情况。随着"一带一路"倡议的顺利实施，加上印尼又是我国"海上丝绸之路"的首倡之地，两国政治、经济和社会往来越来越密切。因为关系到自身的前途与就业，学生对学习印尼的语言和文化抱有很高的热情，很有积极性，但相对地有些学生对汉语的学习不太重视。母语水平不过关，印尼语学得再好，也很难用中文表达出来，最终也影响了印尼语的学习。甚至出现过极端的例子，印尼语学得很好但中文却非常糟糕。这种情况下，印尼语学得再好，也只会成为印尼文化的传播者，而不是中华文化的传播者，指望他们传播中国声音并展示中国形象基本不大可能，更遑论充当沟通这两者的桥梁与使者。"国之交在于民相亲，民相亲在于心相通。"要做到"民相亲、心相通"，就必须打破印尼语和汉语这两者之间的文化壁垒，这就对学生的印尼语和汉语水平都提出了很高要求，在学好印尼语的同时万不可忽视本国语言和文化的学习。

第二，要注意克服隐形的文化优越心理和语言观念上的厚此薄彼。中国确实是文明古国，有着悠久的历史和辉煌的文化；印尼也的确是1945年才成立的民族国家，相对较为"年轻"。但是，其他国家如印尼的文化也有很多值得我们学习和借鉴的地方。学生若是一味故步自封看不到其他文化的优点，这既无益于学生全面了解外国文化、学习他人长处从而建立起真正的文化自信，也无益于将来对外开展工作，更不用说从事"文化相通"和"民心相通"的工作了。另外，印尼语和汉语作为两种分属不同语言体系的语言，在日常使用中确实有很多差异。因此，在外语学习过程中，及早培养外语思维习惯显得尤为重要。比如，印尼语中有大量使用被动句的情况，而汉语中则是主动句使用较多，有时即使是被动句也要改用主动句来表达。对此有些学生表现得很排斥，有些是因为不习惯，有些则是隐形的语言观念上的问题。若不及早解决，不端正好学习态度，既影响他们的学习成效，也无助于学生顺利跨越跨文化交际中的文化鸿沟。

第三，要引导和培养学生的批判性思维，树立起正确的世界观、人生观和价值观。印尼也有一些贴近印尼思想意识形态、迎合印尼主旋律的短篇小说，有些内容并不符合事实，这在阅读过程中需要教师加以甄别并及时向学生说明。还有一些小说语言较为粗俗，充斥大量性描写，教师要注意甄别这类小说，对学生进行引导和说明。

五、结语

外语教学过程中，上好一门课并不容易，往往需要诸多条件的辅助与促成。这当中尤其需要发挥教师的主观能动性。表现在"印尼文学选读"上，首先要对该课程的教学目的有一个清醒的认识，同时对印尼文学的发展现状和类型特点有一个清晰的认知；随后紧紧围绕教学目的制订好相应的教学计划，进行必要的教学探索与思考；之后适时地对过往的教学模式进行相应的改革；最后，还需对存在的问题和挑战加以关注和反思，以期能进一步提高教学质量，为我国教育事业的发展略尽绵薄之力。

非通用语专业国别与区域研究类"金课"建设的探索与实践

——以"东方文化概论"为例

张卫国[*]

张卫国[*]

摘　要： 随着"一带一路"倡议的实施与推进，培养既精通非通用语，又有能力开展国别和区域研究工作的人才，已成为非通用语专业人才培养的重要目标。"金课"建设的标准，为非通用语专业建设高质量的国别与区域研究类课程提供了参照和指导。本文以广外东语学院"东方文化概论"课程为例，探讨了"金课"标准下，多个非通用语专业共同建设国别与区域研究类课程的必要性和可行性，并从教学目标与要求、教学内容设计、教学考核方式等方面，梳理介绍了该课程建设的探索与实践。文章旨在为非通用语专业开展国别与区域研究类课程建设提供一个参考案例。

关键词： 非通用语；国别与区域研究；金课；课程建设；东方文化概论

一、引言

　　"一带一路"倡议提出以来，外语，尤其是非通用语在倡议实施过程中的"战略支点"作用日益凸显。这"为我国非通用语种学科建设和人才培养提供了难得的发展机遇，也带来重大挑战"①。与此同时，培养区域与国别研究人才"成为我国有效落实'一带一路'倡议的战略与实践需求"②。有鉴于此，新形势下，各高等院校的外语专业，尤其是非通用语种专业，必须改革传统的以翻译和语言文学为主的人才培养体系，

---

*　张卫国，广东外语外贸大学东方语言文化学院缅甸语专业讲师，主要研究方向为缅甸语言文学。

①　苏莹莹. "一带一路"非通用语人才培养模式的思考与探索 [J]. 中国外语教育，2017，10（2）：3.

②　屈廖健，刘宝存. "一带一路"倡议下我国国别和区域研究人才培养的实践探索与发展路径 [J]. 中国高教研究，2020（4）：77.

将培养既精通外语又能够开展区域与国别研究的人才作为专业建设工作的重要内容、重点方向和主要目标。在此过程中，"作为教育的知识基础和核心内容，课程是落实教育目的的最基本依托，是学校实现人才培养目标的最根本手段，是决定教育质量的最重要环节"①。因此，建设高质量的国别与区域研究课程资源，是非通用语种专业加强专业建设、提高人才培养质量的根本途径。

"东方文化概论"课程是广东外语外贸大学（以下简称"广外"）东方语言文化学院（以下简称"东语学院"）面向学院8个非通用语专业学生开设的跨专业大类选修课程。课程以培养非通用语国别与区域研究人才为出发点和落脚点，由学院8个语种专业各协调一位教师组成教学团队共同承担教学任务，并协同推进课程建设。目的是突破各语种间的专业知识局限，使学生的学习视野由所学语言对象国扩大到整个东南亚地区。自2019年首次开设"东方文化概论"课程以来，教学团队始终以"金课"标准为参照，不断推进课程建设，在教学内容、教学形式、教学考核等方面都进行了探索和实践。此课程的探索与实践，可以为非通用语专业开展国别与区域研究类课程建设提供一个参考案例，对国内相关问题的研究亦有一定的参考价值。

二、"金课"的定义与标准

"金课"概念引发学界关注和讨论，可追溯至2018年6月举行的新时代全国高等学校本科教育工作会议。会上时任教育部部长陈宝生第一次提出高校要把"水课"建设成为"金课"，表示"对大学生要有效'增负'，要提升大学生的学业挑战度，合理增加课程难度，拓展课程深度，扩大课程的可选择性"②。2018年8月，"金课"概念正式写入教育部官方文件《关于狠抓新时代全国高等学校本科教育工作会议精神落实的通知》中。其中要求"各高校要全面梳理各门课程的教学内容，淘汰'水课'、打造'金课'，合理提升学业挑战度、增加课程难度、拓展课程深度，切实提高课程教学质量"③。自"金课"提出以来，关于"金课"的概念定义、具体内涵、主要特征、建设标准等问题的研究便不断细化和深入。汤晓蒙等在对其他学者的观点进行比较分析后，将"金课"定义为："适应新时代高等教育人才培养新要求，以高校所有课程为约束对象，在各环节和全过程体现高阶性、创新性、挑战度，能够有效激发学生学习兴

① 刘斯文，程晋宽. 大学"金课"的建构逻辑：起点、过程与走向［J］. 高校教育管理，2020，14（6）：118.
② 吴岩. 建设中国"金课"［J］. 中国大学教学，2018（12）：5.
③ 教育部关于狠抓新时代全国高等学校本科教育工作会议精神落实的通知（教高函〔2018〕8号）［EB/OL］.（2018－08－22）. http://www.moe.gov.cn/srcsite/A08/s7056/201809/t20180903_347079.html.

趣和潜能、促进学生全面发展的课程。"① 这一定义比较全面地阐释了"金课"的内涵和要求。

关于"金课"的标准，时任教育部高等教育司司长吴岩在陈宝生讲话的基础上，将其凝练为"两性一度"，即高阶性、创新性和挑战度。其中，高阶性是指知识、能力、素质有机融合，培养学生解决复杂问题的综合能力和高级思维；创新性则主要体现在课程内容有前沿性和时代性，教学形式体现先进性和互动性，以及学习结果具有探究性和个性化等三个方面；挑战度是指课程要有一定难度，需要学生和老师一起，跳一跳才能够得着，老师要认真花时间花精力花情感备课、讲课，学生课上课下要有较多的学习时间和思考做保障。② 这一"金课"标准现已成为各高校课程建设的主要参照。2019 年 10 月发布的《教育部关于一流本科课程建设的实施意见》中，对一流本科课程建设提出了总体要求，其中明确了五项基本原则，"两性一度"三项"金课"标准即构成了其中的三项。③

作为广外东语学院各非通用语专业集体探索建设的一门国别与区域研究类课程，"东方文化概论"虽属于跨专业大类选修课，但始终以"金课"定义和标准为参照，不断推进课程建设。

三、非通用语专业建设国别与区域研究类课程的必要性与可行性

（一）非通用语专业建设国别与区域研究类课程的必要性

1. 是外国语言文学类专业保证教学质量符合国家标准的基本要求

2018 年 1 月，教育部发布了第一个《普通高等学校本科专业类教学质量国家标准》，对各本科专业类的内涵、专业范围、培养目标、培养规格、师资队伍、教学条件、保障体系等内容做了明确规定。其中明确说明，外语类专业的学科基础包括：外国语言学、外国文学、翻译学、国别与区域研究、比较文学与跨文化研究。培养规格方面，对于学生的知识要求也包括国别与区域知识。课程体系中，明确要求非通用语专业核心课程应包括"对象国或地区文化"类课程，培养方向课程也建议设置"国别与区域研究"类课程。④ "根据这一定位，所有外语类专业点必须健全语言、文学、区

---

① 汤晓蒙，何昕，杨婕. 有关"金课"概念的省思 [J]. 高教探索，2020（10）：70.

② 吴岩. 建设中国"金课"[J]. 中国大学教学，2018（12）：5.

③ 五项基本原则包括：坚持分类建设；坚持扶强扶特；提升高阶性；突出创新性；增加挑战度。参见：教育部关于一流本科课程建设的实施意见（教高函〔2019〕8 号）[EB/OL].（2019 - 10 - 30）. http://www.moe.gov.cn/srcsite/A08/s7056/201910/t20191031_406269.html.

④ 教育部高等学校教学指导委员会. 普通高等学校本科专业类教学质量国家标准 [M]. 北京：高等教育出版社，2018：90 - 95.

域与国别研究三个板块的核心课程，满足所属学科的基本要求。"① 这说明，非通用语种专业，只有在其课程体系中，建设一定比例的国别与区域研究类课程，才能确保人才培养的教学质量符合国家标准。

2. 是新形势下创新完善非通用语人才培养模式的必由路径

伴随着经济社会的全面发展，我国的国际地位也在不断提升。在众多地区和国际事务中，中国发挥着重要的建设性作用。落实和推进"一带一路"倡议，更让中国与世界各国多层级、多领域的互动交往日趋频繁。中外交流日益密切、不断深化已成为新常态。在此背景下，国家和社会对非通用语人才和国别与区域研究人才，均提出了新的需求。培养既精通非通用语又具备国别与区域研究能力的人才，成为非通用语人才培养模式革新的方向和目标。"课程是人才培养的核心要素。学生从大学里受益的最直接、最核心、最显效的是课程。"② 因此，革新人才培养模式，最基础也最关键的便是课程建设。

孙琪、刘宝存对包括广外在内的六所高校进行调研后发现，各高校非通用语专业所开设的课程主要涉及语言、翻译和文化这三个类别。部分高校也结合自身学科优势，开设了部分特色课程。③ 这说明各高校非通用语课程建设与当前人才需求间的匹配度还有待提升。完善课程体系建设，重要的一点是"突破非通用语专业中以语言文学内容为主的传统课程体系，增加专业导向性课程模块，使学生具备更多学科领域知识"④。形成多样化的人才培养模式，满足不同领域差异化的需求，同样需要课程建设方面的探索。

东语学院现开设的八个非通用语专业，即越南语、泰语、印尼语、马来语、缅甸语、老挝语、柬埔寨语和菲律宾语专业，所涉及的东南亚地区，是"一带一路"倡议建设的重点地区。其中，东盟作为一个区域性经济组织，在 2020 年历史性地成为我国第一大贸易伙伴。中国与东南亚各国和地区开展合作、发展关系时，有地缘、人缘、文缘和商缘上的优势。东南亚内部不同国家之间，在历史发展、语言文化、宗教信仰等方面亦有很强的相似性。这些客观现实因素，决定了各语种专业在进行课程建设时，必须在某种程度上突破传统的各专业单独开展课程建设的模式。有鉴于此，建设一门涵盖整个东南亚地区的国别与区域研究类课程十分必要。"东方文化概论"正是基于上

---

① 孙有中. 振兴发展外国语言文学类本科专业：成就、挑战与对策 [J]. 外语界，2019 (1)：5.

② 吴岩. 建设中国"金课"[J]. 中国大学教学，2018 (12)：4.

③ 孙琪，刘宝存. "一带一路"倡议下非通用语人才培养现状与发展路径研究 [J]. 中国高教研究，2018 (8)：43.

④ 孙琪，刘宝存. "一带一路"倡议下非通用语人才培养现状与发展路径研究 [J]. 中国高教研究，2018 (8)：45.

述考虑，结合学院优势和特色专门建设的课程之一。

3. 是非通用语专业建设一流课程和一流专业的积极探索和有益实践

"一带一路"倡议对非通用语人才提出了数量上的需求和质量上的要求，也给非通用语专业的建设和发展带来了机遇。教育部于 2019 年 4 月正式启动一流本科专业建设"双万计划"，再次为非通用语专业的发展带来新的机遇。"双万计划"是国家建设一流本科教育的重要举措之一，旨在"建设一万个国家级一流专业点和一万个省级一流专业点，建设一万门国家级和一万门省级线上线下精品课程，以典型示范带动各类高校提高办学水平"①。此项计划也为学校各专业指明了发展方向和建设目标。

广外重视并积极采取一系列有效举措开展一流本科专业和一流本科课程建设工作。东语学院开设的八个非通用语种专业中，越南语、泰语、印尼语和马来语等四个专业已入选国家一流本科专业建设点，老挝语、缅甸语和柬埔寨语等三个专业已入选广东省一流本科专业建设点。在此基础上，各专业以"金课"标准共同打造一门学院层面的通选课程，有益于探索交流一流本科课程建设经验，对各专业，尤其是尚未入选国家级一流本科专业建设点的专业，推进一流本科专业建设亦有重要意义。

(二) 非通用语专业建设国别与区域研究类课程的可行性

1. 对象国国情文化课程建设为国别与区域研究类课程的建设积累了经验

东语学院各非通用语专业的课程体系里，均开设有对象国概况课程。此类课程旨在让学生对所学外语对象国的自然地理、历史概况、民族习俗、宗教信仰、文学艺术、科技文教、政治制度、国民经济、国防军事、对外关系（尤其是对象国与中国的关系）、突出社会问题等，有一个基础性了解。学生修读概况类课程，也为零起点学习对象国语言储备了一定的国情文化知识。多年以来开设概况类课程积累的教学经验，为教师建设高阶性、创新性和有挑战度的国别与区域研究类课程奠定了基础。

概况类课程讲授的是对象国各领域的基础性知识，一般在一年级上学期开设。相比概况类课程，"东方文化概论"的教学内容在深度、广度和难度上均进一步提升，要求学生将历史与现实相结合，以跨文化交际的思维、比较的视角，分析问题、寻找答案。因此，通常在一年级下学期开设。这也符合循序渐进、由浅入深的教学规律。

2. 多元化的师资队伍为课程建设提供了保障

屈廖健、刘宝存对比分析了世界知名院校、研究机构的国别与区域研究人才培养体系，指出"多元化的师资队伍是国别与区域研究人才培养机构的基石，亦是多学科人才培养方案的保障"。建设国别与区域人才培养的多元化师资队伍有四个可行途径，

---

① 陈宝生. 坚持"以本为本" 推进"四个回归" 建设中国特色、世界水平的一流本科教育 [J]. 时事报告（党委中心组学习），2018（5）：29.

即："积极吸纳多元化的师资加盟；整合校内资源，建立双聘制度；构建语言师资队伍；建立访问教授制度，积极吸纳与资助国外大学优秀的区域和国别研究学者前来进行研究和讲学等。"①

"东方文化概论"的教学和建设工作，由学院八个语种专业各协调一位教师组成教学团队共同承担，个别专业甚至有两名教师参与。多元化的师资队伍为此课程的建设提供了保障。综合来看，教学团队中，教师的学科背景主要集中于外国语言文学学科下的亚非语言文学和外国语言学及应用语言学两个二级学科。但每位教师的知识结构、主要研究领域和研究兴趣并不局限于其所在的学科，而是广泛涉猎世界史、社会学、民族学等多个学科领域。此外，整个教学团队在职称、学历、科研水平、教学经验等方面具有很强的互补性。在实际工作中，教学团队能够集思广益，实现教学相长，也可以找到科研的切合点，共同开展科研和课题申报工作。因此，本课程的建设，客观上为学院各专业教师搭建了一个交流互动的平台，为学院师资队伍建设找到了一条有效途径。中青年教师可以向资深教师学习教学经验，科研经验丰富的老师也可以结合教学内容，给青年教师以指导。通过这种方式，使学院帮助青年教师成长的"传帮带"制度落到了实处。

3. 有关非通用语和国别与区域研究人才培养问题的研究为课程层面的改革建设提供了参考

目前，关于非通用语专业如何建设国别与区域研究类课程的专门性研究并不多，但对于如何培养非通用语人才和国别与区域研究人才这一问题，国内外学者、高等院校和研究机构已有大量实践、探索和研究。其中取得的成果、积累的经验，对非通用语种专业课程层面的改革建设具有重要参考价值。

北京外国语大学"一带一路"非通用语人才培养模式的目标定位是培养复语型、复合型高层次国际化非通用语种人才，具体而言，是指"能直接参与国际事务及国际竞争，在外交、外贸、外宣、旅游等部门从事翻译、研究、教育、管理等方面工作的国际化高素质人才"②。要求学生全面发展，既要有非通用语和英语多语言应用能力，还要了解对象国及所处区域的基本情况。此外，还需掌握某一学科领域相关辅修专业的知识以及跨文化交际能力等。北京大学区域与国别研究人才培养的目标则是："培养兼具语言能力和跨学科专业基础，具有较深的东西方知识和文化造诣，具有扎实的学术功底和敏锐的创新精神，具有开阔的国际视野和厚重的家国情怀，能够解决人类生

① 屈廖健，刘宝存."一带一路"倡议下我国国别和区域研究人才培养的实践探索与发展路径［J］. 中国高教研究，2020（4）：82.
② 苏莹莹."一带一路"非通用语人才培养模式的思考与探索［J］. 中国外语教育，2017，10（2）：5.

存面临的物质、精神与文化方面的重要问题，并在与世界不同文明和学科的对话、交流与合作中发挥重要作用的高素质国际化人才。"①

人才培养的目标最终需要体现并落实到课程体系建设上来。单门课程的建设也应服务于人才培养目标的实现。长期以来，广外在服务国家和地方建设发展方面一直发挥着重要作用，贡献了自己的力量。新形势下，广外也在积极探索新型非通用语人才、国别与区域研究人才的培养模式。各非通用语专业也纷纷抓住机遇，推进一流课程和一流本科专业建设。其中，课程建设的重点之一，就是国别与区域研究类课程。"东方文化概论"正是东语学院立足自身实际，由八个非通用语专业共同开展的一项关于国别与区域研究类课程建设的探索和实践。

四、"金课"标准下"东方文化概论"课程建设实践

课程建设实践中，"金课"的标准具体体现为：课程内容的专业性、经典性、完整性、思想性、前沿性；教学形式的先进性、互动性、适切性、延展性和牵引性；学习方式的主动性、自主性、探究性、思辨性和合作性。②"东方文化概论"以建设具有学院非通用语专业特色的国别与区域研究类通选课程为目标，主要在以下三个方面进行了探索和实践。

（一）明确教学目标和要求

作为一门面向学院所有非通用语专业学生开设的选修课程，"东方文化概论"在确定教学目标时，除了将培养国别与区域研究人才的理念融入其中，更把课程思政建设放在重要位置。本课程坚持马克思主义指导地位，体现国家和民族基本价值观，体现人类文化知识积累和创新成果。本课程以立德树人为根本任务，课程内容设置和教学过程中，深入学习贯彻习近平新时代中国特色社会主义思想。通过本课程的学习，增进学生对国家"一带一路"倡议、亚洲命运共同体建设、粤港澳大湾区建设等重要政策和计划的了解，增强学生的文化自信，提升民族自豪感和国家荣誉感。本课程注重培养学生家国情怀和历史文化素养，注重引导学生传承中华文脉，自觉弘扬优秀传统文化。同时，也重视跨文化交际能力、观察分析问题能力的培养。

"东方文化概论"课程要求的设定，充分参考了"金课"建设的标准。本课程要求学生在通晓所学语言对象国语言文化的基础上，立足国家和民族的基本价值观，多角度观察、理解整个区域的文化；学会从文化的、历史的、区域的角度，理解分析有

---

① 转引自：宁琦. 区域与国别研究人才培养的理论与实践：以北京大学为例［J］. 外语界，2020（3）：38 – 39.

② 汤晓蒙，何昕，杨婕. 有关"金课"概念的省思［J］. 高教探索，2020（10）：71 – 72.

关国家地区的社会文化现象、地区热点问题；能够秉持"美人之美，美美与共"的观念，理解中外文化交流及其对"一带一路"倡议、"人类命运共同体"建设的意义。

（二）精心设计教学内容

"国别和区域研究是针对特定国家或者区域的政治、经济、社会、军事、人文、法律等领域的社会科学研究，是侧重于公共事务和公共政策的专门研究，具有多学科、跨领域的基本特点。"[1] 鉴于国别与区域研究的特点和属性，并充分考虑到学院各非通用语专业课程设置的情况，本课程将教学内容分为理论和实践两个部分。

理论部分主要包括：习近平总书记有关"一带一路"倡议、人类命运共同体建设及中国特色大国外交等问题的重要思想论述；东南亚各国的语言文学、历史文化、民族习俗等；世界四大文化在相关国家地区的传播与影响，重点讲授中国文化与各国家地区主体文化的交流融合；华侨华人对中外文化交流发展的贡献；各国对"一带一路"倡议的认知、反应与参与情况；各国与中国"深化文明交流互鉴，共建命运共同体"的基本情况等。

实践部分主要指：教师组织学生就各国家地区的文化现象、热点问题，以及中国与各国人文交流的发展情况等进行专题讨论和研究分析，并通过小组展示的形式进行课堂汇报；同时，根据实际条件，通过多媒体技术展示或组织学生实地参观、现场观察等教学方式，帮助学生获得更真切的历史认知、文化体验和国家政策理解。做到历史与现实、理论与实践相结合，实现寓教于学，教学相长。

本课程两部分教学内容的设计，均以"金课"标准为参照，力求做到专业性、经典性、完整性、思想性和前沿性相统一。

（三）优化教学形式与考核方式

本课程由学院八个语种专业各协调一位教师组成教学团队共同授课。每位教师负责 2~4 个课时的教学工作，具体为每周 1 次，每次 2 课时。每次课堂教学均以专题讲座形式进行。因此，课堂教学内容不再拘泥于某一本教材或某一章节，而是从某一学科下某一领域的某个主题切入，既讲授有关学科的基础理论知识，也注重与具体问题相结合。课堂教学的具体形式也可由任课教师结合教学内容自行设计或适时调整。这也体现了本课程对"金课"教学形式先进性、互动性、适切性等特性的追求。

围绕教学内容和教学目标，本课程的考核方式也做了合理优化设计。课程的期末总评成绩包括平时成绩和期末考核成绩两部分，其中，平时成绩占比60%，期末成绩

---

① 罗林，邵玉琢."一带一路"视域下国别和区域研究的大国学科体系建构 [J]. 新疆师范大学学报（哲学社会科学版），2018，39（6）：79-80.

占比40％。平时成绩又分为考勤成绩、国情文化知识竞赛成绩和课堂汇报成绩三个部分。设定考勤成绩的目的是约束学习积极性较差的学生。国情文化知识竞赛的设计则与学院每年举办的"海丝文化节"相结合，兼具知识性和趣味性。东语学院每年举办的"海丝文化节"属于校级学生文化活动，在本课程开设学期的后半学期择日举办。这样的成绩设定旨在引导学生将专业学习与校园文化活动相结合。这也有助于巩固学生所学，帮助学生提高学习兴趣。课堂汇报成绩是各专业教师根据本专业学生参与课堂汇报情况评定的成绩。课堂汇报要求各专业学生在本专业教师的指导下，以课堂讲述或视频录播的方式，向其他专业的学生讲解介绍对象国的某一特色文化或某一具体问题。课堂汇报要求学生全部参与，分小组分主题进行汇报。汇报主题包括：对象国的历史文化、民族习俗、名胜古迹、著名人物、经典文学作品、热点事件、与中国的关系等。学生必须广泛查阅资料，自行制作课件或视频，做到有事实、有理论、有趣味，从专业的视角进行深入的解读。

课程期末考核方面，学生可以选择提交课程论文、读书报告或书评，但必须严格遵守学术论文写作规范。撰写课程论文的学生，可以从各专业任课教师给定的论文题目（或研究范围）中选择主题，也可以结合本学期所学内容自定主题。读书报告或书评则要求包括以下内容：所选书籍的主要内容和观点、主要研究成果和研究方法、对相关学科发展产生的影响和意义、存在的不足之处、自己的观点等。

为帮助学生拓宽学习视野，教师会结合自己本学期所教授的课程，分别推荐2～3本课外阅读的书，形成一份"课程推荐阅读书目"，引导学生自主阅读学习。推荐阅读书目既有关联学科的权威著作或经典读物，也有难度适中、趣味性强的其他类型的作品。学生可结合自己的专业和兴趣点自行阅读学习，有问题可与教师交流探讨。推荐阅读的图书也是期末撰写读书报告或书评的参考书籍。

本课程采取更为多样灵活的教学和考核方式，正是为了充分调动学生学习的积极性，使得教学更具探究性、思辨性和合作性。

五、结语

非通用语专业建设国别与区域研究类课程，既有充分必要性，也有现实可行性。"金课"及其建设标准明确了课程建设应当遵循的基本准则和具体要求。"东方文化概论"课程是广外东语学院各非通用语专业共同建设的国别与区域研究类通选课。课程建设过程中，始终以"回归常识、回归本分、回归初心、回归梦想"为指导。教学目标、教学内容、教学形式、考核评价方式等，均以国别与区域研究人才培养为目标指引，并以"金课"标准为要求。课程在2019—2020学年度首次开课教学，目前正在进行第四轮教学。前三轮课程结束后，学生普遍表示此课程教学内容丰富充实，帮助他们拓宽了学习视野，优化了知识结构。学生的评教反馈和意见建议也说明前期的建设取得了一定的成果。但参照"金课"标准以及课程建设的目标，仍有诸多方面有待完善。

王缉思把区域与国别研究的学科基础分为四个维度，即：空间维度，包括地理、环境、领土、网络等按照地域和空间划分的维度；历史维度，即基于世界各个民族、国家和地区历史经验的维度；文化维度，包含语言文字、宗教、文化等人文学科领域的研究；社会维度，包含政治、经济等社会科学领域。① 受限于任课教师的知识结构、课程教学时间等客观因素，课程教学内容难以覆盖多个学科领域，目前仍主要集中在历史和文化两个维度。同时，要求学生通过一门课程，跨专业学习多学科的知识，难度偏大。部分学生则没有充分认识到本课程的意义，学习自主性不强。这些因素导致了课程并未达到预期的教学目标和要求。

今后，教学团队将继续突破专业知识局限，"以教促学，以教促研"，将本课程的教学工作与自身知识结构优化和科研相结合，真正做到"教学相长"。同时，鼓励学生结合自己的学习兴趣点和问题点，与相关任课教师组成跨专业的师生科研团队，共同申报研究课题或创新项目。教学团队将继续加强内部沟通协调，做好教学过程的管理工作。每轮课程教学结束后，及时总结反思，并研讨确定下一学年的教学内容。确保教学内容完整多元，课程建设更加体系化。在教学过程中，充分参考学生反馈的教学意见和建议，不断创新教学形式。最后，综合评估课程教学效果，适时调整课程教学时间。必要时，可将教学时间延长至两个学期。

---

① 王缉思. 中国的区域与国别研究缺什么？［EB/OL］.（2018 - 12 - 27）. https://www. thepaper. cn/newsDetail_forward_2776940.

翻译信息素养教学的探索与实践

——以"老挝语笔译"课程为例*

武　智**

摘　要： 大数据时代中的译者需具备更高的信息素养方可胜任各类翻译项目，本文发现笔译教学过程中已出现数位落差（digital divide），即社会人运用数码软硬件产品能力的差异。培养高层次老挝语翻译人才是加强中国与老挝互通开放，满足社会需要的必然要求。翻译实践已经与现代信息技术紧密结合，占领信息高地，不被信息边缘化已迫在眉睫。教师需在翻译教学实践中教授翻译搜索技巧，评估并运用各类信息资源解决翻译难题，授人以渔。本文综合分析了"老挝语笔译"课程中提高信息素养能力的必要性，汇总了老挝语翻译实践所需的在线工具。并介绍运用开源网络资源和计算机辅助翻译工具，解决同义择词、专有名词查询、汉语素养提升及词义变迁等汉老互译中常见的问题。

关键词： 老挝语笔译；信息素养教育；计算机辅助翻译

一、引言

翻译工作是中老交流的重要桥梁和纽带，随着"一带一路"倡议的实施，中老铁路的开通，中国与老挝在政治、经济、文化等各领域的交流与合作日益频繁，老挝语翻译专业人才的作用日显重要，对于老挝语翻译人员的专业素养要求亦越来越高。近年来，老挝不断掀起的"中国热"，也迫切需要把我们自己的优秀传统文化及国情政策

---

* 本文系 2022 年广东省高等教育教学研究和改革项目"计算机辅助翻译技术赋能课程思政教学：以'老挝语笔译'课程为例"的研究成果之一。

** 武智，广东外语外贸大学老挝语系讲师，研究方向为老挝语言文化。

介绍到老挝，故亟待培养大批高水平的老挝语翻译人才。

翻译专业化时代的译者除具备过硬的双语甚至多语能力外，还需掌握运用现代化信息的能力，以应对各专业领域翻译任务，如法律翻译、医学翻译、化工翻译及科技翻译等领域。信息素养（information literacy）是个人"识别、定位、评估并有效利用所需信息的能力"①。在当今技术快速变革和信息资源激增的环境下，个人在工作与生活中面临着丰富的信息选择，信息素养也越发重要。信息可通过多种媒介获得，包括图形、听觉和文本，这些对个人评估和理解信息提出了新的挑战。而越来越多的信息以未经过滤的形式出现，导致信息的质量、真实性、有效性及可靠性令人存疑。信息素养是践行终身学习的基础，也是各门学科及各层次教育所面临的共同问题。信息素养要求：①确定所需要的信息范围；②能有效获取所需信息；③批判性地评估信息及其来源；④将选定的信息纳入自己的知识库；⑤有效利用信息达到特定目的；⑥了解与信息使用有关的经济、法律和社会知识，获取和使用信息的方式需符合道德与法规。②

陈沛提出"搜商"（searching quotient）是除智商、情商外现代人类需具备的第三种能力，即运用工具获取知识的能力，并认为获取知识的能力较之获得知识本身更为重要。③"搜商"在翻译实践中的作用有：查阅翻译背景资料；查找地名、人名、专有名词及术语的译法；确认文本可靠性及真实性；验证译文是否地道准确。④ 教育部 2018 年颁布的《外国语言文学类教学质量国家标准》⑤ 中要求外语类专业学生除了应具备外语的运用、分析、思辨能力外，还需具备一定的研究能力、创新能力、自主学习能力、实践能力及信息技术应用能力。而培养"搜商"亦涵盖思辨、加强信息技术应用及自主学习能力等内容。信息技术高速发展的大数据时代，轻点鼠标即可获得海量信息，为防学生"溺"于知识的海洋中，由教师引导学生处理海量信息资料显得尤为重要。

二、笔译信息素养教学的必要性

翻译是解决歧义性、干扰性和非对称性等一系列不确定性问题的过程，嵌入式、

① American Library Association. Presidential Committee on Information Literacy：Final Repor［EB/OL］.（1989 - 01 - 10）［2023 - 03 - 03］. http：//www. ala. org/acrl/publications/whitepapers/presidential.

② American Library Association. Information literacy competency standards for higher education［EB/OL］. https：//alair. ala. org/bitstream/handle/11213/7668/ACRL% 20Information% 20Literacy% 20Competency% 20Standards% 20for% 20Higher% 20Education. pdf?sequence = 1&isAllowed = y.

③ 陈沛. 搜商：人类的第三能力［M］. 北京：清华大学出版社，2006：11.

④ 王华树，张成智. 大数据时代译者的搜索能力探究［J］. 中国科技翻译，2018，31（4）：26 - 29.

⑤《外国语言文学类教学质量国家标准》全文［EB/OL］.（2018 - 04 - 12）［2023 - 03 - 03］. https：//2011. gdufs. edu. cn/info/1086/2682. htm.

调和式和绝对式①三种翻译模态对应于笔译教学中可理解为：学生以基本外语知识为基础，选取适合的查询及搜索工具，分析大量例句及语篇材料，加工内化先验知识，解决歧义与排除干扰，确定并生成最佳译文的过程。目前的翻译理论多只具有普遍性指导特征，而翻译实践的特殊性问题则是在特定文本中定夺生僻词句的译文。

笔者在老挝语翻译教学中发现本科生翻译能力的局限性主要表现为：理论层面还停留在直译与意译，实践层面靠仅有的几本词典，剩下难题等待老师来解答。当学生出现错译及漏译时，教师以"多读多练，培养语感"答之，向学生展示参考译文，显然不妥。四年的时间，想要掌握各种翻译技巧是不现实的，还需要勤加阅读，精通各种信息查询工具，尤其是作为老挝语这类非通用语种的译者，必须具备"杂家"的能力。从译前准备开始，便考验着学生的信息搜索及评估能力，如合同、法律、公文文本的翻译，需先查阅源语及目的语的合同法及模板，使用专业格式及术语，使目的语读者易懂又保留源语特点。再如，老挝法律法规翻译可参考已出版的汉语及英语译本。而获得上述资源的多寡，则取决于个人信息素养能力的大小。笔者常遇到学生询问生僻疑难词句怎样翻译的问题，笔者搜索分析后给予解答，并在教学中发现学生间已出现数位落差（digital divide）。信息素养较高的学生，其完成作业的速度及质量较高，并且个别学生会附上背景资料出处。而信息素养欠佳的学生，则依赖仅有的一两本词典完成作业，带着"褴褛不全"的作业到课上等待解答。比如，"ວິນຈິເນຍຣິງ"为非老挝语词汇，可判断为音译借词，且为词典中未收录的词条。有学生通过必应搜索确定其拼写为 engineering（工程），而有些学生则直接略过省译，或主观猜测词意。而当学生对作业批注产生不解甚至不服时，教师也需运用专业的翻译理论、翻译方法及恰当的沟通模式给予解决。

三、老挝语在线翻译工具及搜索技巧

（一）在线翻译工具

翻译如烹饪，是门"手艺"，不同"食材"（文本）需选择适合的烹饪器具（翻译工具）及调料（翻译策略），若所选翻译工具及方法不佳，译文则会是一道"不可口"甚至令人"倒胃口"的菜肴。

搜索引擎：百度、必应、搜狗。其中，百度搜索引擎对老挝语的搜索显示不理想，多用于查询汉语译文准确性及真实性，搜狗搜索引擎可搜得部分汉老双语新闻。

---

① 李瑞林. 应用译学的学术前提与框架重构［J］. 中国外语，2020，17（6）：94.

在线词典：SEAlang Library Lao 词典兼语料库①、Glosbe 多语词典②、lao agriculture dict 老挝语农业词典③等。

翻译软件：彩云小译、欧路词典、大象词典（泰语）等，可在互联网搜索到下载页面。

在线语料库：语料库在线④、北京语言大学语料库⑤、Sketch Engine⑥ 等。

此外，也可充分利用老挝政府门户网⑦、读秀搜索⑧、中国知网⑨等在线资料库，查询翻译背景资料。在单语及双语平行语料库中搜索，可见多种词汇搭配及词汇共现情况，以选取最佳译词。比如，学生询问同有"建设"之意的ສ້າງສາ和ສ້າງສັນ如何择取，可在 Sketch Engine 语料库顶端搜索栏选择老挝语语料库（图 1），左边对应ສ້າງສາ的搭配用法，右边对应ສ້າງສັນ，可见搭配词频（图2），结合评估译文语境以确定选词，点击词条还可查看语料出处。翻译行为作为复杂的跨语言认知和操作过程，只有此情此景适切的翻译，没有终极性的翻译。⑩

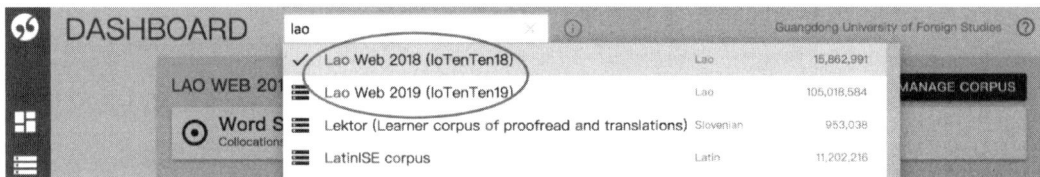

图 1

---

① SEAlang Library Lao Lexicography［DB/OL］.［2023 – 03 – 03］. http://sealang. net/lao/.

② Glosbe 字典［DB/OL］.［2023 – 03 – 03］. https://glosbe. com/lo/zh/.

③ AGROVOC – LAO［DB/OL］.［2023 – 03 – 03］. http://lad. nafri. org. la/agrovoc/.

④ 语料库在线［DB/OL］.［2023 – 03 – 03］. http://corpus. zhonghuayuwen. org/.

⑤ BCC 语料库［DB/OL］.［2023 – 03 – 03］. http://bcc. blcu. edu. cn/.

⑥ Sketch Engine［DB/OL］.［2023 – 03 – 03］. https://www. sketchengine. eu/.

⑦ 老挝政府门户网［DB/OL］.［2023 – 03 – 03］. http://laogov. gov. la/.

⑧ 读秀中文学术搜索［DB/OL］.［2023 – 03 – 03］. https://www. duxiu. com/.

⑨ 中国知网［DB/OL］.［2023 – 03 – 03］. https://www. cnki. net/.

⑩ 李瑞林. 应用译学的学术前提与框架重构［J］. 中国外语，2020，17（6）：94.

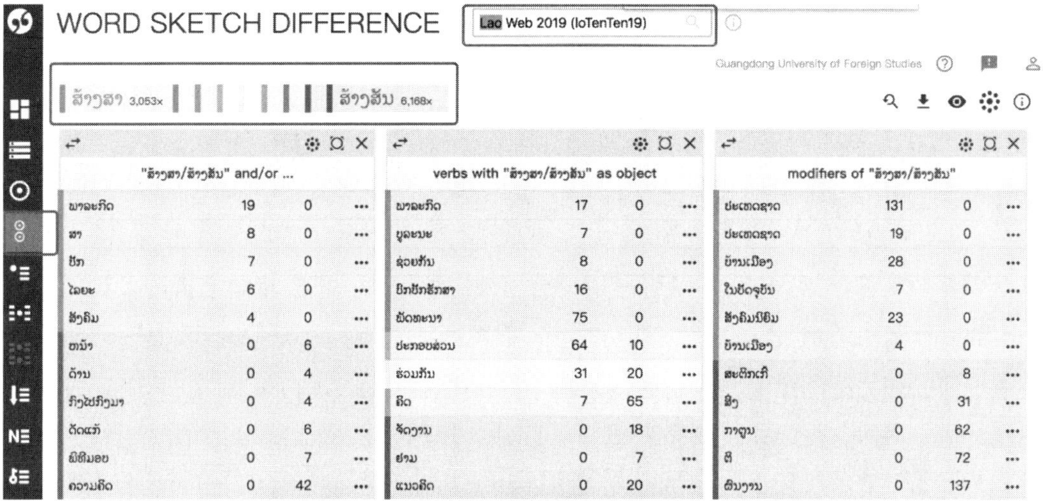

WORD SKETCH DIFFERENCE — Lao Web 2019 (loTenTen19)

Guangdong University of Foreign Studies

"ສ້າງ�ສາ/ສ້າງສັນ" and/or ...				verbs with "ສ້າງສາ/ສ້າງສັນ" as object				modifiers of "ສ້າງສາ/ສ້າງສັນ"			
ພາລະກິດ	19	0	...	ພາລະກິດ	17	0	...	ປະເທດຊາດ	131	0	...
ສາ	8	0	...	ບຸລະນະ	7	0	...	ປະເທດຊາດ	19	0	...
ປັກ	7	0	...	ຟື້ນຟູ	8	0	...	ບ້ານເມືອງ	28	0	...
ໄລຍະ	6	0	...	ປົກປັກຮັກສາ	16	0	...	ໃນຊົດຊົ້ນ	7	0	...
ສ້າງຕັ້ງ	4	0	...	ດັດແປງ	75	0	...	ສ້າງສັນໃໝ່	23	0	...
ຫາມ	0	6	...	ປະກອບສ່ວນ	64	10	...	ບ້ານເມືອງ	4	0	...
ດ້ານ	0	4	...	ສ້ອມແປງ	31	20	...	ສະຕິປັນຍາ	0	8	...
ກົງໄປກົງມາ	0	4	...	ສົ້	7	65	...	ສິ	0	31	...
ດັດແປງ	0	6	...	ຈັດຕັ້ງ	0	18	...	ການຄ້າ	0	62	...
ພິສິມອຍ	0	7	...	ຍ່ານ	0	7	...	ສິ	0	72	...
ຄວາມຄິດ	0	42	...	ແນວຄິດ	0	20	...	ຄົນງານ	0	137	...

图 2

总之，在老挝语笔译实践中使用频率较高的是老挝语、汉语、英语及泰语等语种的词典，先查词典释义，然后再借助必应搜索或专业语料库验证译词的准确性。而双语文本可作为学生"学步阶段"的"拐杖"，但为防学生过度依赖它甚至抄袭译文，教师需引导监督，仔细批改。

使用搜索引擎时，需提醒学生甄别信息来源，搜索结果首选参考中国政府、老挝政府或联合国的网站的信息，如老挝政府网、老挝巴特寮通讯社网站、老挝人民报网站、新万象报网站、中国国际广播电台老挝语部网站及新华社等官方媒体发布的文章。此外，笔者不鼓励本科生运用必应及百度等含有老挝语项目的机器翻译程序，只因目前其译词及译文脱离语境、语法笨拙，尚待完善。虽能秒得译文，但后期人工校对会更耗时耗力。

（二）基本搜索技巧

1. 高级搜索语法①

必应、百度等搜索引擎巨擘，可作为老挝语翻译及语言文化教学案例数据库。本文仅以必应搜索语法为例，其他搜索引擎也有类似的搜索语法，可搜索获取。在进行复杂词句搜索时，可使用必应高级搜索功能以缩小搜索结果范围。

组合搜索：在各个搜索查询字词之间加上"AND"或"+"符号，使其共现于同

① 必应高级搜索关键字 [EB/OL]. [2023 - 03 - 03]. https://help. bing. microsoft. com/#apex/bing/zh - CHS/10001/ - 1.

一份文本中。例如，搜索皆有"民族"之意的两个词汇，搜索语法为"ຊົນຊາດ AND ຊົນເຜົ່າ"，或"ຊົນຊາດ + ຊົນເຜົ່າ"，可将两个近义词呈现在同一段落中，此语法多用于同义词辨析。注意是使用英文标点符号，词间须加空格。

搜索结果完全匹配：搜索音节较多的专有名词时，加双引号。反之，所搜索短语的音节可能会分解在搜索结果中。例如搜索"ອົງການປົກຄອງນະຄອນຫຼວງວຽງຈັນ"（万象市政府），加双引号便只会出现完整词条，不会将单字拆分。

搜索特定网站："搜索词（空格）site：特定网址"。例如，在老挝政府门户网查询新冠疫情的相关防疫规定，使用搜索语法"ໂຄວິດ site：laogov. gov. la"，再限定时间为一个月或一周内，可快速得到最新信息。此外，使用搜索语法"老挝语（空格）gov. la"还可过滤非官方文本，直接参考老挝政府或官方媒体的表述，节省时间及认知精力。

查看网站缓存版本：在网址前加上"cache：搜索词"，或单击链接右侧的"Cached"，可快速打开纯文本格式的网页。例如，搜索"cache：ໜຶ່ງແລວໜຶ່ງເສັ້ນທາງ"（一带一路）（图 3）。此方法可解决部分文件链接失效无法打开、文件容量较大及下载耗时久的问题。

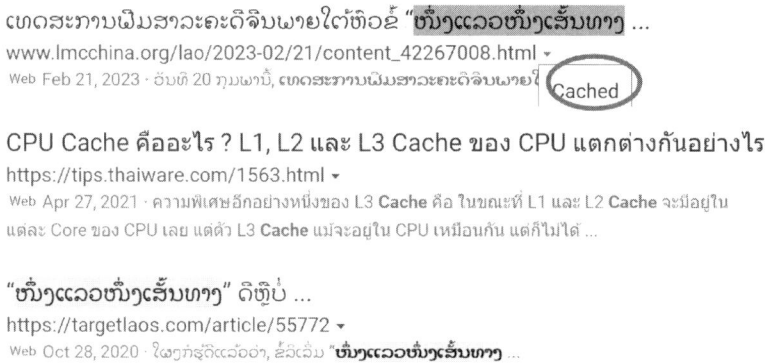

ເຫດສະການພິມສາລະຄະດີຈິນພາຍໃຕ້ຫົວຂໍ້ "ໜຶ່ງແລວໜຶ່ງເສັ້ນທາງ ...
www.lmcchina.org/lao/2023-02/21/content_42267008.html ▾
Web Feb 21, 2023 · ວັນທີ 20 ກຸມພານີ້, ເຫດສະການພິມສາລະຄະດີຈິນພາຍໃ Cached

CPU Cache คืออะไร ? L1, L2 และ L3 Cache ของ CPU แตกต่างกันอย่างไร
https://tips.thaiware.com/1563.html ▾
Web Apr 27, 2021 · ความพิเศษอักอย่างหนึ่งของ L3 Cache คือ ในขณะที่ L1 และ L2 Cache จะมีอยู่ใน
แต่ละ Core ของ CPU เลย แต่ตัว L3 Cache แม้จะอยู่ใน CPU เหมือนกัน แต่ก็ไม่ได้ ...

"ໜຶ່ງແລວໜຶ່ງເສັ້ນທາງ" ຄືຫຍັງ ...
https://targetlaos.com/article/55772 ▾
Web Oct 28, 2020 · ໃນຊຸກສຳຄັນແລວ໐່ວ, ຂໍ້ເລີ່ມ "ໜຶ່ງແລວໜຶ່ງເສັ້ນທາງ ...

图 3

2. 辅助词搜索法

辅助词搜索法为"搜索词（空格）辅助词"，辅助词可包含搜索词的部分词义，也可与搜索词无关，选用目的语中词频最高的词汇。辅助词，是指为查询确切译词，由译者附加的辅助搜索词。此方法又称诱导词查询法[①]，本文称之为"辅助词搜索法"。简而言之，即一篇目的语文章中必定会出现的词汇，多数为介词、连词及系动词等功能词。例如，汉语中的"是、的"，老挝语中的"ທີ່（的）、ວ່ັນ（是）、ແລະ（和）、ແມ່ນ（是）"，英语中的"is、that"。必应搜索引擎中包含大量双语、多语网页及文件，译者可充分利用双语平行译本，快速查找译文。此方法可帮助译者查询已有的双语平行译本，但会在一定程度上扩大搜索结果。

例如，一份老挝教育部的文件中，学生讨论"ອັດຕາເຂົ້າຮຽນລວມ"应译为毛入学率、净入学率还是入学率。经教师讲解，确定搜索词为："ratio ອັດຕາເຂົ້າຮຽນລວມ"，其中"ratio"及"ອັດຕາ"（率）可作为辅助词，以缩小搜索范围。发现搜索页面第一条结果中出现"Gross enrolment ratio"一词，出处为老挝教育与体育部官网发布的教育数据统计 PDF 文件（图4），确定可译为毛入学率。此方法还可查询实物的量词，搜索"名词（空格）数字"。例如，查询"一支唇膏"中的"支"如何翻译，可搜索"ລິບ 1"，在搜索结果中得知唇膏的量词多用"ແທ່ງ"。

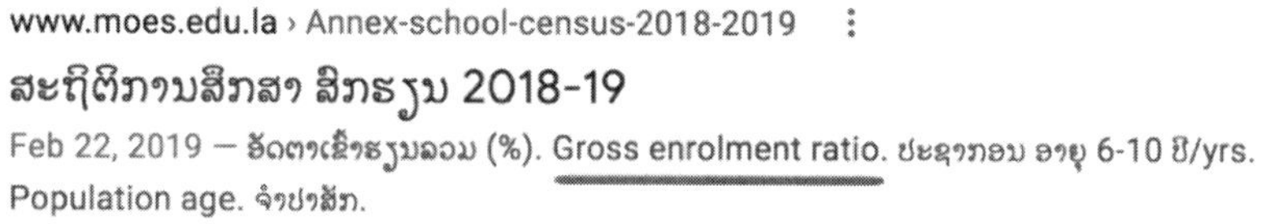

www.moes.edu.la › Annex-school-census-2018-2019

ສະຖິຕິການສຶກສາໆ ສົກຮຽນ 2018-19

Feb 22, 2019 — ອັດຕາເຂົ້າຮຽນລວມ (%). Gross enrolment ratio. ປະຊາກອນ ອາຍຸ 6-10 ປີ/yrs. Population age. ຈຳປາສັກ.

图4

3. 图片搜索

翻译动植物专业名称时，可采用"以图搜图"的方式。例如，查询某文本中花朵"ດອກຮັກ"的专业名称，可先在必应中搜索"ດອກຮັກ"查到实物图（图5），然后再使用必应图片"以图搜图"功能上传花朵图片，查得其专业名称为牛角瓜，即 Calotropis gigantea（图6）。当然，查证过程中还需查阅其他专业资料，并咨询相关专业人士。在必应图片搜索的高级过滤选项中，还可设置搜索图片的尺寸、颜色、国家、文件类型、发布时间等参数，以缩小搜索范围。此外，口译实践前同样需要做背景资料准备，可搜索相关口译主题视频，观看发言人过往的讲话视频，以熟悉其口音及用词等。

---

① 王华树，张成智. 大数据时代译者的搜索能力探究 [J]. 中国科技翻译，2018，31（4）：28.

图5

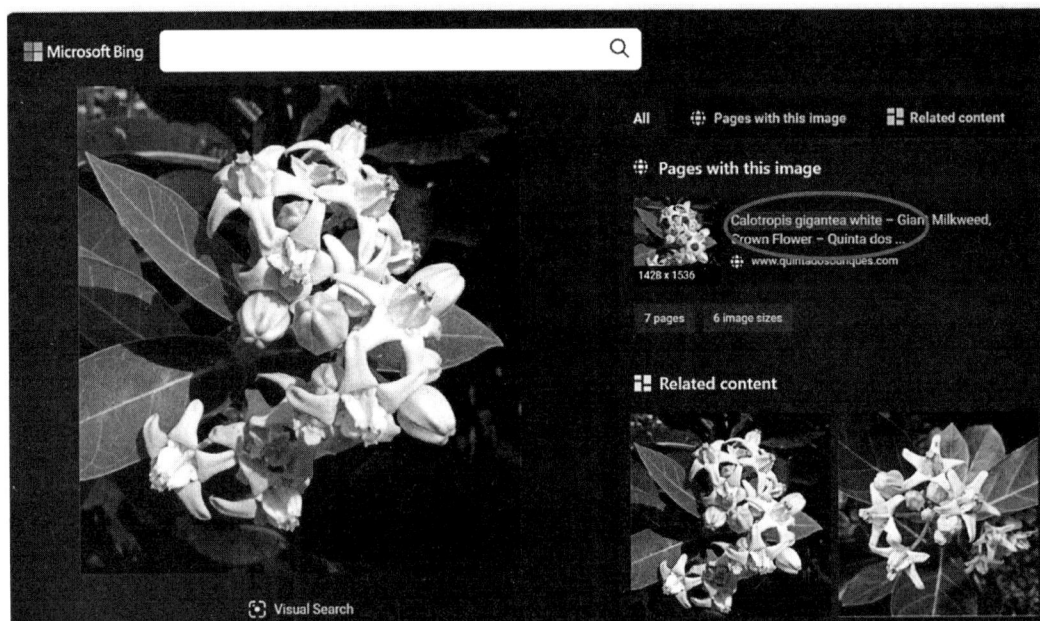

图6

四、汉语—老挝语互译常见问题及对策

笔者通过批改作业及参看学生译后复盘日记，发现老挝语笔译教学中出现的主要问题有固定搭配生疏、词典资源稀缺、专有名词难查、长句难处理等。在学生的译后反思中，频繁出现"多积累汉老双语语料"等观点，但即便是朝夕积累，也会有频频遇到生词的情况，唯有提高信息分析及搜索能力，方可见招拆招。搜索发掘译词是一

项琐碎而重要的工作，下文将介绍如何运用开源网络和计算机辅助翻译技术，解决几类具有代表性的汉老互译难题。

（一）同义择词

学生常遇到字典释义"一义多词"的情况，在其老挝语阅读量及翻译经验尚少的情况下难免误选译词，教师需引导学生使用在线搜索引擎及语料库，通过分析语料、语境及词频以便择取适合的译词。例如学生将"汉族"误译为ຊົນຊາດຮັ່ນ，学生的困惑在于"族"译为ຊົນຊາດ、ຊາດ还是ເຜົ່າ，三者皆有"民族"之意，ຊົນຊາດ多指某国或地区多个少数民族的统称，如"中华民族"，此时可借助同义词共现的搜索语法确认译词，可译为ຊົນເຜົ່າຮັ່ນ或ເຜົ່າຮັ່ນ。此问题也可采用辅助词搜索法，搜索"汉族ຊົນ""汉族ກ໌"或"汉族ເຜົ່າ"加以解决。

（二）专有名词查询

例如，一份老挝农业与林业部的会议纪要中出现的部门名称"ກົມກວດກາປ່າໄມ້"，"ກົມ"在《老挝语汉语词典》①中有处、局、司、署、厅、部门、团体等释义，学生难以准确判断该用哪个释义。老挝政府部门名称为专有名词类，译前需查阅资料确定，通过关键词搜索找到老挝农林部官方网站②的机构设置隶属级别内容，可判断译为"司"，同时可解决学生作业反思中提到的"ກົມ和ພະແນກ所对应中国机构级别"的问题。人名、地名、历史事件等专有名词的查证，多用辅助词搜索法，以避免出现"常凯申"之误译。

再如，老挝农业法中出现的短语"ພຶດລົ້ມລຸກ ຫຼືພຶດຍືນຕົ້ນ"，有学生用直译法误译为"抗倒伏植物"。可运用辅助词搜索法，在必应搜到老挝农林部官网的 PDF 文件，其中便含有英语译词"ພຶດລົ້ມລຸກ（annual crop），ພຶດຍືນຕົ້ນ（perennial crop）"，再查询英语词典后译为"一年生及多年生植物"。老挝法律法规的翻译可参考其英文版，亦可运用辅助词搜索法，搜索"老挝语法律名词 law"，如"ກົດໝາຍວ່າດ້ວຍກະສິກຳ（农业法）law"，找到英文版农业法作为参考。而近年来，有中国学者译介了多部老挝法律，亦可辅助参考。

汉语文本中词频较高的专有名词、缩略词及热门新闻词汇，也可采用辅助词搜索

---

① 黄冰. 老挝语汉语词典［M］. 昆明：国际关系学院昆明分部，2000.

② Lao Ministry of Agriculture and Forestry ［EB/OL］.［2023 – 03 – 03］. https：//www. maf. gov. la.

法在搜狗微信中搜索。而百度搜索对老挝语字体的显示及文章收录量尚不理想，故不采用。对于我国重要政策及时政新闻，我们预估中国对外宣传媒体应该会率先报道或译介，多数按照"中国情况搜中国网站"的原则，尝试在搜狗微信中搜索"供给侧ຈົນ"，见首条结果中有包含搜索词的双语文章，打开链接搜寻得到译文"ການປະຕິຮູບຝ່າຍສະໜອງ（供给侧改革）"（图7）。

图 7

（三）英语提示线索

短语"ການປະຕິຮູບຝ່າຍສະໜອງ（EFA－FTI）"，老挝语直译为"加快全民教育基金项目"。谨慎起见，需要查询确认是否有更准确的汉语译法。在中国知网中进行全文搜索（图8），并且先预设此缩写很可能会出现在全文而非标题搜索项中，打开下载量较多的第二篇论文，全文搜索"EFA－FTI"可见"全民教育快车道倡议"一词（图9）。也可在百度、必应、搜狗等搜索引擎中检索，但需要耗时进一步辨别信息来源。在网络时代，若不加甄别地取用在线资源，便无异于轻信"电线杆小广告"。

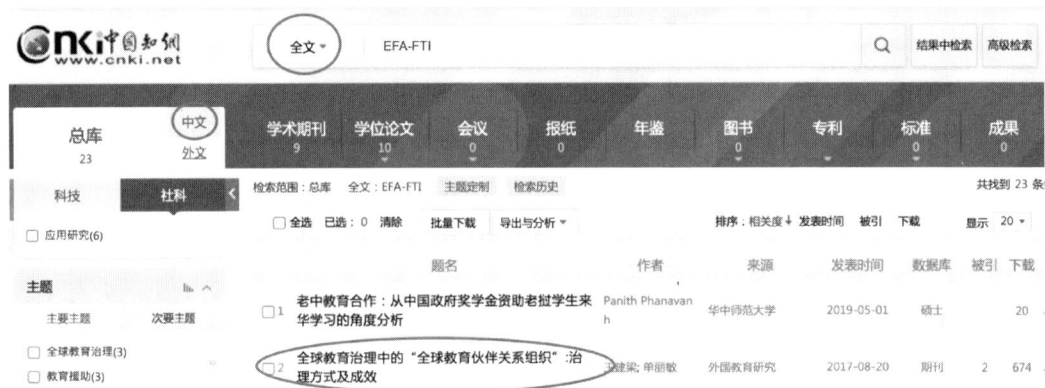

图 8

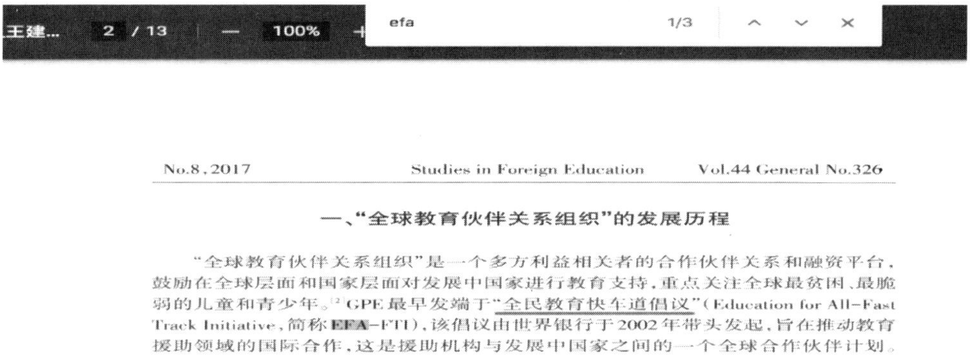

No.8,2017　　　　Studies in Foreign Education　　　Vol.44 General No.326

一、"全球教育伙伴关系组织"的发展历程

　　"全球教育伙伴关系组织"是一个多方利益相关者的合作伙伴关系和融资平台，鼓励在全球层面和国家层面对发展中国家进行教育支持，重点关注全球最贫困、最脆弱的儿童和青少年。[2] GPE最早发端于"全民教育快车道倡议"（Education for All-Fast Track Initiative，简称 EFA-FTI），该倡议由世界银行于2002年带头发起，旨在推动教育援助领域的国际合作，这是援助机构与发展中国家之间的一个全球合作伙伴计划。

图9

（四）汉语素养提升

　　在老挝法律及政令文件的文尾常出现 "…… ມີຜົນສັກສິດຕັ້ງແຕ່ມື້ລົງລາຍເຊັນເປັນຕົ້ນໄປ."（……签署之日起生效。），部分学生未注意到"签署"与"签字"的区别，此类文本中用"签署"为宜，民事合约中多译为"签字、签订"。再如，必须严格区别法律文本中"需"与"须"。"吾日三省吾身"中的"三省"部分学生误解为"一日反省三次"，而经查询后得知应是"多次反省"，故可译为 "ກວດແຍງຕົນເອງມີ່ຫັ່ງຫຼາຍເທື່ອ" 或 "ການພິຈາລະນາຄວາມຄິດແລະການກະທຳຂອງຕົນຫຼາຍເທື່ອໃນແຕ່ລະມື້"。翻译实践课程中，学生的译后反思也表示，"汉语素养还有待提高，汉语译文不太通顺"，"对老挝语的一些句子还存在知其意，却无法译出通顺的汉语"，"我国领导人的发言太有深度，文学造诣高，作为现代大学生，我们要加强自己的母语文化素养，多了解词句的引申义"。

（五）老挝语缩略词查询

　　老挝语缩略词查询，也多采用辅助词搜索法解决。例如，某商品出口合同中出现的机构单位缩写 ຈທວ，使用搜索语法 "ຈທວ filetype：pdf"（图10），查找含有此搜索词的官方 PDF 文件，选取其中一个链接打开，为老挝国家企业数据库官网内收录的某企业营业执照。由文首左上方发文机关（图11）可判断该机构缩写全称为 "ເຈົ້າໜ້າທີ່ທະບຽນວິສາຫະກິດ"（企业登记处）。

　　在翻译教学中，学生提到已经咨询过老挝友人，但对方无法解答。这类难题若不是专业人士，是难以解答的。也因学生处于专业学识及资源的积累阶段，一般无法结识太多业内人士，只能先由教师教授其专门的搜索技巧，今后方可自主解决此类问题。

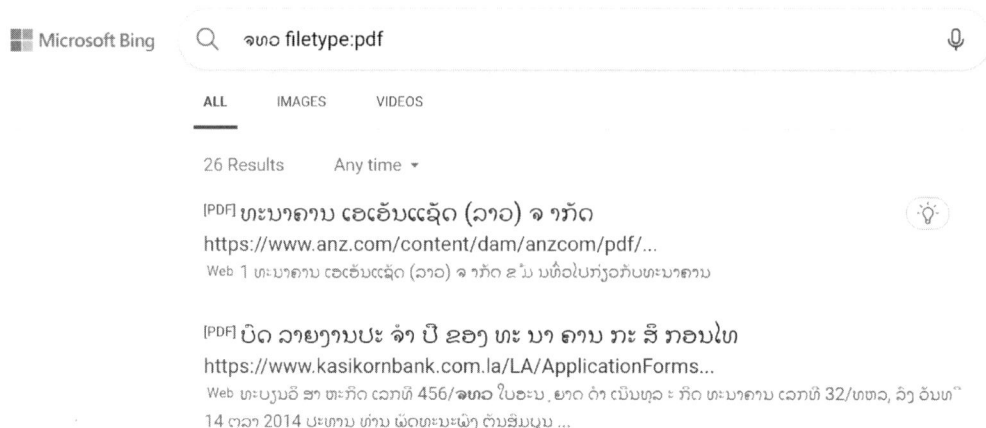

图 10

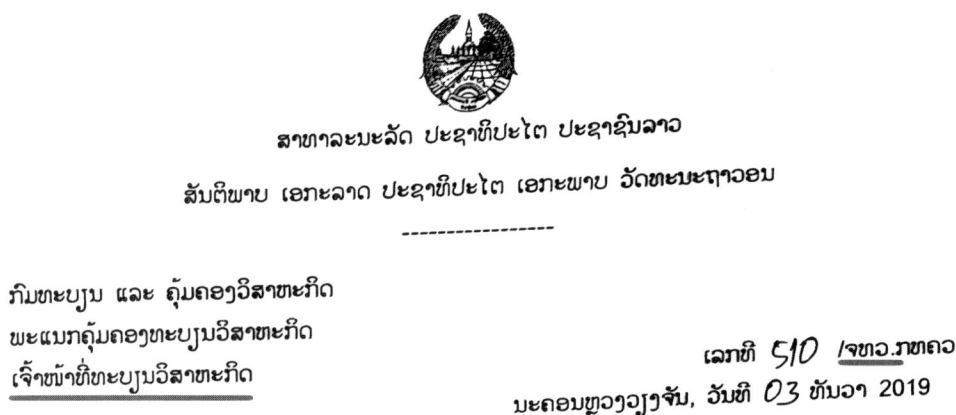

图 11

（六）汉语缩略词翻译

汉语专有名词及缩略语译词求证步骤为：①搜索汉语释义（读秀、中国知网知识元搜索或其他专业词典）。②辅助词搜索法。例如，中国高考中的"文综"考试，先于读秀网知识选项下搜索其含义（图 12），再使用必应搜索"ສอบเຂົ້າ（空格）ມะຫาอิทะยาไລ"以查证老挝大学入学考试科目是否与中国的相同。在搜索结果中发现老挝国立大学入学考试通知，得知老挝高考也分为文科综合与理科综合（图 13）两类，但具体考试科目稍有不同。经分析后使用括号注明，中国高考中的文综和理综考试所包含的三门科目与老挝的有区别，遂译为"ການສອບເສັງສາຍ ສັງຄົມ（ວິຊາການເມືອງ ປະຫວັດສາດ ແລະພູມສາດ） ແລະ ການສອບເສັງສາຍທຳມະຊາດ（ວິຊາພິສິກ ເຄມີສາດ ແລະຊີວະສາດ）"。

图 12

图 13

（七）词义变迁

随着时代变迁，部分老挝语词汇出现词义缩小或扩大的情况，部分词汇的含义已发生变化。例如，"ເສື້ອຍືດ"一词在《老挝语—汉语词典》中的释义为：毛织运动衫、套领毛衣、棉毛衫及紧身衣等，而搜索必应图片后，结果显示多为短袖 T 恤衫（图14）。再如，学生将"ລົດໃຫຍ່"译为大车，搜索后发现其可泛指轿车、越野车、皮卡车、货车及商旅车等，需要根据语境选择译词。对于生活用品、工具、植物等实物，也需要进行图片搜索，以验证译词。也可到老挝综合性在线商城网站①搜寻商品类目来确定实物。

图 14

（八）巧借泰语

目前泰语词典及资料较老挝语更丰富，在笔译实践中应充分利用。老挝语本科生对泰语拼写技能掌握尚不佳，老挝语转写泰语时常有拼写错误，而必应搜索框会根据搜索词提示正确拼写，或搜索频率较高的泰语词汇。老挝语与泰语虽属同源，但毕竟字形及部分词汇语义有异。最典型的例子如，发音及字形相似的同一个词"ແພ້\แพ้"，老挝语为"赢"，泰语却为"输"。为避免错译，可采用以下查询步骤：①查询汉—泰/老—泰词典；②泰语回译老挝语。此方法的第二步尤为重要，可检查老挝语中的释义是否有异。教师需向学生强调，切莫认为二语同源且在词汇及句法上高度相似，便想当然地止步于查证的第一步。

（九）有疑必查

有时看似常识般简单的词，在翻译时也不可掉以轻心，需提醒学生要对翻译工作

---

① 老挝在线买卖交易平台［EB/OL］.［2023－03－03］. https://www.yula.la/.

始终保持敬畏心与好奇心，广泛搜集资料并不断补足，时刻谨记凡疑必查、孤证不立的原则，多方验证译词的可靠性。在一份老挝教育与体育部年度报告中，学生反馈"ອອກໂຮງຮຽນ"一词"不确定是指下课后离开校园，还是因毕业或其他原因而永久性离开学校"，经教师引导并搜索部分文章后，确定其是"辍学"或"退学"之意。再如，简单搜索"ຊີເກມ"便可知其为英语缩略语"The Southeast Asian Games"（东南亚运动会）的音译，而一些学生未进行求证，误译为"亚洲运动会"或其他音译。再如，学生讨论贫困线与分数线中的"线"译为"ເສັ້ນ"妥否，经使用辅助词查询法后，发现贫困线可译为"ເສັ້ນຄວາມທຸກຍາກ"，分数线却不可，应译为"ຄາດໝາຍຄະແນນ"（分数标准）或"ຄະແນນຕ່ຳສຸດ"（最低分数），而这些问题是经过搜索便可快速求证的。对于较难搜索确认的信息，教师还需引导学生通过博客、论坛、社交网站等平台进行搜索印证，发挥互联网在线社区对外语学习的促进作用。[①]

五、结语

本科生在掌握基本的老挝语词汇及句法知识后，便会进入文本翻译的实践阶段，多数时间将会耗费在查证译词上。翻译实践是耗时耗力、充满困难与挑战的过程，信息素养并非一蹴即至，与语言的表述和写作一样，需不断实践习得，而此能力正是通过每次翻译前对背景资料的搜索、评估而积累的。译者也应建立自己的语料库，及时记录语义空缺或部分语义对应的表达。

在互联网、物联网及大数据飞速发展的时代，翻译实践是以"搜索"为始，"Ctrl + F"为锚定，思辨选取译词为终，践行"查询词典→词句搜索→语境分析→锁定译词→咨询专业人士"的翻译流程，而信息素养能力几乎贯穿翻译实践的全过程。重视翻译信息素养教学，可改善学生悬置翻译问题、"等教师讲解参考译文"这一痼疾。在笔译课程中引入搜索课"势在必行"，可拓宽学生的知识面，培养学生综合运用先验知识独立解决问题及跨领域知识融通的能力，达到授人以渔之教学目的。

---

① 徐锦芬. 外语类专业学生自主学习能力的构成与培养［J］. 外语界，2020（6）：30.

"菲律宾文化"课程教学实践与思考

崔千寻*

摘　要：本文介绍了广东外语外贸大学首次开设的通识选修课"菲律宾文化"的课程
设置、课程意义以及课程改进方向。"菲律宾文化"课程教学将为建设广东外
语外贸大学菲律宾语专业提供一些参考。

关键词："一带一路"；菲律宾文化；菲律宾语；课程建设

一、引言

菲律宾文化同东南亚其他国家文化有很大不同。西班牙殖民者到达菲律宾之后，天主教成了菲律宾主要的宗教，而伊斯兰教则继续在菲律宾南部地区发展。由于长期被西班牙和美国殖民，菲律宾受到了殖民国家文化的较大影响。此外，菲律宾还受到了印度文化和中国南方文化的影响。菲律宾文化总体呈现出多样化和复杂化的特点。

由于菲律宾民族众多，菲律宾语言种类也十分丰富。1987年菲律宾宪法规定，菲律宾语（Filipino）为菲律宾国语。① 菲律宾国语并非简单地将菲律宾各民族语言混合在一起，而是以他加禄语（Tagalog）的语法与词汇为基础，吸收了西班牙语、英语以及菲律宾各地方言的词汇。按照菲律宾国家语言委员会（Komisyon sa Wikang Filipino）的表述，菲律宾语是一门"活语言，通过日常以及在不同地方、情境下的使用得到丰富；在不同领域的研究和学术话语中得到发展"②。

---

* 崔千寻，广东外语外贸大学东方语言文化学院菲律宾语专业教师，主要研究方向为菲律宾文学。

① The Official Gazette. Ang Konstitusyon ng Republika ng Pilipinas，1987［EB/OL］. (1987 – 02 – 02)［2023 – 03 – 02］. https://www. officialgazette. gov. ph/constitutions/ang – konstitusyon – ng – republika – ng – pilipinas – 1987/.

② ALMARIO，VIRGILIO S. Pagpaplanong wika at filipino［M］. Manila：Komisyon sa Wikang Filipino，2015：9 – 10.

二、"菲律宾文化"课程简介

"菲律宾文化"是广东外语外贸大学（以下简称"广外"）一门社会科学模块的通识选修课，共计 32 学时，计划 16 周完成授课。这是广外首次开设的讲授菲律宾语言与文化的通识选修课，本课程从语言、历史、文学、政治等多个维度介绍了菲律宾。

（一）教材选择

在教材选择上，"菲律宾文化"课程将出版教材、主题视频和菲律宾主流媒体文章结合使用。在语言类教材方面，本课程选用吴杰伟、史阳和黄轶编著，北京大学出版社出版的《基础菲律宾语第一册》（2017）和《基础菲律宾语第二册》（2017），从中选取部分章节用作课堂教学。这两本教材主要用于基础菲律宾语教学，适合教授菲律宾语入门课程。"基础菲律宾语"系列教材中部分文章介绍了菲律宾的宗教节日、地理特征、民族起源等，也适合作为文化部分的教学内容。在历史类教材方面，本课程选用金应熙主编的《菲律宾史》（1990）作为参考用书，以补充文化部分的课程内容。主题视频和媒体文章均选自《菲律宾星报》（*The Philippine star*）、ABS - CBN 电视台和中国国际广播电台（CRI）等主流媒体。由于课程主题涉及菲律宾文学、艺术宗教等不同方面，任课教师根据不同主题选用不同类型的视频与文章，例如新闻、文学作品选段、电影片段等，以丰富课程内容、活跃课堂气氛。

本课程选用的所有教材、主题视频以及媒体文章，传播了积极的人生观、世界观和价值观，有正确的政治方向作为价值导向，具有科学性、先进性和适用性。

（二）教学内容

本课程有以下两个教学目标：第一，学生将在课堂上学习菲律宾历史、文学、宗教、艺术等内容，从多个维度去了解菲律宾文化，激发学生对跨文化交流的兴趣，培养学生进行跨文化研究的能力；第二，教师还将讲授部分基础菲律宾语，最终学生能使用菲律宾语问候与告别，并进行其他简单问答。

以教学目标为引导，"菲律宾文化"教学内容分为五个单元，每个单元讲授两到三课，每课又分为语言和文化两部分进行分别授课。在五个单元中，有四个单元的课堂主题已固定，分别是：菲律宾社会概况、菲律宾历史、菲律宾文学和菲律宾政治。剩下一个单元的授课内容，由教师在开学时向学生收集意见而定，可涉及华侨华人、菲律宾饮食、菲律宾旅游等主题，充分实现授课主题上的师生互动，提高学生课堂积极性与参与度。每课根据不同的课程主题进行语言和文化两部分的学习。由于学生的菲律宾语是零基础，本课程前期的语言学习均以语音课程为主。大约在三周后，任课教师根据不同主题讲解一些基础词句，并与学生进行简单问答。

2018 年教育部发布了《外国语言文学类教学质量国家标准》，提出了对学生的素质要求，即"具有正确的世界观、人生观和价值观，良好的道德品质，中国情怀和国际视野"①。本课程专门设置了一节介绍中菲文化交流的历史，以满足对"中国情怀和国际视野"的要求。正如乐黛云对"互动认知"的阐述，她认为互动认知就是从一个与自己不同的"他者"的角度来反观自己。② 不论我们研究的是何种外国语言、外国文化，最终还是要落脚回到自己的国家，还是要将目光着眼于如何发展自我、完善自我，要将"讲好中国故事"作为培养目标之一。学生通过一学期的学习，能更深刻地感受菲律宾文化中的中国元素和中国影响，也能将课堂上所学内容类比到自己的专业，未来能从更多角度"讲好中国故事"。

（三）教学形式

"菲律宾文化"的教学形式以教师课堂讲授和师生讨论为主，课后学生自主复习课程内容。以"菲律宾饮食"这一主题课程为例。课堂上，教师将通过幻灯片向学生介绍：①饮食中的菲律宾语；②菲律宾经典菜肴；③菲律宾饮食文化。在讲到不易理解处或遇到重要的知识点时，教师将通过图片和视频来帮助讲解，其间不断与学生互动，调动学生的积极性。课程结束后，任课老师将留下本课程的思考题供师生一同探讨，如"哪些历史因素导致菲律宾形成了当前的饮食文化""请自行总结菲律宾饮食文化的特点"等。

"菲律宾文化"在一学期内设置两次针对菲律宾语言的考核，期末考试是以菲律宾文化内容考核为主的闭卷考试。由于学生并非主修菲律宾语专业，所以语言考核内容难度适中，主要涉及语音和简单的日常问答，要求学生掌握菲律宾语语音和基础的日常用语。期末考试主要涉及五个单元的菲律宾文化内容，以选择题和简答题为主。要求学生掌握课上所涉及的菲律宾文化基础内容，并能针对自己感兴趣的内容做出总结与评价。总体而言，本课程考核难度适中，但需要学生通过一学期的学习，对菲律宾文化构建出个人框架性的认识，并能结合自己过去的学习经历进行对比、做出评价。

三、"菲律宾文化"课程意义

2022 年春季学期，广外东方语言文化学院（以下简称"东语学院"）面向北校区学生开设了"菲律宾文化"通识课，同时也将菲律宾文化纳入了"东方文化概论"的课程专题之中。开设"菲律宾文化"这门通识课的意义主要有两点：第一，丰富了广

---

① 教育部高等学校教学指导委员会. 普通高等学校本科专业类教学质量国家标准：上［M］. 北京：高等教育出版社，2018：90 – 95.
② 褚国飞. 乐黛云：从世界的文学视野看中国比较文学［N］. 中国社会科学报，2009 – 12 – 24（003）.

外通识课的课程内容；第二，有助于东语学院为建设菲律宾语专业做好前期准备工作。

（一）丰富广外通识课课程内容

在东语学院开设"菲律宾文化"之前，广外还未开设过菲律宾语言与文化方面的相关通识课。在介绍外国语言与文化的课程中，更多老师选择讲解欧美、日本等国家的文化。目前介绍非通用语及文化的课程主要有：东语学院开设的"东南亚概况"和"印尼语言与文化"，中国语言文化学院开设的"希腊文化"等。还有一些高校以培养国别与区域研究人才为出发点，由多个语种专业教师共同承担课程教学任务，其中一学期的课程中有一到两节课由菲律宾语专业的教师讲授菲律宾相关研究。例如北京外国语大学亚洲学院的"东方文化概论"和"区域研究导论"，广外东语学院的"东方文化概论"等。此类课程的优势在于，学生通过一学期的学习，对此区域有了框架性的整体认识。但学生在学习非本专业相关文化知识时，若文化间差异较大，学生难以理解，便会陷入对新知识理解浮于表面的困境。

各高校的本科通识课中，很少出现专以菲律宾文化为课程主体的通识课，也很少开设菲律宾语的外语选修课。① 于是东语学院大胆尝试、努力创新，开设"菲律宾文化"课程，丰富了广外通识课的教学内容。

（二）助力广外菲律宾语专业建设

"菲律宾文化"的课程设计中既包含对菲律宾文化的介绍，也包含对菲律宾语言的讲解。向零基础的学生讲授"菲律宾文化"，此举类似于为菲律宾语专业建设进行"试点工程"。由于本课程开设在北校区，受众多为外语专业的学生，② 所以本课程的经验对于今后的专业建设非常有借鉴意义。由于我国菲律宾语言研究主要阵地集中在北京，目前云南、西安等地的菲律宾语专业建设也略有发展。广外学子在"一带一路"倡议上的重要节点城市学习和生活，仅仅关注频繁的经贸往来是远远不够的，贸易交流背后带来的异国文明、中菲文化交流也应当充分了解。"菲律宾文化"课程的出现，彰显了广外为塑造学生的"中国情怀与国际视野"的努力，为"一带一路"倡议等决策服务的决心。

罗林和邵玉琢曾在文章中表示，在区域和国别研究中进行跨学科协同发展时，应首先将外国语言文学、政治学、世界史与其他一级学科协同配合。③ 外国语言文学在所

---

① 目前北京外国语大学开设过菲律宾语"三外"课程，分别由中国国际广播电台（CRI）的咸杰老师和菲律宾雅典耀大学（Ateneo de Manila University）的外教李雄（Ariel Diccion）担任任课老师。

② "菲律宾文化"课程开课以来，共有96名学生选修。其中，有18位学生来自非外国语言文学专业，78位学生来自外国语言文学专业，其中有28位学生来自非通用语种专业。

③ 罗林，邵玉琢. 国别和区域研究须打破学科壁垒的束缚：论人文向度下的整体观［J］. 国别和区域研究，2019，4（1）：149.

有学科中，名列首位。其次，菲律宾的西班牙语和英语史料或多或少会带有一些殖民色彩，但如果能用菲律宾语进行研究，便能从更多角度、更广阔的视域来观察这一国家。

由于地缘关系，广东省自古以来就与菲律宾往来密切，菲律宾华人中广东人后裔占很大比重。目前广东省与菲律宾经贸文化交往极为频繁，但是广东省菲律宾语教学并不发达，这与广东省在中菲交往中的重要地位不符。广外作为华南地区语言人才输送的主要基地，应抓住机遇，促进发展，发挥地理优势，为中国与菲律宾的长远交往做出更大的贡献。

目前，广外东语学院正在筹建菲律宾语专业。筹备专业之际，东语学院首先在全校开设"菲律宾文化"通识课，为菲律宾语专业建设进行良好的过渡，并不断向前辈学校学习和积累经验。"菲律宾文化"是广外东语学院菲律宾语专业建设中非常重要的一项演练工作和基础工程。由于国内开设菲律宾语专业的高校不多，新专业建设者的资历也不够深厚，所以在专业建设的同时开设一门通识课以积累实践经验十分必要。教师可以通过选修本课程的学生，更加客观地体察零基础学生对待菲律宾语和菲律宾文化的初始态度。随着教学进度的推移，学生的学习兴趣与障碍在何处，学生的学习成果与教师的期望值相差几何？通过本课程教学实践分析得到的结论，比其他高校的既得经验要更加符合广外自身特点，在今后的专业建设工作中更具参考性。

通过考察本课程的课堂互动、课后作业以及课程考核，"菲律宾文化"为今后菲律宾语专业建设与授课提供了以下几点经验。

首先，对于菲律宾文化相关课程而言，由于菲律宾文化同中国文化乃至大部分东南亚文化都有很大的不同，初学者基本不具备相关知识，课程讲解应该浅显易懂，主题的选择也应该以引起学生兴趣为主。在专业建设中，文化相关的课程应该设置在二年级及以后，并且讲解内容需由浅入深。"菲律宾文化"课程的初期培养目标是激起学生对菲律宾文化的兴趣；后期培养目标是提升思辨能力，课程内容不再局限于菲律宾文化，而是鼓励学生通过习得的研究方法，在自己感兴趣的领域继续深造。

其次，在菲律宾语言课程的教学中，教师发现学生学习菲律宾语的初期难点集中于菲律宾语音，中期集中于菲律宾语法，后期集中于菲律宾习惯用语。语音是学习菲律宾语的基础，教师需要找准方法帮助学生练习发音难点。在语法方面，菲律宾语属于黏着语，不同于中文和英文的语法，在教学过程中教师需要认真引导、帮助学生在脑海中建构全新的语言系统。在将菲律宾语运用到实际工作和生活中时，学生会遇见大量的习惯用语和习惯用法，它们无法依靠规律来总结，只能通过个人经验不断积累并记忆。这不仅要求学生有较强的自主学习能力和主观能动性，还需要充足的一手资料与亲身经历，因此前往对象国学习与生活是学生不可或缺的学习经历。

四、"菲律宾文化"课程改进方向

一年以来的教学实践为"菲律宾文化"课程提供了经验并指明了改进方向。

第一，语言的教学内容还有待改进。目前本课程的教学内容是语言和文化"双管齐下"。虽然能让学生在了解菲律宾文化的同时学习语言，但对于零基础的学生而言，在每周一次的通识课上用非常有限的时间学习一门新语言，这是非常困难的事情。这不仅要求学生对该语种抱有非常强烈的兴趣，还要求学生在语言方面有极高的天赋。同时，这对任课老师而言也不是一件易事。因此，在语言课程难度设计时，不能用专业课、"二外"或者"三外"的课程标准来要求，任课老师应该找准学生的兴趣点，在必要的专业基础知识之上，有选择地根据不同主题进行授课。在不给学生带来过大压力的前提下，让他们学习到更多元的语言知识。

第二，在文化方面，目前的课程设计趋向于从多个维度介绍菲律宾文化，例如菲律宾历史、文学、政治等，因此本课程的课程类型类似于各语种专业课中设置的"概况课"。如此设计的原因在于，选修本课程的学生大多属于低年级学生，也不具备相关专业知识，因此向他们介绍菲律宾文化基本概况是授课的重点。但此种课程设计，容易让学生的知识结构浮于文化现象表面，没有引导学生进行深入思考，无法满足《外国语言文学类教学质量国家标准》中对学生的思辨能力要求。① 在教学过程中，教师已经感知到此类问题的存在，所以在学期中设置了几次专题课程，例如"2022 年菲律宾文化专题课程"和"近 30 年来菲律宾总统竞选的女性参与"等，以促进学生对菲律宾文化的思考。在今后的教学过程中，教师需注意"点面结合"，即通过一学期的教学，让学生对菲律宾文化有较为清晰的总体性理解，同时还能够对菲律宾文化中感兴趣的部分进行深入思考。

第三，语言教学如何同课程的文化内容更加完美地融合，也是任课老师需要持续思考与改进的问题。由于学生的基础决定了语言教学只能止步于入门阶段，若想和文化部分的课程内容相结合便只能讲解简单词句。如此，最终的语言教学成果便局限于菲律宾语音、基本问候句式和其他简单字词。但若一学期的语言教学与文化课程分开规划，学生也能进行更加系统的菲律宾语学习，最终的语言学习成果或许会更好。但如此一来，就失去了语言与文化学习相互促进的机会，也偏离了从多方面了解菲律宾的初衷，同时还会给学生带来过大的语言学习压力。除此之外，语言是一个需要长期练习以保持语感的学科，非专业学生日常接触菲律宾语的方式十分有限，课程结束后

---

① 教育部高等学校教学指导委员会. 普通高等学校本科专业类教学质量国家标准 [M]. 北京：高等教育出版社，2018：90－95.

也很难留下长久的记忆。针对此情况，目前任课老师的解决方法是，在学期开始的第一个学习阶段，语言学习与文化部分的课程分开规划。第一阶段，语言学习注重讲授基础的语音和语法，为学生的后期学习打好基础；文化方面则讲授社会概况类型的课程。基础部分的语言学习结束后，就可以开始文学、历史、政治等主题课程，此时再以语言配合文化的模式进行授课，每节课以讲授文化知识为主，介绍相关语言用法为辅。在这样的课程设置下，学生更容易理解语言用法，在学习文化知识时也更有趣味，两者相辅相成，提升课堂效果。

第四，丰富教学形式，提高学生课堂参与度。目前的课堂教学形式仍然是以老师授课为主，师生讨论交流为辅。任课教师应在今后的课堂中培养学生的自学能力和表达能力，将自身角色逐渐由"讲授者"转换为"引导者"，引导学生在不同主题下进行自主学习。例如，教师可以给学生分组并布置不同的菲律宾文化主题，学生再根据不同主题进行课堂展示。展示的形式可以灵活多样，例如幻灯片讲解、录制视频等。教师根据课堂展示内容做进一步补充讲解，并引导学生深入思考。

第五，教师也应该注重提升自身科研水平和教学能力。由于菲律宾语专业规模不大，可供学习的相关材料以及可供参考的相关课程也十分有限，在此情况下，教师更应该注重从实践方面进行自我提升。古语有"教学相长"，师生本应相互促进、共同学习、共同进步。经过每一学期的教学，教师应及时反思本学期课程中的优缺点，向学生收集反馈意见，用于下一学期的教学改进。既要多向校内前辈教师讨教经验，也要加强校际同专业教师的交流。

五、结语

"菲律宾文化"这一课程基于广外菲律宾语专业的建设而开设，主讲菲律宾语言与文化知识，但绝不止于语言与文化的简单教学。五百年前，代表中菲贸易和文化交流的大帆船，载着一个又一个瓷器、一匹又一匹丝绸驶离中国港口，向着马尼拉扬帆起航，开启了中菲友好交流的历史。数百年过去，群岛上留存下的早已不仅是精美的瓷瓶和华丽的丝织品，而是货物背后蕴藏的中国文化与中菲交流的历史。如今，在"一带一路"倡议的背景下，中国的菲律宾语专业发展迅猛，菲律宾语言与文化课程也相继开设。在讲授语音、字词和语法的课堂上，语言知识背后闪现的是菲律宾文化的光彩。透过一个个小故事讲述菲律宾历史与文化时，是对他国形象的再建构，是联系到自身的反思，也是对未来的指导。广外"菲律宾文化"课程，以"一带一路"倡议为向导，在多元文化的海洋中再次扬帆起航。